DATE DUE FOR RETURN

EROTISMO FIN DE SIGLO

LILY LITVAK

EROTISMO
FIN DE SIGLO

Antoni Bosch, editor

Publicado por Antoni Bosch, editor
St. Pere Claver, 35 - Barcelona - 17

© BOSCH, Casa Editorial, S. A.

ISBN: 84-7162-757-4
Depósito Legal: B. 7.434 - 1979

La cubierta ha sido diseñada por:

QUIM CAÑELLAS

Impreso en España por:

Imprenta Clarasó, S. A. - Villarroel, 15 - Barcelona - 11

A Ricardo Gullón

La autora desea agradecer a las siguientes personas: Ricardo Gullón, de la Universidad de Chicago; Pablo Beltrán de Heredia, de la Universidad de Tejas, en Austin; Francisco Rico, de la Universidad Autónoma de Barcelona y Galen Greaser, de Austin.

Índice

Introducción

En 1908, el arquitecto vienés Adolf Loos, defensor de una nueva severidad en el arte, acusó a Klimt y a los artistas de la Wiener Werkstätte — el centro de artes decorativas de Viena — de contaminar eróticamente el medio ambiente de su época:

> Todo arte es erótico. El primer ornamento fue de origen erótico. La primera obra de arte, el primer acto artístico que el primer artista garabateó en un muro para desahogar su exhuberancia, fue erótico. Una línea horizontal: la mujer tendida. Una línea vertical: el hombre que la penetra... Pero el hombre de nuestra época, que llevado por una compulsión interna, embadurna paredes con símbolos eróticos, es un criminal o un degenerado...[1]

Sigmund Freud, compatriota y contemporáneo de Loos, no hubiera considerado la fijación sexual como síntoma de degeneración, pero sí hubiera estado de acuerdo con las opiniones del arquitecto sobre los elementos eróticos del arte de su época.

No es de extrañarse que fuese por aquellos años de fines del siglo XIX y principios del XX, marcados por la «contaminación erótica», cuando Freud expuso sus teorías sobre el sexo como motor primario de los actos humanos. Años antes, Krafft Ebing, en su *Psychopathia Sexualis*, había discutido ya ciertas ideas relativas al comportamiento sexual. En 1899, Sigmund Freud publicó en Viena *Die Treumdeutung* en una reducida edición de 600 ejemplares; en 1901, apareció su *Psicopatología de la vida cotidiana*. Los tres ensayos sobre teoría sexual con el postulado sobre la omnipresencia del sexo aparecieron, por fin, en 1905. Evidentemente, estas obras no circularon mucho en aquellos años, pero su temática expresa bien las preocupaciones de la época.

Lo que sorprende es que, hasta ahora, no se haya estudiado a fondo la apremiante urgencia con que artistas, escritores, poetas y filósofos de la *belle époque* manifestaron su obsesión por el sexo. La crítica literaria moderna ha visto de cerca el papel desempeñado por el erotismo en movimientos como el Surrealismo o el Expre-

---

1 Adolf Loos, *Sämtliche Schriften*, Viena, 1962, 277. Cit. por Alessandra Comini, *Gustav Klimt*, Nueva York, 1975, 6.

sionismo. Sin embargo, ha dejado prácticamente sin tocar el análisis de este aspecto del modernismo, aun cuando es uno de los *leitmotifs* de su plástica y su literatura. Indudablemente, una de las bisagras que articulan la problemática finisecular es su manera peculiar de enfrentarse y de expresar el *eros*. Esperamos que nuestro estudio ayude a comprender mejor esa época.

Debemos aclarar, que estas preocupaciones se desarrollaban en el marco de un sistema burgués sexualmente represivo, caracterizado por su hipocresía y su doble escala de valores. La moral burguesa europea, ayudada por la Iglesia y el Estado, emprende, entonces, una campaña contra las relaciones preconyugales y extraconyugales, la prostitución, las perversiones, la pornografía, las madres solteras y los hijos ilegítimos. El modelo ideal es el matrimonio y la familia. Una sola es la estructura familiar aceptada, con relaciones bien definidas entre marido y mujer, y una sola la relación lícita entre amantes. Se divide el amor en partes excluyentes: la procreación o el placer sexual. La sensualidad y el erotismo quedan al margen del matrimonio. La mentalidad burguesa, y en último término puritana, determina que toda sensualidad desligada del *bios* creador sea considerada malsana y éticamente inaceptable. Semejantes opiniones necesariamente juzgan bajo una luz muy peculiar la fuerza rebosante de un Gaudí o la grandeza sexual de un Rodin.

Pero de ese mismo mundo burgués procede y a él se dirige un erotismo basado en las combinaciones voluptuosas y sensuales de las formas mismas del *Art Nouveau*. Las palabras de un crítico al describir en 1905 las pinturas de Ludwig Dill pueden, en cierto modo, aplicarse a todo el período: «Hay en esas pinturas, a pesar de su frialdad, algo voluptuoso, aunque no hay allí ni siquiera la huella de un desnudo.»[2] Las fachadas de las casas, joyas, muebles, telas, vidrios, forman un mundo de invasora sensualidad cotidiana por las acariciadoras ondulaciones de sus motivos: nereidas con cabellos enredados en algas, vírgenes enlazadas en lirios, efebos que afloran entre nenúfares.

Eros aparece con los más diversos semblantes: en el *boudoir* de las grandes cortesanas, en los sórdidos burdeles, en la creciente prostitución callejera, en el tráfico de vírgenes. Se tiñe de nihilismo con Lavedan, Hervieu y Hermant; se mezcla con el esnobismo de la vulgaridad, del argot, de la frecuentación de gitanas y bailarinas

---

2 Hans Hofstätter, *Gesichte des europäischen Jugendstilmalerei*, Colonia, 1963, 43.

de flamenco en los poemas de Manuel Machado. Hay también un erotismo complicado y cerebral en el gusto por lo prohibido y lo maldito. Campea en los héroes de Catule Mendès y de Rachilde. De allí proceden Dorian Gray, el hedonista vicioso de Wilde, y los bellos adolescentes de Lorrain, que pasean desnudos entre lirios, rosas y ranas de malaquita.

Los temas y los símbolos recurrentes en las obras de tantos artistas y escritores de la época dan forma a ese Eros obsesionante que a la vez expresa una actitud ante la vida y ciertas ideas frente al destino. La mujer es utilizada como uno de los símbolos más importantes; encarna la crueldad, la sensualidad perversa, la posesión del espíritu por el cuerpo. El demonio toma forma de mujer para seducir al hombre. Salomé, Dalila, Eva, Circe, Cleopatra, invaden la iconografía de la época. Es la seductora que atrae a su presa con sus largos y ondulantes cabellos. La mezcla de sadismo y sensualidad llegará a su máximo en la *Salomé* de Oscar Wilde, que Sarah Bernhardt habría representado en París, en 1891, de no haber sido prohibida. Su antagonista es Pan — el sátiro con cuernos y patas de chivo —, símbolo de las pasiones eróticas viriles. Inspira a Debussy y a Mallarmé y se le escoge, en 1895, como nombre para la revista *Jugendstill* de Berlín.

Podríamos imaginar a esa *belle époque* de omnipresente sensualidad como arrullada por la soñolienta copla de Antonio Machado:

> ...Y era el Amor, como una roja llama...
> — Nerviosa mano en la vibrante cuerda
> ponía un largo suspirar de oro,
> que se trocaba en surtidor de estrellas —[3]

Pero eso no es todo. A esta época se la ha calificado ya de bella, ya de triste. La *belle époque* es la *triste époque* y la edad del cancan, del vicio fácil, de la sensualidad complicada, hace también el inventario de sus miserias y conoce la culpa. «La carne es triste», suspiraba Mallarmé, y esta queja se desgrana como las cuentas de un rosario en las obras finiseculares, revelando un pesimismo latente que se opone a su ondulante y delicada gracia.

El eterno gemido del hombre, aguijoneado por la carne y el remordimiento, parece colorear aquella época donde todo incita al deseo y que descubre que Eros no sólo produce placer sino también soledad, desolación, desesperación, melancolía, *spleen*. Precisamente,

---

[3] «Cante hondo», *Soledades, Obras. Poesía y prosa*, Buenos Aires, 1964, 67.

son la misantropía y el pesimismo del erotismo fin de siglo lo que nos muestran su fundamento espiritual. Este impulso se concreta en una filosofía idealista, vagamente derivada de los filósofos alemanes, y se manifiesta en la consideración dualista de la vida como campo de batalla entre fuerzas espirituales y terrenales. Una obra de Khnopff se llama *L'Ange* y también *De l'animalité;*[4] presenta un personaje con armadura, la mano sobre una esfinge coronada. Por una parte, la esfinge, alegoría de los instintos, representa la falta de pensamiento y de ideal; por otra parte, la alta silueta asexuada, vestida como los caballeros del Graal, es una personificación wagneriana de la virtud.

Esta obra podría representar el tema de nuestro estudio. Trataremos de analizar en qué forma el fin de siglo parte, para la expresión de su problemática erótica, de un idealismo que le es, hasta cierto punto, antitético, pero que le imparte un impulso característico. Para ello, estudiaremos la obra de tres autores españoles, escrita entre 1895 y 1910: Juan Ramón Jiménez, Ramón del Valle Inclán y Felipe Trigo, que presentan tres facetas distintas de esa problemática. Pensamos que la relación entre el escritor y su medio es fundamental. Estos escritores nos servirán de guía para adentrarnos en el ambiente literario y artístico de su época en España y en Europa.

Sin lugar a dudas, los escritores recorren una ruta personal en ese ambiente centrado en el *eros*. Juan Ramón Jiménez se adentra en él por medio de elementos heredados del simbolismo. El mensaje fundamental que presenta, en las ondulantes alegorías de sus jardines, es la visión del hombre desgarrado por dos postulaciones: la carne y el espíritu; y atrapado en un perpetuo e inevitable ciclo erótico. Con Valle Inclán se abre un mundo de voluptuosidades perversas y prohibidas; también hay en su actitud neorromántica, irracional y aun mística, una consciente oposición al positivismo. En la tercera parte de nuestro estudio, analizamos la obra de Felipe Trigo con su deliberada mezcla de naturalismo e idealismo, de la cual procede una sintaxis erótica cercana a las robustas formas de Rodin. Eros es, para Juan Ramón, un intento de exploración en el mundo del absoluto; para Valle Inclán, un último madero al cual asirse para reencontrar la existencia en medio del vacío cósmico; en Trigo, la plenitud erótica aúna la omnipotente fuerza de la naturaleza y las aspiraciones místicas del espíritu.

---

4 Expuesta, en 1892, en el Salón de los Rosacrucianos. Está actualmente en Bruselas, Musées Royaux des Beaux Arts de Bélgique.

El arte fin de siglo trataba de expresar ciertas fuerzas elementales. Sus formas curvas, de contornos ininterrumpidos, ondulantes, retorcidas, palpitantes, traducían vida y movimiento. Sus elementos retorcidos, vibrantes, florecientes, eran signos inequívocos de vida orgánica. Eso es lo que expresan vasos que semejan moluscos, habitaciones que imitan grutas, o edificios que parecen dunas de arena formadas por el viento. La vida se expresaba también en términos eróticos. Así, Rodin reveló los cuerpos unidos en el abrazo amoroso en *El Beso*, y Klimt llenó sus cuadros de embriones que semejan espermatozoides: «fuentes de vida».

Sin embargo, esas preciosas obras de arte revelan también un fracaso en el intento de traducir la vida, y ello se debe a su naturaleza romántica que los aleja de las realidades modernas, encerrándolos en un mundo de pavos reales y lirios. Muchos de los materiales de adorno y construcción empleados entonces manifiestan esa irrealidad. Son materiales constituidos por sustancias que parecen estar en constante cambio, a veces suaves o gelatinosas, a veces cubiertas o disfrazadas hasta hacerlas poco reconocibles. También notamos tal irrealidad en los interiores de Gaudí, con recintos que no parecen haber sido diseñados para el hombre, sino para seres flotantes y etéreos. Hay un intento de idealización en los objetos mismos del *Art Nouveau*, en que los decoradores querían manifestar una idea, un símbolo o un mensaje por medio de poemas inscritos encima de las mesas, versos labrados en las marqueterías o grabados en joyas. La influencia de los prerrafaelitas, de los nabis, de los rosacruces, así como las conversiones religiosas de gente como Beardsley o Wilde, muestran asimismo ese impulso.

La sensibilidad de la época tendía a un idealismo exasperado; se acogía con entusiasmo cualquier teoría que ayudara a la erosión del racionalismo. Taine hablaba de Carlyle en los siguientes términos: «Las ideas, transformadas en alucinaciones, pierden su solidez; los seres parecen sueños... El misticismo entra como humo entre las resquebrajaduras de los muros de la inteligencia que se desmorona.»[5] En 1871, se tradujo en Francia los *First Principles* de Spencer; la traducción española aparece en 1887.[6] Aquí se limita al positivismo,

5 Cit. Guy Michaud, *Message poétique du Symbolisme*, Paris, 1961, 203.
6 En España, aparecieron las *Obras filosóficas* de Spencer en traducción de José Andrés Irueste: *Los primeros principios*, Madrid, 1897. Hubo ediciones de esta obra, de la editorial Fernando Fe, en 1887 y 1905; y otra de Prometeo, de Valencia, sin fecha. Unamuno tradujo los siguientes libros de Spencer para «La España Moderna»: *La beneficencia*, 1893; *Instituciones políticas*, 1894;

oponiéndole «lo desconocido», ese poder impenetrable, «cuya manifestación es para nosotros el universo».

Había cierta confusión entre los términos «idealismo», «espiritualismo» y «misticismo».[7] Cada uno de ellos tenía diferentes acepciones y en la literatura se confunden un poco. Pero todos indican la llegada de una nueva sensibilidad. En Francia, Sarcey da la voz de alarma: «No sé qué viento de misticismo sopla sobre Francia.»[8] En España, Domènech, profesor de la Escuela de Bellas Artes, en Valencia, señala que ese nuevo idealismo ha producido el renacimiento de una nueva «alma gótica»; esto es, «el desarrollo extraordinario de lo anímico sobre lo corporal; de las ideas y de los sentimientos sobre la forma, de la voluntad enfermiza sobre la actividad sana».[9]

Las ideas de Swedenborg se filtraron en el fin de siglo. Hegel, cuya obra se tradujo al francés en 1875, ejerció considerable influencia en Puvis de Chavannes y en Villiers de L'Isle Adam. Swedemborg, Hegel y Novalis son las fuentes de inspiración de dos filósofos idealistas franceses: Hello y Schuré. Este último publicó, en 1889, *Les Grands initiés*, libro de cabecera de la generación simbolista.[10] En la primera obra de la serie *Les enfants de Lucifer*, Schuré intenta reintegrar el elemento místico a la concepción del amor.[10] Hacia los últimos años del siglo, aparece la poesía esotérica con su nueva visión del amor. Villiers de L'Isle Adam, traducido al español en 1888, fue otro de los escritores que ayudaron a propagar la preocupación del amor y de la muerte y la atracción al ocultismo. Villiers, prefería «no aceptar del amor más que lo que tiene de divino, y fijarlo así en la muerte».[11]

Jules Sageret habla del renacimiento místico en la Europa de fin de siglo y de las diversas manifestaciones religiosas y seudorreligiosas de aquellos años.[12] Obviamente, en ese impulso hay una reacción contra el materialismo científico. Es una búsqueda de va-

---

De las leyes en general, 1895; Exceso de legislación, 1895; Ética de las pasiones, 1895.

7   Sobre el significado de esta terminología en aquella época, véase Alfred Fouillé, *Le Mouvement idéaliste et la réaction contre la science positive*, Paris, 1895.

8   Victor Charbonnel, *Les Mystiques dans la littérature présente*, Paris, 1897, 5.

9   «La evolución del arte moderno», *Pèl & Ploma*, 88, mayo, 1902, 372.

10   Hubo una traducción al español de este libro por Julio Garrido, Barcelona, 1911.

11   *Axel, Oeuvres Complètes*, Paris, 1956, 123.

12   *Les Grands convertis*, Paris, 1921.

lores supranaturales, una fe más confusa que dogmática que lleva a oscuras iniciaciones religiosas, desde las religiones orientales hasta creencias esotéricas o primitivas.

Los trabajos de Alan Kardek y de Mme. Blavatsky lograron muchos adeptos. *La España Moderna, La Revista Blanca* y otras publicaciones españolas dedicaban mucho espacio al ocultismo. Flammarion dio un sentido científico al más allá.[13] En 1884 aparece en París *Le Vice suprême,* novela fantástico-erótico-mística de Sâr Péladan.[14] Gallé, en sus vidrios opacos, captaba visiones de otro mundo. Esta moda popularizó las ventanas de vidrios de colores que influyeron tanto en la obra de Gauguin, Toorop o Rouault. Muchas pinturas se veían así como a través de los vidrios de una catedral. El espiritualismo erótico de Hodler — el pintor suizo — inspiró extraños cuadros con alegorías cósmicas y macabras, flores alrededor de castos desnudos y colores simbólicos.

La generación de los últimos años del siglo se vio así marcada por una filosofía que señalaba el camino hacia dos morales distintas: la del estoico, que busca la virtud y en ella encuentra su recompensa, y la del epicúreo, que basa su filosofía existencial en la búsqueda del placer. Mas en esos años de cerebrales elucubraciones,

13 Hubo varias traducciones españolas de las obras de Allan-Kardek (Léon Hippolyte Denisart Rivail). Por ejemplo, *Síntesis del espiritismo y caracteres de la revelación espiritista,* Barcelona, 1868; *El cielo y el infierno o la justicia divina según el espiritismo,* Barcelona, 1871 y 1874; *El Evangelio según el espiritismo,* Barcelona, 1869; *El Génesis, los milagros y las predicciones según el espiritismo,* Barcelona, 1871, Madrid, 1873, 1874, 1884, Barcelona, 1879; *Espiritismo experimental o el libro de los mediums,* Madrid, 1883; *Filosofía espiritista o el libro de los espíritus,* Barcelona, 1874; *Obras póstumas,* 1874; *La moral espiritista o el evangelio según el espiritismo,* Madrid, 1884; *El espiritismo en su más simple expresión,* 6.ª edición de 10.000 ejemplares, Barcelona, 1887; el volumen *San Martín de Provensals* con una colección de escritos espiritistas apareció en Barcelona 1874. De Helena Patrovna Blavatsky apareció la traducción *La doctrina secreta. Síntesis de la ciencia, religión y sabiduría,* en una traducción de varios miembros de la sociedad Teosofista de Madrid, Madrid, 1895-1898, 2 vols. Ya había aparecido de ella en 1903 *La Clave de la teosofía* en Madrid.

Muchos libros de Flammarion se tradujeron en España en aquellos años, por ejemplo, *Los habitantes del otro mundo. Estudios de ultratumba. Comunicaciones dictadas por golpes y por la escritura mediaaimica. Medium, Mademoiselle Iónet,* Madrid, 1904; *El mundo de los sueños,* tr. F. Sarmiento, Paris, 1902; *Lo desconocido y los problemas psíquicos,* tr. Sarmiento, Paris/Mexico, 1901; *El mundo antes de la creación del hombre,* tr. Eduardo D. García, Madrid, 1900-1902, 6 vols.; *La pluralidad de los mundos habitados y el dogma cristiano,* tr. Lucas de Aldana, Barcelona, 1896.

14 Traducido al castellano, Paris, 1906.

existía la virtud en seres que no creían en ella y reglaban su vida de acuerdo con un ideal espiritual en el que no tenían fe, mientras para otros el hedonismo no era busca del placer sino huida del dolor. Son muchas las influencias que tiñeron de negro pesimismo el eros fin de siglo.[15] Schopenhauer transmitió a la época la idea de que el instinto es impulso ciego e inconsciente, y el anhelo de escapar al *mal de vivre* mediante la negación del deseo de vivir.[16] Para los baudelerianos, el hombre es fundamentalmente malo a causa de la caída. De la literatura naturalista, basada en la exaltación de los sentidos, se aceptó en el fin de siglo la sensualidad y la noción de que ésta lleva en sí el germen del fracaso. La carne es débil; el placer se convierte en aburrimiento, en uniformidad, en sufrimiento. Tanto como la castidad, el sensualismo lleva, en el fin de siglo, al pesimismo más absoluto, al nihilismo supremo.

Ello nos trae nuevamente al tema fundamental de nuestro libro: el impulso idealista implícito en la erótica de la época estudiada. Desde ese punto de vista hay que enfocarla y, para ello, escogimos a esos tres escritores: Juan Ramón Jiménez, Ramón del Valle Inclán y Felipe Trigo, que presentan tres actitudes distintas ante la misma problemática. En este estudio, tratamos de analizar los símbolos, los temas, los asuntos de actualidad que expresan mejor las fijaciones y preocupaciones eróticas de la época. Quisimos reconstruir el clima erótico del momento en el contexto de lo artístico, de lo cotidiano, de lo literario, de lo científico, de lo corriente, de lo raro. Nuestras fuentes son, además de obras literarias y artísticas, fotografías, anuncios, periódicos, modas... Nos esforzamos en reconstruir una faceta de una época: *Erotismo fin de siglo*.

15   Véase G. Pellissier, «Le pessimisme dans la littérature contemporaine», *Essais de littérature contemporaine*, Paris, 1895, 1-68.

16   Hubo en aquellos años las siguientes traducciones al español de Schopenhauer: *Parerga y paralipomena. Aforismos sobre la sabiduría de la vida*, tr. A. Zozaya, Madrid, 1889, 2 vols.; *Los dolores del mundo*, Madrid, 1893; *Los dolores del mundo. Compendio*, Barcelona, 1904; *Eudemonología. Tratado de mundonología o arte de bien vivir*, tr. E. González Blanco, Madrid, s.f.; *Los dolores del mundo*, Madrid, 1905; *El mundo como voluntad y representación*, tr. Antonia Zozaya y E. González Blanco, Madrid, 1896-1902, 3 vols.; *El fundamento de la moral*, Madrid, 1896; *Sobre la voluntad de la naturaleza*, tr. M. de Unamuno, Madrid, 1900; *Metafísica de lo bello y estética*, tr. Luis Jiménez García de Luna, Madrid, Barcelona, 1901; *La vida, el amor y la muerte*, tr. Tomás Orts Ramos, Barcelona, 1901; *El amor, las mujeres y la muerte*, tr. A López White, Valencia, 1902; *La mujer, el amor y el matrimonio*, Madrid, 1905; *Apuntes para la historia de la filosofía*, tr. Luis Jiménez García de Luna, Madrid, 1903; *La libertad*, tr. Roberto Robert, Valencia, 1903.

EL JARDÍN DE LAS DELICIAS

Introducción

Al final del siglo pasado, varias circunstancias concurrieron a hacer de los jardines un *topos* literario y artístico de fuertes matices eróticos. Rincones aislados, solitarios, de senderos retorcidos, añosos árboles y sedosos arbustos representaban un trozo de naturaleza ideal, al alcance de la mano, convertida en obra de arte que transmitía un mensaje muy particular. A menudo, los encontramos en la iconografía como apropiado marco para una pareja entregada a juegos amorosos, para el amante ensimismado en ensueños eróticos, o para la doncella que espera a aquel que ha de despertar sus sentidos.

El erotismo de los jardines fue posible gracias al sentido que a la naturaleza dio el fin de siglo, permitiendo que la tratasen con propósitos no meramente descriptivos, sino interpretada de manera personal. Los artistas del paisaje ya habían preparado la sensibilidad para esta nueva visión. El descubrimiento de la xilografía japonesa[1] y el interés concedido a la naturaleza por los impresionistas y, más tarde, por los simbolistas, permitía ver en el paisaje significaciones más profundas y matizadas. Influyeron pintores como Whistler y Gauguin, que, bajo la égida del japonesismo, encaminaron a la minoría artística europea hacia nuevas formas de sensibilidad. Gustave Moreau muestra este planteamieno al preguntar: «¿Qué importancia tiene la naturaleza por sí misma? No es más que un pretexto para que el artista se exprese a sí mismo... El Arte es una interminable búsqueda de la expresión de sentimientos internos por medio de formas plásticas.»[2]

Ningún vehículo mejor para expresar la problemática erótica que esa naturaleza estilizada, modelada, abstraída, convertida en pintura, vidriera o marquetería modernista. Esos rincones cruzados por laberínticos senderos cubiertos de hojas secas, oscurecidos por frondosos y centenarios árboles, cuyo silencio sólo rompe un instante el lejano canto del ruiseñor o las vagas notas de un piano, permi-

---

1 Hacia fines de 1902, hubo una exhibición en el salón *Art Nouveau*, de Bing, de las obras de Hokusai, Hiroshige y Kuniyoshi. En 1903, se abrió una sala japonesa en el Louvre. Sobre el nuevo sentido de la naturaleza a fin de siglo véase nuestro libro *A Dream of Arcadia*, Austin, 1975.

2 Philippe Jullian, *The Symbolists*, Londres, 1973, 50.

tieron expresar, con simbología muy precisa y propia de la época, una experiencia erótica personal.

Los poetas fueron unánimes en cantar la particular sensualidad de los jardines. Verlaine, Samain, Maeterlinck, Rodenbach, Anton Neuf, Valle Inclán, Antonio Machado, Villaespesa, y muchos más. Rusiñol, en *Jardines de España*, escribió: «Ve pronto a ellos si quieres contagiarte por un momento de aquella tristeza de ensueño que hace palidecer el pensamiento para poder soñar más tiempo; que te da deseos de hacer versos y borrarlos como se borran los versos hechos en los jardines, que te da deseos de abrazar las formas que se desvanecen y las estatuas que caen y las grandezas que mueren. Ve a ellos, poeta, si quieres escuchar la poesía un buen momento de la vida.»[3]

Jardines eróticos también hay en la pintura. Los españoles de Rusiñol, los de Degouve de Nunques, de verdes misteriosos e intensos; los de Lacombe, con troncos malva y rojo; los de Montald, estilizados por árboles invernales reflejados en quietos estanques; los de los pintores belgas, cruzados por aguas dormidas, o los de los alemanes, Carl Stratmann o Hans Thomma, oscuros y lustrosos como mosaicos. Pocos animales, pero los que hay son ricos en significaciones eróticas: unicornios, pavos reales, algunos cisnes, un ruiseñor.

Algo de Wagner — el maestro del erotismo intelectual — llegó a la trama sensual de los jardines finiseculares. Él creó a Klingsor, el eunuco-mago, guardián de las doncellas-flor que aparecerán en la pintura de Burne-Jones o en los jardines de Juan Ramón Jiménez. La ambigua arquitectura vegetal del palacio de Klingsor es descrita por Villiers de l'Isle Adam en *L'Eve future*. También inspiró algunos motivos vegetales del templo de la Sagrada Familia de Gaudí, donde las plantas extienden sus ramas en los capiteles y sus raíces en los pedestales, logrando un animismo vegetal que corresponde al ideal wagneriano de expresar la voz de la naturaleza.

Para empezar, retrocedamos a un jardín mucho más temprano: el *Jardín de las delicias*, del Bosco. En él encontraremos la imagen inicial desde la cual partir al encuentro de Juan Ramón. En la parte central del cuadro, figuras desnudas se deslizan sobre el lago en

---

3 Santiago Rusiñol, «Jardines de España», *Pèl & Ploma*, 1903, 366. Véase también, «El jardí abandonat», *ibíd.*, 3, 1 julio, 1900, 8-9; Pompeu Gener, «Santiago Rusiñol», *ibíd.*, 13, 1 dic., 1900, 7; A. Masera, «La nit en els jardins», *Joventut*, 322, 12 abril, 1906; «Jardines de árboles de formas caprichosas», *La Ilustración Artística*, 2 oct., 1905, 646-7; Francisco de Bofarull, «El laberinto», *Pèl & Ploma*, 1903, 213-219.

frutas convertidas en barcas, o se encaminan a extraños cuartos cristalinos o a conchas que albergan actividades eróticas. Fraenger considera que ahí no hay nada que sugiera que se trata de actos prohibidos o condenables. Por el contrario, advierte en los desnudos una cierta alegría. Tal vez, de paso, un murmullo de nostalgia; nunca, remordimiento. Y sin embargo, Fraenger mismo concede que hay en ello algo más que un inocente entusiasmo por la secta adanita, pues aun en medio de esta celebración de la alegría, se siente la presencia de la muerte y el sentido de la nada, retratados, por ejemplo, en la forma en la que ciertas figuras se alejan, desesperanzadas, del mismo placer al que se aferraban con tanta pasión un momento antes. Ello es, dice Carl Linfert, porque el mal inherente en la muerte siempre está presente en el pecado mismo y no en sus consecuencias; por ello, este panel central, enmarcado por el paraíso y el infierno, no está centrado en la satisfacción del placer, sino que implica el sentimiento de la caída que hallaremos también en los jardines de Juan Ramón.[4]

El estudio temático de éstos, presentes en sus primeros poemas, revela una erotología propia del poeta, pero según las líneas de la época. *Ninfeas, Almas de violeta, Jardines lejanos, Pastorales*, son fundamental y primordialmente eróticos, y el no tomar eso en cuenta impediría su comprensión cabal. En esos libros tempranos, Juan Ramón hace uso del simbolismo floral popular en su época. La fantasía erótica modela jardines, forma flores y organiza toda una estética de intención y expresión mucho más carnal y sensual de lo que suele crerse. Pero, además de los *topos* literarios, hay en ellos, evidentemente, la expresión propia del poeta: una angustia metafísica, ligada, aun en los poemas más espirituales, a la plenitud activa de la carne.

Juan Ramón escribe:

En los instantes carnales del amor, ¿quién piensa en las fecundaciones? Vamos a la conquista de lo imposible, a entrar en el mundo ideal de la mujer, por medio de la pasión. La actividad corporal que la mujer desarrolla y que procede de su mundo ideal, nos pone a las puertas del Paraíso. Ahora bien: el placer

---

4 Fraenger, Wilhelm, *Hieronymus Bosch. Das Taussendjährige Reich. Grundzügliner Ausleguna*, Amsterdam, 1969; Carl Linfert, *Hieronymus Bosch*, Londres, 1972.

es tan intenso que necesita concretarse, perpetuarse. Por eso nacen los hijos...[5]

Es una maravillosa definición del amor donde residen armónicamente su exigencia carnal, fisiológica, y su parte más oscura y metafísica.

Al adentrarnos en los jardines juanramonianos, comprendemos el peculiar cariz de su *eros,* basado fundamentalmente en una paradoja. El amor sexual tiene para el poeta el primer encanto del éxtasis, el de sentirse arraigado en la realidad. Casi inmediatamente, sin embargo, toda idea de contacto físico le suscita un sentimiento de culpa y, por ello, el amor físico es directamente asociado con el mal.

A ese mal le opone Juan Ramón el valor absoluto de la virginidad; esa dualidad no es estática, continúa desarrollándose. La virginidad es la pureza. Lo puro es lo mantenido fuera de todo contacto, representa lo que no consiente mezcla, lo inalterable. La pureza llega así a estar tan alejada de la vida que, intocable y fría, se convierte en esterilidad y muerte.

La ambivalencia llevará al poeta a un callejón sin salida:

mal ←····················· eros ·····················→ vida

bien ←····················· pureza ·····················→ muerte

Para Juan Ramón hay en el amor erótico un fundamento ontológico de la existencia; si se rechaza el amor físico, la fuga de la realidad descubre un vacío. Si hay goce carnal, después no existe para Juan Ramón sino la violación de una pureza que desemboca en la caída. Y, a la vez, ese ideal de pureza aparece como un ab-

---

5 Juan Ramón Jiménez, *Ideas líricas (1907-1908). Libros de prosa,* I, *Primeras Prosas,* Madrid, 1969, 271. Véase también esta interesante prosa del mismo volumen: «Dos idealistas: Antonio y Juan son dos soñadores de infinito; los dos prenden en la música de sus rimas de oro la misma aspiración a las estrellas. Antonio es rubio, sano, rojo, de fuerte pisar y palabra sonora y llena. Juan es moreno, pálido, de andar vacilante y precipitado y de palabra velada, fugaz, entrecortada y un poco incoherente. Llegada una ocasión en la que ambos tuvieron que manifestar su opinión sobre el concepto de Patria, Antonio ha dicho: yo no tengo patria material; y Juan, mi patria es espiritual. Fijaos bien; los dos han dicho lo mismo. Las frentes de ambos tenían la misma orientación sobre las palabras. Sin embargo las dos frases han señalado dos modos de idealismo: en la primera, entre la negación de lo material, iba la nostalgia, la presencia, la afirmación de la vida; las palabras de Juan, descarnadas, libres, puras, divinas, estaban ya fuera de lo humano. Son dos sistemas poéticos», 276-7.

soluto inaccesible o asfixiado por enrarecimiento. Juan Ramón se desgarra entre dos deseos contradictorios: su atracción por lo puro, y el deseo de poseer esa pureza. Deseo imposible, pues actualizar la pureza es destruirla.

Las relaciones carnales terminan en sus poemas en el fracaso, y su erotismo se penetra de tristeza, de la nostalgia de una unión imposible. Si la mujer deseada es poseída, se revelará sin valor al ser «manchada»; si es «pura», poseerla será tan imposible como poseer el cielo, y escapará siempre al amante, en una virginal fuga hacia la muerte.

A menudo, estas oposiciones se resuelven en nociones sintéticas, plasmándose en símbolos que expresan un difícil equilibrio de contrarios. Con esta dualidad, el erotismo del poeta se define directa o implícitamente como una actitud metafísica.

En nuestra discusión del erotismo de Juan Ramón Jiménez, nos restringimos casi exclusivamente al estudio de *Jardines lejanos*,[6] (aunque de vez en cuando echamos mano de las primeras obras: *Ninfeas, Almas de violeta, Rimas*). En aquella colección de poemas, el poeta desarrolla la narración dramática de un itinerario erótico y espiritual que gira sobre la ambivalencia aludida. La secuencia misma de esos poemas muestra el drama vivido por el poeta y por ella podemos precisar la significación existencial de erotismo.

Jardines lejanos se divide en tres partes y en cada una de ellas asistimos a una fase de ese drama. En la primera parte, «Jardines galantes», Juan Ramón muestra la atracción erótica y la nostalgia por la perfección original, su búsqueda del paraíso perdido y el fracaso de la tentativa. Expresa en «Jardines místicos» — la segunda parte —, el intento de eliminar del amor la contingencia erótica y carnal. Es un impulso místico por alcanzar una pureza absoluta, un intento de ascensión cuyo fracaso se registra en una serie de imágenes de esterilidad y muerte. No encuentra en estos jardines realidades superiores, sino amargos fracasos. Al final, lo que sugiere no es una realidad celeste sino una realidad deshumanizada. El impulso hacia el idealismo victorioso describe una curva descendente, cuyo

---

6 Este libro apareció en Madrid en 1904, publicado por la editorial Fernando Fe. Se compone de 84 poemas. Unos nombres dan matiz a cada parte, «Jardines galantes» trae al frente los compases de una gavota de Gluck y unos versos de Verlaine, y está dedicado a Vicente Pereda; «Jardines místicos», unos compases de Schumann y unos versos de Laforgue. Está dedicado a Francisco de Icaza; «Jardines dolientes» trae una melodía de Mendelssohn, unos versos de Rodenbach y está dedicado a Antonio Machado.

origen se puede ya ver en ciertos poemas de «Jardines galantes» y que articula de modo cabal en los místicos. En «Jardines dolientes», el poeta alcanza la tercera fase del drama, al intentar una reconciliación entre los extremos. Tentativa condenada al fracaso. Allí no dejará de estar presente el mito del paraíso reencontrado, donde los polos se unen; su descripción podemos verla en una de las «Primeras prosas» de Juan Ramón:

> Ni el sauce de Musset, ni los tilos de Werther...
> Oh no, Heine, Musset, Bécquer, Poe, Verlaine, Machado, La forgue, yo no os quiero encontrar bajo la tierra; ni a ti, pobre Samain; ni a ti, Rodenbach, viudo de Brujas, rey del silencio. Yo quiero hallaros en una barca de sombra, camino de la luna, en la noche ultraterrena de la muerte, cerca de la isla de Arnoldo Böcklin, o en un jardín sobre el mar donde siga la música del corazón bajo la fronda verde, donde el ruiseñor vuelva a posarse en la lira, donde las estrellas tiemblen sobre mustios ojos abiertos, en una realización de todos los presentimientos de la vida.
> Allí la sombra tendrá dulzura y oro, allí estará la claridad interior llena de rosas de cristal y de besos frescos... Y en la noche de nuestros diálogos eternos, llegará en la brisa del mundo el amor de las dulces ellas, de las pobres blancas que se dejaron besar la boca en un balcón, cuando las calles con luna de la tierra nos hicieron pensar en la belleza de la muerte...[7]

Nos podemos detener un instante en estos párrafos. Juan Ramón ha plasmado en ellos un sueño irrenunciable, el retorno al Edén. Es obvio que se trata del jardín del más allá, pues habla de la noche ultraterrena de la muerte; de la barca de sombra, alusiva a Caronte; del cuadro de Böcklin: *La isla de los muertos*. Hay además nutrida simbología espiritual que veremos, en detalle, más adelante. Es un jardín depurado de su contingencia, camino de la luna, alumbrado por las estrellas, poblado por fantasmales vírgenes asomadas al balcón. Pero hay también símbolos eróticos arquetípicos: el ruiseñor, la lira, la música, la vegetación, la sensualidad (los besos). Evocación melancólica, no fogosa, como si el poeta conociera ya que todo eso ha de pagarse. No faltan símbolos alusivos a la victoria sobre la muerte. Es un jardín sobre un mar infinito y eterno, los diálogos son de amor eterno, y el amor triunfa sobre la muerte. Los extremos se unen, «sombra y claridad», la belleza de la muerte y

---

7   Juan Ramón Jiménez, *Palabras románticas*, 1906, 13, *Libros de prosa*, I, 167.

los presentimientos de la vida, las doncellas blancas y los sensuales besos en la boca.

El itinerario de motivos eróticos que hemos trazado en los *Jardines lejanos* de Juan Ramón, tiene un riguroso desarrollo temático. Desde el principio hasta el fin, el poeta persigue un itinerario. Aun el fracaso final conduce, de manera paradójica, a la sola dimensión donde podía acabar. Para este estudio, analizamos motivos, temas o símbolos favoritos del poeta y de la época: flores, agua, sol, luna. Formas preferidas: corolas, laberintos. Colores usados: rojo, blanco, malva, oro. Todo ello forma en su jardín una fenomenología concreta de formas, luces y sonidos, de ritmos, de esquemas fundamentales a través de la cual se expresa su agonía erótica.[8] Así abordadas y lentamente descifradas, esas composiciones presentan una de las virtudes esenciales de la poética juanramoniana: la coherencia simbólica. Por medio de un sistema de símbolos, revelan su naturaleza reticular gobernada por ligaduras.[9]

Debemos hacer notar la fluidez y plurivalencia de esos símbolos. Se caracterizan, como ha señalado Ricardo Gullón,[10] por su «plurivalencia», su diversidad de significados, y por el peculiar desarrollo, de «tipo continuado», con que el poeta los orienta, «va desplegándose a lo largo del poema y lo llena con su fulgor». Estos símbolos estallan en un significado, se extienden por el poema y, después, reagrupados con otros en una nueva unidad, reorganizan su sentido. El símbolo es dinámico, no se mantiene inmutable, transmutándose según el horizonte en que se proyecta y que lo justifica. Las definiciones son relativas, las significaciones son de múltiple intencionalidad. Por ello debemos tener en cuenta las alternativas de sentido y las diferentes situaciones de conflicto o nivel. No hemos tomado únicamente en cuenta la reiteración de la imagen, sino también el valor estratégico o topológico que posee. Quisimos ver cómo estos símbolos se superponen y completan, formando un camino interno que recorre la estructura intrínseca del poema.

Los símbolos de Juan Ramón desenvuelven sus múltiples valen-

8 Véase el estudio de Pierre Guiraud, *Index du vocabulaire du Symbolisme*, III, Paris, 1953.

9 Véase G. Durand, *Les Structures anthropologiques de l'imaginaire*, Paris, 1963, 363-373. También Mircea Eliade, *Traité d'histoire des religions*, Paris, 1964, 165-187, 229-309; J. Campbell, *The Masks of God*, III, New York, 1959-1964, 21, 28.

10 Ricardo Gullón, *Estudios sobre Juan Ramón Jiménez*, Buenos Aires, 1960, 164-5.

cias y, así, la significación del color blanco puede pasar de sugerir virginidad y frialdad a indicar esterilidad y muerte. Se puede también, como dice Ricoeur, relacionar los símbolos, ir de uno a otro progresando en virtud de una «ley de analogía»,[11] sin olvidar las ramificaciones laterales del tema. Se puede mostrar, por último, como ocurre con Juan Ramón, que el poeta no inventa su simbología, ésta preexiste en la imaginación poética tradicional y es utilizada por el arte y la literatura de la época. Lo que hace el poeta es imprimirle su propia experiencia La fuente ha sido un símbolo erótico tradicional, cuyas raíces apuntan a los mitos de inmersión, bautizo y fecundación. Pero Juan Ramón le imparte una serie de significados que resultan de pensar la fuente seca o borboteante, cantarina o sollozante, con reflejos dorados o grises, si hay cerca un ruiseñor, si es vista desde un balcón y éste se halla abierto o cerrado, de verla a la luz de la luna o al caer la tarde. Estas variantes determinan relaciones de significado en que florece la peculiar fantasía erótica de Juan Ramón Jiménez.

11   *Esprit,* julio-agosto, 1959, 69-70.

I

Jardines galantes

1. Temas eróticos

Los poemas de «Jardines galantes» están situados en plena primavera; Juan Ramón sigue así muy de cerca uno de los *topos* eróticos del *Art Nouveau*. Las asociaciones eróticas de la primavera son obvias: renacimiento, juventud, primer amor, alba de la vida, plenitud de los instintos. Muchas obras del fin de siglo pretendían captar la energía de la primavera. La asociaban a veces con la vitalidad prehumana, como la *Consagración de la primavera* de Stravinsky, o como se puede ver en los elementos ornamentales de Klimt, o en las retorcidas formas de Gaudí; medio algas, medio animales, seres orgánicos inferiores de delicada gracia. Según Schmutzler, la nostalgia uterina se reafirma en las obras mismas del *Art Nouveau*,[12] en las formas vegetales que decoran las telas, cerámicas y vidrieras de aquellos años. Ello proviene del intento de expresar el erotismo como fuente de vida.

En la prensa, el tema aparece constantemente en aquellos años. Un periódico alemán se llama *Jugend,* y una revista modernista catalana *Joventut,* títulos expresivos por sí mismos. Otro periódico alemán se llama *Pan,* el dios griego de la naturaleza, de ninfas y sátiros orgiásticos. Rodin esculpió muchas de estas criaturas, y Darío pobló sus páginas con faunos y satiresas, imágenes ideales de la juventud eterna y exhuberante.

Una interesante revista española se llamaba *Vida Nueva,* y *Ver Sacrum (La fuente sagrada)* fue el nombre de la principal publicación de la *Sezession* vienesa. Este título se explica en la portada del primer número donde un arbusto muestra las raíces que salen de un recipiente de madera, roto por su tremenda fuerza vital. Un periódico simbolista francés se llamó *Floreal;* otro escocés, *Evergreen;* y *Frühlingserwachen* era el título de un drama de Frank Wedekind.[13]

Vicente Blasco Ibáñez habla del erotismo de la primavera en términos precisos:

12 Robert Schmutzler, *Art Nouveau,* New York, 1962, 271.
13 Frank Wedekind, *Frühlungserwachen,* Zurich, 1891.

Reina la primavera, se ama la vida. El naranjo como enorme incensario impregna el ambiente de azahar, el perfume del ensueño que hace pensar en la presencia de hadas invisibles que con su aliento os rozan las mejillas; en los jardines la hierba, con sus minúsculas florecillas, crece hasta en las escalinatas, ... asoman entre el follaje las rosas encendidas, rojas y frescas como femeniles bocas que ofrecen interminables besos y las flores de pétalos blancos y carnosos que hacen pensar en las desnudeces de raso, en carnes sonrosadas y transparentes como las de las ninfas de Rubén, o ambarinas y transparentes como las de las beldades del Ticiano; se adormecen en el prado las tímidas violetas, lánguidas, melanclicas y espirituales como vírgenes del prerrafaelismo; y la naturaleza, ebria de lujuria y de luz, estremeciéndose con desperezos deintensa voluptuosidad, temblando en el espasmo de la fecundación, cubre la tierra de colores y perfumes, y el espacio de rumores suaves y dulces como si todo el éter temblase con el escalofrío de un beso inmenso dado a la tierra.[14]

Abundan en Juan Ramón las referencias a la primavera, y sus asociaciones con el amor carnal son claras:

> Hoy es domingo, un alegre
> domingo del mes de mayo,
> tarde de rosas con sol,
> tarde de sangre en los labios.[15]

> Todo era aroma de senos
> primaverales.[16]

La estructura misma de los jardines de Juan Ramón contribuye a dar impresión de energía y dinamismo; son enredados y laberínticos, atravesados por retorcidos y misteriosos senderos que invitan a buscar y a llegar a algún lugar particularmente acogedor:

> tarde de paseos lánguidos
> bajo las verdes acacias
>
> . . .
>
> hay sendas y olvidos y hay
> penumbra y temblor y hay ramas.[17]

---

    14 Vicente Blasco Ibáñez, «La primavera y la guerra», *Vida Nueva*, 12 junio, 1898.

    15 Juan Ramón Jiménez, *Jardines lejanos*. Nos referimos siempre a la edicin de *Primeros libros de poesía*, Madrid, 1967, 359.

    16 *Ibíd.*, 375.

    17 *Ibíd.*, 383-4.

La estructura indefinidamente ramificada llega a un punto central: el lugar de la entrega amorosa. El amante tiene, así, un recorrido ejemplar, iniciático, y la estructura laberíntica del jardín primaveral servirá para orientar su avance amoroso:

> Todo era para nosotros;
> los verdores de las hojas,
> los senderos que se tuercen
> mojados de agua y de sombra.[18]

El trayecto amoroso encontrará su meta entre la espesa mata de follaje o a través de los enredados senderos. Tras el laberíntico recorrido se llega al centro, lugar vacío que ofrece la imagen sexual de la cópula:

> En un banco del sendero,
> cómo el cuerpo se abandona
> al cuerpo que va buscando
> la delicia más recóndita!...[19]

Junto con la primavera, el fin de siglo erotizó los elementos que son fuente de vida: el sol, el fuego, el agua. Este último, desde la lírica tradicional fuertemente cargado de significaciones eróticas, reafirmó su simbolismo en el arte y la poesía de aquellos años.[20] Su sentido erótico se extiende a los lugares por donde fluye: arroyos, ríos y, sobre todo, fuentes. Recordemos, además, que la fuente está ligada a significaciones vitales. Cirlot la interpreta como «Simbólica del centro y del origen en actividad»,[21] Jung la asimila a la imagen del ánima como origen de vida y energía.[22] Es uno de los arquetipos eróticos de la poesía modernista. Las fuentes de los parques finiseculares hablan, en su lenguaje especial, de la fertilidad, de la vida, del amor sensual. Una, de Antonio Machado, evoca:

---

18 *Ibíd.*, 392.

19 *Ibíd.*, 393.

20 J. M. Aguirre, *Antonio Machado, poeta simbolista*, Madrid, 1973, 334-49.

21 Asegura que «su sentido como centro se refuerza y ratifica cuando en un plan arquitectónico — claustro, jardín o patio —, la fuente ocupa el lugar central», *ibíd.*, 344.

22 Carl G. Jung, *Man and his Symbols*, Garden City, Nueva York, 1964, 114.

La carcajada fría
del agua, que a la pila descendía
con un frívolo, erótico rumor.[23]

Al estudiar el motivo de la fuente en Juan Ramón, es interesante ver cómo cambia en cada una de las tres partes de *Jardines lejanos*. En los «Jardines galantes», dominados por la sensualidad, el agua está viva: corre, canta, murmura, invita. Las aguas se hacen eco de la ternura de los cuerpos entregados al placer. Esas fuentes se encuentran siempre asociadas a un vocabulario erótico:

Vendrá frescura de fuentes,
olor de lilas y acacias,
tal vez alguna magnolia
abrirá su carne blanca...[24]

Hay fuentes para palabras,
hay rosales para besos,
hay bancos ocultos para...[25]

reía más que las fuentes,
olía más que las rosas...[26]

En los siguientes versos se alude al nacimiento de Venus:

He visto en el agua honda
de la fuente una mujer
desnuda...[27]

El sonido de la fuente va acompañado, a menudo, por el canto del ruiseñor, vigoroso símbolo erótico masculino, procedente de la lírica tradicional.

... y murmura
. . .
el ruiseñor sus tristezas
a su novia de la fuente,[28]

---

23 Antonio Machado, «La fuente», *Poesías de Soledades, Obras, Poesía y prosa*, Buenos Aires, 1974, 31.
24 Juan Ramón Jiménez, *Jardines lejanos*, 377.
25 *Ibíd.*, 384.
26 *Ibíd.*, 396.
27 *Ibíd.*, 375.
28 *Ibíd.*, 357.

versos que recuerdan el romance de Fontefrida.[29]

Veamos ahora los versos siguientes:

> La iglesia envía un aroma
> de incienso y de corazón,
> el aire es cantar de fuentes,
> olor de rosas de olor.
>
> . . .
>
> — Letanías, plata y lirios...
> ¡fuente, beso y ruiseñor![30]

En las cuatro primeras líneas, Juan Ramón sugiere el conflicto entre símbolos espirituales y símbolos eróticos. Su doble querencia está expresada en la antítesis existente entre el primero y el segundo par de versos. La iglesia se opone a la fuente, el incienso al perfume de las rosas, y la antinomia se resume en la síntesis de los dos versos finales. El primero reúne los símbolos espirituales de castidad: «letanías, plata y lirios ...»; el último, los símbolos eróticos: «fuente, beso y ruiseñor!», realzados por la frase exclamatoria.

Otro de los elementos eróticos típicos de la iconografía finisecular es el sol, y por metonimia el fuego, el calor, el color rojo. Recordemos la influencia de William Blake y su predilección por los motivos de llamas, tan influyentes después.[31] El sol está en su cenit en las atrevidas escenas de «L'Après-midi d'un faune», de Mallarmé; *Helios* se llama la principal revista modernista española. Del sol escribió Villaespesa:

> ¡Soñemos
> con nuestro nuevo amor!
> Arde en el campo
> la lujuria del sol.[32]

y Rubén Darío:

> ¡Helios! ¡Que nos mate tu llama y que nos queme!
> Gloria hacia ti del corazón de las manzanas,

29 Véase Eugenio Ascensio, el capítulo «Fonte Frida o el encuentro del Romance con la canción de mayo», *Poética y realidad en el cancionero peninsular de la Edad Media*, Madrid, 1970, 230-62. También, J. M. Blecua, *Los pájaros en la poesía española*, Madrid, 1943; M. R. Lida, «Transmisión y recreación de temas grecolatinos en la poesía lírica española», *Revista de Filología Hispánica*, I, 1939, 20-63.

30 Juan Ramón Jiménez, *Jardines lejanos*, 370.

31 Schmutzler, *Art Nouveau*, 109-124.

32 «Nuevas Rimas, III», *Confidencias*, Madrid, 1899, 28.

de los cálices blancos de los lirios,
y del amor que manas
hecho de dulces fuegos y divinos martirios.[33]

El amor es fundamentalmente tórrido en Juan Ramón. La pasión carnal le lleva al ardor, a un verdadero delirio de fuego; canta el «abrazo ardiente» de las bacantes,[34] los ensueños de la «niña ardiente», «brazos amorosos y lechos nupciales y fusión hirviente de cuerpos y almas». Habla de la virgen «inflamada de ensueños ardientes». Por este fuego amoroso, la carne blanca de la doncella se sonrosará, la virginidad se incendiará en una gran llamarada sensual:[35]

Yo soñé con una virgen,
Yo soñé que era de fuego su mirada
Yo soñé que entrelazados nuestros cuerpos
apuramos del placer todas las ansias.

En este poema, se pasa de la posesión carnal a otro motivo erótico de origen wagneriano: el *liebestod:*

Yo soñé que mi ardorosa desposada
se murió entre los delirios infinitos
del amor con que mi pecho la saciaba.[36]

A menudo, el erotismo, asociado al calor, aparece en función de símbolos solares. El sol sostiene, matiza y alumbra escenas fuertemente eróticas que culminan en la posesión:

En un banco del sendero
cómo el cuerpo se abandona
al cuerpo que va buscando
la delicia más recóndita!...

Y cuando ya el sol es fuego,
cómo todo se deshoja
en una rosa de besos,
de caricias y de rosas!

«Deshojar» se refiere al desfloramiento. Posesión consumada en la estrofa final:

33 Rubén Darío, «Helios», de *Cantos de vida y esperanza, Obras Completas* (desde ahora *OC*), V, Madrid, 1953, 885.
34 Juan Ramón Jiménez, *Ninfeas, Primeros libros de poesía*, 1485.
35 *Ibíd.*, 1501.
36 *Ibíd.*, 1506.

Era un día dulce para
los poetas y sus novias...
ensayaron en su lumbre
la ternura de sus bodas.[37]

Abundan las metáforas que relacionan el placer carnal con el sol: «tenía carne de aurora»,[38] «la carne llena de sol»,[39] mejillas «incendiadas como soles».[40] La incandescencia solar lleva a veces a una ardiente orgía:

De repente el Sol áureo, con sus labios ardientes
da a las Mayas un beso en sus pálidas frentes
inflamado en deseos de un amor bacanal.[41]

Por asociación con el sol, el color rojo adquiere implicaciones eróticas paroxísticas. Las horas amorosas llegan a ser ardientes y rojas por la luz del sol o por los farolillos rojos que alumbran la noche y que, colgados de los arbustos, los hacen semejantes a llamas:

y las risas y los ojos
y algún beso..., todo queda
allá lejos, en los rojos
incendios de la arboleda.[42]

Muchas veces, en «Jardines galantes», la escena es nocturna, pero la oscuridad tiene tanta luminosidad como el día. La noche resplandece con brillos; reflejos y chispas surgen de aquí y allá reemplazando al sol y figurando mensajes amorosos. Juan Ramón evoca el brillo rojo que se prende al follaje, luciérnagas que sueñan en la hierba, estrellas — mujeres que se humanizan al encenderse. La noche se anima con risas, palabras y las invitadoras notas de alguna mandolina o bandolín de significados eróticos:

Sobre tus flores, Elisa,
ya sonó mi bandolín;
está de novios la brisa,
se ha despertado el jardín.[43]

---

37 Juan Ramón Jiménez, *Jardines lejanos*, 393.
38 *Ibíd.*, 396.
39 *Ibíd.*, 393.
40 *Ibíd.*, 352.
41 Juan Ramón Jiménez, *Ninfeas*, 1471.
42 Juan Ramón Jiménez, *Jardines lejanos*, 352.
43 *Ibíd.*, 353.

En el poema final de «Jardines galantes», Juan Ramón elige el erotismo y rechaza la castidad. Entran en él los símbolos eróticos de que hemos hablado: el sol, el color rojo, el calor, la primavera:

> Cuando viene el mes de mayo
> . . .
>
> Los labios están más rojos,
> hay más sangre por las venas;
> la negrura de los ojos
> ríe con los labios rojos,
> . . .
>
> Es tiempo de sol y risa;
> y aunque suene la campana,
> no podemos ir a misa,
> porque nos llama la brisa
> galante de la mañana.[44]

El especial papel asignado al sol, en esta iconografía erótica, confiere al ocaso significaciones muy precisas. En los versos siguientes, sirve de fondo para la posesión:

> la tarde se irá muriendo
> sobre tus parques; el malva
> y el rosa del cielo, harán
> bien a las frondas doradas;
>
> vendrá frescura de fuentes,
> olor de lilas y acacias,
> tal vez alguna magnolia
> abrirá su carne blanca...[45]

La magnolia aquí puede ser símbolo del sexo femenino.

El ocaso aparece, a menudo, en los poemas tempranos del autor. La visión de la llama solar, combatiendo a la noche que va a destruirla, puede verse en «La cremación del sol», de *Ninfeas*.

> Y giraban los Gigantes defensores de la Noche,
> entonando negros himnos a su Reina, que llegaba
> en la fúnebre carroza de las Sombras, bajo un palio
> de miríficas estrellas...; y giraban los Gigantes
> en un vértigo delírico por el Caos sanguinolento,

---

44 *Ibíd.*, 401-402.
45 *Ibíd.*, 377.

> por el Caos enrojecido con la sangre febriciente
> del Sol áureo, del Sol muerto...[46]

En este poema, como en otros, la tarde inflamada del ocaso comunica un sentimiento de desastre, de agonía, con consonancias eróticas y guerreras. La muerte del sol es espléndida y gloriosa y aparece paradójicamente como el triunfo del sol en el momento mismo en que va a morir. El poema termina con la visión de un postrero y majestuoso resplandor que, por un instante, derrota a la Noche que lo vencerá:

> ... A lo lejos ... los postreros resplandores del incendio
> relumbraban humeantes, relumbraban moribundos,
> aureolando la fantástica cabeza de lo Ignoto,
> como trémula diadema de amatistas y rubíes...[47]

Podemos comprender por qué se asocia el ocaso con la posesión carnal y a veces con el desfloramiento. El crepúsculo tiene en su significado erótico un carácter último y paroxístico, la culminación coincide con la desaparición. Triunfo de la carne, derrota de la castidad. El ocaso magnifica la abolición de la pureza, y con ello el fin de una esperanza, la pérdida del azur. Pero es en el ocaso cuando la castidad se manifiesta con más esplendor.

Por eso, muchas veces el fuego erótico con que culmina la pasión amorosa puede describir una ardiente orgía que termina en la consunción. Pese a sus implicaciones carnales hay una sugestión de purificación en la destrucción de la materia, la reducción de la carne a ceniza impalpable:

> Loor a la Carne
> que al arder mitiga
> los cruentos martirios de la Vida humana.[48]

No es raro que en alguna fantasía amorosa se preste el poeta inconscientemente a tentativas espirituales que, en un principio, parecen dirigidas al rechazo y aun a la negación de la carne y terminan, por el contrario, por una categórica afirmación del erotismo:

> Yo fui novio de una santa
> que tenía blanco el seno;
> y su seno me dio tanta

---

46 Juan Ramón Jiménez, *Ninfeas*, 1482.
47 *Ibíd.*, 1483.
48 *Ibíd.*, 1486.

blancura, que aquella santa
me hizo niño y me hizo bueno.

Si hoy quiero tanto a esta flor
de labios frescos y rojos,
deja, virgen, que su amor
ponga lascivia en mis ojos;
hoy sus labios están rojos
mis labios están en flor.[49]

El origen de la incandescencia en el acto amoroso habrá que buscarlo en la mujer, en su cuerpo. En una ignición primitiva, el fuego femenino reemplaza el fuego solar. Abundan expresiones que así lo muestran: «Su carne llena de sol»,[50] «sus rojos labios mordían, quemaban lo que miraban sus ojos»,[51] «la niña se muere de delirios de ardores».[52]

El fuego del cuerpo femenino resiste muchas veces a la esterilidad, a la que parecen conducir las tentativas eróticas de Juan Ramón. Ese fuego interno se manifiesta como fuerza misteriosa que arraiga en la parte secreta del organismo; en la sangre. Es lo que arde bajo la piel del cuerpo desnudo, lo que sonrosa la blancura y se muestra en la desnudez de los labios, en la punta de los senos. Existe en Juan Ramón toda una topología carnal y él prefiere los lugares sonrosados o rojos: los senos: «senos tibios entre las rosas»,[53] y los labios, «tarde de sangre en los labios»,[54] «las bellas de labios rojos»,[55] «Francina en la primavera tiene la boca más roja».[56] Se detiene el poeta, a menudo, en la evocación del sexo femenino, refiriéndose a él mediante imágenes, a menudo florales, entre las cuales, como veremos más adelante, destaca la rosa roja.

Es característico de él y de las corrientes estéticas de su época el aludir o sugerir lo erótico por medio de referencias plásticas y cromáticas. El color trasmite percepciones sensuales o espirituales y no es necesariamente un elemento pictórico utilizado para describir la realidad. Tanto el color como la línea pueden trasmitir un mensaje erótico independiente del objeto a que se refieren. De hecho,

49   Juan Ramón Jiménez, *Jardines lejanos*, 381.
50   *Ibíd.*, 393.
51   *Ibíd.*, 394.
52   Juan Ramón Jiménez, *Ninfeas*, 1494.
53   Juan Ramón Jiménez, *Jardines lejanos*, 407.
54   *Ibíd.*, 359.
55   *Ibíd.*, 357.
56   *Ibíd.*, 382.

la significación inmediata de esos elementos queda a menudo oscurecida por el significado oculto en las líneas o los colores. Es entonces cuando se comienza a ver que, en pintura, el color puede expresar algo por sí mismo. Recordemos, por ejemplo, el análisis que hace Huysmans de los colores en Gustave Moreau.[57]

Algunos colores juanramonianos invitan a un erotismo violento, otros al ensueño y a la contemplación, otros a la melancolía y al pesimismo. Si unos tonos son apasionados y ardientes, otros son calmos y tristes, otros llorosos, terribles o trágicos. El rojo y la gama de matices y colores relacionados con él, representan sensaciones de placer, de sensualidad. El violeta le habla del pasado. Es sensible a los tonos satinados de la luna. Se encuentran manchas grises que expresan la fatiga de los sentidos. El negro evoca el peligro del abismo.

Ya en versos citados anteriormente, se han podido ver las sugestiones eróticas del rojo, y todas las flores rojas tan frecuentemente utilizadas en «Jardines galantes» tienen valor significativo. La mujer carnal será aquélla donde se siente más el crecer de la ola roja. La sensualidad que se manifiesta en el rojo del ocaso, en los labios, en las mejillas, está en el escarlata de una rosa: «Cada rosa me ofrece los rojos/labios llenos de besos ardientes»,[58] «besos que ponen los rojos/labios en todas las penas»,[59] «un beso de fuego», «un beso de grana».[60] El color rojo es estallante, insolentemente sensual:

> Los labios están más rojos
> hay más sangre por las venas;
> la negrura de los ojos
> ríe, con los labios rojos,
> de las pobres azucenas.[61]

El tema de la sangre y del color rojo aparece más obviamente en *Ninfeas*, evocando la hemorragia del sexo desgarrado:

> ¡Ay! la niña se entrega a la caricia roja...[62]

---

57 Hay que recordar también las pinturas de Whistler. Sobre este tema véase nuestro artículo «La idea de la decadencia en la crítica antimodernista en España», *Hispanic Review*, 43, 4, otoño 1977, 397-412.
58 Juan Ramón Jiménez, *Jardines lejanos*, 409.
59 *Ibíd.*, 361.
60 Juan Ramón Jiménez, *Ninfeas*, 1468-9.
61 Juan Ramón Jiménez, *Jardines lejanos*, 401.
62 Juan Ramón Jiménez, *Ninfeas*, 1494.

También la dolorosa pérdida de la pureza:

> A la oliente sombra del rosal de sangre, del rosal florido
> muerta su inocencia, muerta la fragancia de su frente pura.[63]

En otra parte:

> con rosas que se mueren y azucenas llorantes,
> que por hondas heridas arrojaran fragantes
> efluvios sanguinosos, efluvios de Dolores,
> que en sus hieles guardasen infinitos dulzores...[64]

El rojo liga el gozo amoroso al derrame de la sangre:

> El Día más grande de la Vida lúgubre
> es el rojo día de la Desposada,
> de la pura virgen
> que en delirios locos gozará una dicha lujuriosa y lánguida...;
> el Placer ignoto.[65]

2. EL SIMBOLISMO DE LAS FLORES

La época modernista se complació en hacer de las flores un lenguaje simbólico.[66] A las flores arquetípicas y tradicionales se unieron las que el fin de siglo redescubrió y popularizó. Ello se debió a la revalorización del paisaje en la pintura, a la inspiración naturalista, al neogoticismo que dio nueva vida a formas oscurecidas por la decoración clásica del Renacimiento. Contribuyó, asimismo, el desarrollo de las artes manuales que llevó a los artistas a buscar motivos animales y vegetales en la naturaleza.[67] También es importante en este sentido la influencia de Ruskin y los prerrafaelitas ingleses, que adornaron sus cuadros con tantas y tan variadas flores de peculiares significaciones alegóricas.

La decoración floral no era realista. Se estilizó hasta el grado más extremo, tratando de presentar una concepción anímica. Algunas de las ideas más influyentes en las estilizaciones vegetales fueron las de Eugène Grasset, expuestas en su libro *La plante et ses appli-*

---

63   *Ibíd.*, 1498.
64   *Ibíd.*, 1488.
65   *Ibíd.*, 1486.
66   Emile Gallé, «Le Décor symbolique», Conferencia pronunciada el 17 de mayo de 1900 en la Académie de Stanislass, en Nancy. Recogida en *Ecrits pour l'art*, Paris, 1908, 219-25.
67   Sobre este tema véase nuestro libro, *A Dream of Arcadia*, 150-90.

cations ornamentales.[68] Hubo una sensual y ondulante invasión floral de lirios, orquídeas, azucenas, rosas y algas. A menudo, como en los broches de Lalique, la mujer era asociada o más aún, fundida a las plantas que abrazaban acariciadoramente su cuerpo. El erotismo inherente a esa vegetación era como una fuerza vital que expresaba un impulso primigenio. Una de las más célebres obras del *Art Nouveau* es el bordado del Cyclamen, diseñado por Herman Obrist en 1895. La revista *Pan* consideraba que evocaba los movimientos frenéticos de un látigo que, a su vez, aluden a las abruptas explosiones de los elementos naturales como la caída de un rayo.[69] Tan exacta fue esa descripción que el bordado ahora se llama, por consenso general, «el latiguillo». Había en esa decoración vegetal un mundo de insinuante sexualidad cuyas sugestiones literarias y artísticas determinaron las modas del amor y del deseo.

Se preferían las flores de largos y curvados tallos, de formas elegantes o sinuosas y de corolas portadoras de un mensaje de exotismo y erotismo.[70] Se aprovechó la promesa escondida de los capullos, el simbolismo del árbol: el árbol del mal, el de la vida, el símbolo de la fertilidad. Algunas flores se popularizaron en aquellos años. El lirio morado, la misteriosa flor puesta de moda por Grasset, que brota en los *posters* de Mucha, en la joyería de Lluís Masriera o en los broches de Lalique, enlazada a serpentinas cabelleras de mujer. En la poesía de Jean Lorrain, teñido de negro, se convierte en símbolo fálico. El lirio se instituyó en emblema de la época: lirios blancos en las manos de mujeres muertas, lirio atigrado que estrechan contra el pecho las heroínas de Swinburne, alegóricos lirios de

---

68 Paris, 1896. Grasset concebía la estilización en una interpretación sintética y casi esquemática de la flor. Se basaba en la simplicidad de la línea y en la cuidadosa atención prestada a los colores. Sobre este tema véase también Roger Marx, *La Décoration et les industries d'art à l'Exposition de 1901*, Paris, 1902. La reseña de este libro por Rémy de Gourmont, en *Mercure de France*, enero-marzo, 1902, 697-706, hace notar que la riqueza del arte decorativo de la época es debida justamente a los numerosos motivos que se prestan para la estilización. Gourmont concuerda con Marx en lo apropiado que es el lirio para este tratamiento. Véase también al respecto, «Art Moderne», *Mercure de France*, enero-marzo, 1902, 242-4, y el interesante libro de E. V. Lilley y W. Medgley, *Book of Studies in Plant Forms*, Londres, 1896.

69 Georg Fuchs, «Herman Obrist», *Pan*, I, 5, 1896, 324.

70 Sobre la popularidad de las flores exóticas y de invernadero, nos habla el cuadro de Emilio Salas, *Flor de estufa*, reproducido en el *Almanaque de La Ilustración*, 1897, 49. También lo indica el volumen de Maurice Maeterlinck, *Serres chaudes*. Véase además el artículo de S. L. Bastu, «Flores todo el año», *La Ilustración Artística*, 25 julio, 1904, 502-3.

Moreau, suaves lirios de Viélé Griffin, terroríficos de Gilkin, los de Paul Valéry:

> *O frères, tristes lis, je languis de beauté*
> *pour m'être désiré dans votre nudité.*[71]

Para Pierre Louÿs se convierten en el sexo femenino.[72] Valle Inclán describe a una mujer en términos florales: «El cuello florecía de los hombros como un lirio enfermo, los senos eran dos rosas blancas aromando un altar.»[73] Se popularizó también fuera de la literatura. La baronesa Deslandes, modelo de Burne-Jones y amiga de Wilde y de Barrès, recibía a sus admiradores en un lecho de lirios. Sarah Bernhardt se rodeaba de ellos, buen símbolo para *La Dame aux Camélias,* puesto que el lirio también representa la virginidad reencontrada.

Otra de las flores de moda fue la azucena, lirio blanco en alguna poesía española. Derivada de las pinturas de Rossetti, representa la flor de la Anunciación, de la pureza y la virginidad. Flor casi heráldica para los estetas. Puvis de Chavannes y los rosacrucianos la ostentaban como símbolo del alma; damas esteticistas sostenían azucenas en las manos y Rachel, en la obra de Proust, recitaba fragmentos de Maeterlinck con una azucena y un vestuario inspirado en *Ecce Ancilla Domini* de Rossetti. Otto Eckman fue famoso por sus finas azucenas y tal flor abunda en los poemas de Darío, de Villaespesa y de otros modernistas como símbolo de la virginidad.[74]

Otras flores de tallos largos eran ricas en sugestiones fálicas. En un cuadro de Thorn Prikker,[75] aparece un fondo de amenazantes tulipanes fálicos. Sobre ellos, destaca una casta novia envuelta en velo bordado de orquídeas blancas en forma de cráneos descarna-

---

71   Cit. Philippe Jullian, *Dreamers of Decadence,* Londres, 1971, 241. El lirio aparece a menudo en las pinturas de los primitivos italianos y flamencos que tanto inspiraron al arte del fin de siglo. También el arte japonés utilizó la elegancia de líneas de esta flor. Uno de los más destacados ejemplos es el *Jardín de lirios de Horikiri* por Hiroshige.

72   Pierre Louÿs, «L'Iris», *Astarté. Poésies,* Paris, 1930, 121.

73   Ramón del Vallé Inclán, *Sonata de otoño, OC,* II, Madrid, 1952, 135.

74   Otros ejemplos se encuentran en las obras de Bernewitz, reproducidas a menudo en publicaciones españolas. Véase un jarrón de donde brota una mujer desnuda enlazada por azucenas, *La Ilustración Artística,* 2 octubre 1905, 638.

75   Jan Thorn Prikker, *La novia de Cristo,* 1893. Otterlo, Kröller-Müller Museum. Sobre este interesante pintor véase Bettina Spaanstra-Polak, *Symbolism,* Amsterdam, 1967.

dos, unida a la figura de Cristo colgando de la cruz por una guir-
nalda de mirra que se convierte en corona de espinas al tocar su
cabeza.

Las rosas aluden, frecuentemente, al sexo femenino, como en las
novelas del ciclo de la rosa de D'Annunzio.[76] Según sus colores,
tenían diversas significaciones: rosa roja, símbolo del amor erótico;
rosa blanca, pureza. Surgían en telas, tapices, botones, cuellos bordados... Las emplearon Beardsley y Mackintosh, las virginales *briar
roses* de Burne-Jones, las esculturas femeninas del catalán Lambert
Escaler, con el cabello o el seno lleno de rosas. Josep Maria Ba-
renys las empleaba en su arquitectura. Otros encontraban en ellas
placeres más perversos, como los invitados de Algabal en el poema
de Stephan George, sofocados bajo un montón de rosas. Más tarde,
la Pisanella de D'Annunzio sufrirá la misma suerte. Los nostálgicos
preferían las rosas marchitas; encontraban en ellas algo especial. De
ellas dice Joan Maria Guasch:

> *Aquest sospir d'olor*
> *aquest desmai d'amor*
> *és l'ànima fervent i adolorida*
> *de les roses colltortes i esfullades.*[77]

El crisantemo, con su encanto oriental, compartía la popularidad
del lirio. Víctor Català habla de aquél: «Son las flores que nada
dicen a los sentidos y dicen todo al alma.»[78] Los crisantemos adornan el apartamento de Odette en Proust, y Maurice Maeterlinck, en
un texto publicado en 1904, en *Helios*, encuentra atractivos los crisantemos cobrizos, por su color, «el menos usual en el mundo de
las flores, el más severamente prohibido, el color que únicamente
lleva la corola de euphorbia venenosa en la ciudad de las umbelas...,
es un amarillo envejecido y decrépito, que se ha posado en el azul
fugitivo de los rayos de luna».[79]

El loto y el nenúfar eran citados por los artistas de entonces

---

76   Este ciclo se inicia con *L'Enfant de volupté*. D'Annunzio deseaba poner
sus novelas, impregnadas de erotismo, bajo el signo del sexo femenino que el
poeta llamaba la rosa. Para un sentido similar véase «Las rosas», de Enrique
Sepúlveda, *Blanco y Negro*, 322, 1897, y Manuel de Montoliu, «Cançó de les
roses», del *Llibre d'Amor*, en *Pèl & Ploma*, 1903, 137.

77   «Les flors del Gerro Blau», *Joventut*, 1900, 365.

78   Víctor Català, «Les crisantemes», *ibíd.*, 1901, 786-787.

79   Publicado originalmente en el número de diciembre del *Century Illus-
trated Magazine*. Esta traducción apareció en *Helios*, X, 1904, 126.

por sus asociaciones eróticas. Sólo sus corolas afloran a la superficie, y bajo el agua, sus raíces se extienden en largos y plegadizos tubos de sugerencias uterinas. Abundan en las portadas de Prouvé o de Carlos Schwabe o en las orlas de dibujos de Beardsley. Aparecen en la decoración de La Sagrada Familia de Gaudí. Para Felipe Trigo es la flor de la entrega erótica. *Ninfeas* se llama una colección de Versos de Juan Ramón Jiménez,[80] y en Pierre Louÿs:

> ... *tient dans ses doigts extatiques et beaux*
> *Au pli vierge du sexe un lotus fabuleux.*[81]

Otras flores muestran asociaciones eróticas: orquídeas, jacintos, hortensias azules, claveles verdes, digitales, girasoles, glicinas y lilas. Hubo incontables narcisos inclinados sobre dormidas aguas de estanques y lagos, mezclados a los clásicos laureles de Puvis de Chavannes, a los cipreses de Böcklin, a las sombras malva de Maurice Denis.[82]

El amor, en «Jardines galantes», ocurre en una atmósfera de invitadora intimidad. Para lograrlo, refugia a la pareja bajo el follaje de árboles y espesas matas transformando así el jardín en parque cerrado. El follaje es uno de los elementos fundamentales en la ero-

---

80   También es interesante su simbolismo en el cuento de Mallarmé «Le nénuphar blanc», *OC*, Paris, 1959, 283-86. En la mitología oriental el loto tenía un simbolismo erótico y vital. Los centros nerviosos del cuerpo humano, llamados *chakras*, se representaban por lotos con diferentes números de pétalos. Los órganos sexuales tenían seis, el estómago ocho, el corazón doce, el de la frente tan sólo dos. Philip Rawson, *Erotic Art of the East*, Nueva York, 1947, 236. También véase de Thomas Freeman, «The Lotus and the Tigress», *Genre*, VII, 1, marzo, 1974, 91-111. Emilia Pardo Bazán cuenta «La leyenda del loto», en *Almanaque Blanco y Negro para 1900*. Allí la escritora se refiere al simbolismo de los pétalos que hemos mencionado, y a la historia de Devi del *Mahabarata*. Contrasta la azucena, que simboliza virginidad, con el loto, que denota pasión erótica.

81   «Astarté», *Astarté*, *Poésies*, 75.

82   El jacinto aparece en la poesía de Jean Antoine Nau, *Hiers Bleus*, Paris, 1904. La hortensia azul en Jeroni Zanné, «Les dues flors», *Joventut*, 273, 4 mayo, 1905, 286-289; 274, 11 mayo, 1905, 299-301. Leopoldo Lugones utiliza la violeta en *Las fuerzas extrañas:* Las digitales son el tema central del cuadro de ese nombre de Paul Ranson, 1900 (Paris, Col. Manoukian). En «Idilli», de Manuel Serra i Moret, *Joventut*, 1901, 641, se narra una historia erótica sobre el musgo. Henry de Régnier utiliza glicinas y lilas. El girasol, admitido por Walter Crane, evoca el hedonismo solar. El clavel verde era la flor de la homosexualidad para Oscar Wilde y las violetas del lesbianismo para Renée Vivien. Véase también el interesante poema de E. Marquina «L'epigrama de las flors», *Pèl & Ploma*, 55, 1 julio, 1900.

tología juanramoniana. Por él la mujer se liga a la naturaleza; a veces las hojas le sirven de vestido o de escondite. La materia vegetal es siempre acogedora y sensual; el vegetal vela, el vegetal recata:

> mujer huyó hacia la umbría.
> Todo era aroma de senos;[83]

a veces, el follaje clausura el espacio que invita al amor:

> Se va a rifar su sonrisa...,
> bajo la negra arboleda.[84]

Las flores de estos jardines tienen los significados que les dio su época. Juan Ramón opone el simbolismo de la rosa roja al de la blanca. La forma misma de la rosa es sugestiva, por sus pétalos convergentes a un centro, imagen de una interioridad. La rosa roja, y en menor grado las otras, tienen significado fuertemente carnal. Es símbolo de la feminidad: rosa de la boca, rosa del seno en Juan Ramón, como en D'Annunzio, rosa del sexo. Emblema del amor carnal y símbolo de vida.

Juan Ramón habla así de ellas: «Por esos labios de rosas»,[85] «tarde de rosas con sol.../el amor no es solitario...sus flores son las rosas»;[86] «quise ver/cómo estaban los rosales...y encontré rosas carnales».[87] Lleva consigo el fuego de la carne y puede llegar a ser símbolo del mal cuando se transforma en rosa cruel o peligrosa:

> tarde de rosas con sol
> tarde de sangre en los labios.[88]

> Rosa turbadora, rosa
> que con tu dulce fragancia
> rompiste tanta oración,
> quebraste tanta ala blanca![89]

> le vi la lengua de víbora
> en la rosa de su boca.[90]

---

83 Juan Ramón Jiménez, *Jardines lejanos*, 375.
84 *Ibíd.*, 351.
85 *Ibíd.*, 357.
86 *Ibíd.*, 360.
87 *Ibíd.*, 375.
88 *Ibíd.*, 359.
89 *Ibíd.*, 388.
90 *Ibíd.*, 396.

Uno de los motivos más abundantes es la rosa deshojada, lo que
confirma su carácter erótico:

Y cuando el sol es fuego,
cómo todo se deshoja
en una rosa de besos,
de caricias y de rosas![91]

En «Tropical», se une el símbolo de la rosa despedazada con
el ocaso, en una escena de erótico ensueño:

... Con sus hojas caídas al mar alfombra
la rosa de escarlata del Sol muriente ...;
del platanar tranquilo la fresca sombra
a la niña dormida besa en la frente ...

Y despierta la niña ..., su cuerpo que arde
en el soñado espasmo de un Himeneo,
en el ósculo suave de la azul tarde
extenuado prosigue su balanceo.

Y entornando los ojos lánguidamente,
en un éxtasis mudo mira el Ocaso,
por donde el Sol de fuego se hunde riente,
envuelto en roja veste de oro y de raso ...[92]

Por su forma o textura otras flores evocan el amor. La glicina
muestra la interioridad aterciopelada de su intimidad:

Y el fresco verdor de abril
está lleno de nostalgia:
ayer tarde, las glicinas
abrieron su seda malva.[93]

Así la magnolia:

vendrá frescura de fuentes,
olor de lilas y acacias,
tal vez alguna magnolia
abrirá su carne blanca ...[94]

91 *Ibíd.*, 393.
92 Juan Ramón Jiménez, «Tropical», *Ninfeas*, 1494.
93 Juan Ramón Jiménez, *Jardines lejanos*, 383.
94 *Ibíd.*, 377.

La blancura de la flor no está teñida de esterilidad; por su forma puede asociarse con el sexo femenino y su blancura puede relacionarse a un candor que será librado al hombre.

Al lado de esta visualización erótica de las flores, hay otras que suelen verse ligadas a los valores espirituales de la castidad y la pureza. Son, por lo general, flores blancas y lunares: el lirio, el jazmín, la azucena, la rosa blanca.

La dialéctica erótica de Juan Ramón encuentra en las flores un medio de expresarse físicamente. Hay un poema donde el choque entre erotismo y pureza se presenta como una verdadera lucha:

> — Madre, rojas son las rosas
> y blancas las azucenas;
> si las blancas son más buenas,
> las rojas son más piadosas.
> Madre, rojas son las rosas.
>
> Yo fui novio de una santa
> que tenía blanco el seno;
> y su seno me dio tanta
> blancura, que aquella santa
> me hizo niño y me hizo bueno.
>
> Si hoy quiero tanto a esta flor
> de labios frescos y rojos,
> deja, virgen, que su amor
> ponga lascivia en mis ojos;
> hoy mis labios están rojos,
> mis labios están en flor.[95]

Rosa roja y azucena constituyen los dos polos de esta oposición: la roja le habla de sangre, vida, lascivia, amor; la blanca es el impulso espiritual, la pureza. El poeta escoge aquí a la roja.

Junto con las flores, los simbolistas descubrieron el poder evocador de los perfumes. Ferdinand Brunetière habló del «animalismo» del sentido olfativo, el único, dice, cuyo goce está desprovisto de intelectualismo, y, por ende, el más crudo, el menos espiritual, el más sensual.[96] Baudelaire había dado a las sensaciones olfativas plenitud de expresión:

95 *Ibíd.*, 381.
96 Ferdinand Brunetière, *Nouveaux essais sur la littérature contemporaine*, Paris, 1895, 137-8.

> *Comme d'autres esprits voguent sur la musique,*
> *Le mien, ô mon amour! nage sur ton parfum.*[97]

Juan Ramón, simbolista, siente la instintiva necesidad de transformar el sentimiento en sensación y expresa en el aroma de las flores sus deseos eróticos. A veces llegan como lujuriosa visión:

> ... Yerra en la doliente brisa
> un fuerte olor de reseda [98]
>
> vendrá frescura de fuentes,
> olor de lilas y acacias,[99]
>
> Y hay ensayos de caricias,
> de miradas y de aromas.[100]

De cuando en cuando se detiene más largamente aromando un mundo de delicias voluptuosas:

> Y esa mujer me sonríe ...
> El sur envía una cálida
> melancolía en el viento
> de sus islas perfumadas.[101]

El aroma puede representar para Juan Ramón el atractivo femenino en su misterio convirtiéndose en caricia:

> Hubo flores y perfumes
> y caricias en mi sueño; [102]
>
> Hay caricias como rosas
> en la lívida mañana;
> la carne en flor da el perfume
> que han perdido las acacias.[103]

Otras veces, más concretamente, el perfume es la mujer misma; su carne o su cuerpo desnudo:

> Por la blanca avenida
> hay temblor de carnales placeres;

97   Charles Baudelaire, «La Chevelure», *Les Fleurs du mal*, Paris, 1961, 30.
98   Juan Ramón Jiménez, *Jardines lejanos*, 351.
99   *Ibíd.*, 377.
100   *Ibíd.*, 380.
101   *Ibíd.*, 383. Estos versos son muy semejantes a los de Baudelaire en «Parfum exotique», *Les fleurs du mal*, 29.
102   Juan Ramón Jiménez, *Rimas, Primeros libros de poesía*, 179.
103   Juan Ramón Jiménez, *Jardines lejanos*, 363.

en la sombra profunda y florida
yerra un lánguido olor de mujeres.[104]

— Aroma de carne en gracia ...,
¡Olor de novias en flor![105]

El aroma puede evocar el deseo:

mujer huyó hacia la umbría.
Todo era aroma de senos
primaverales.[106]

Surge como el deseo insatisfecho:

la tristeza de los pechos
que quisieran manos locas
para el blancor perfumado
que se mustia entre la sombra ...[107]

Ciertos perfumes participan del significado simbólico de la flor de que provienen. Así, el perfume de la rosa tiene equivalencias muy precisas: «Huele a rosas abiertas»;[108] «Cuando viene el mes de mayo,/todo el campo huele a rosas».[109] En los siguientes versos alude a la tentación erótica:

Rosa turbadora, rosa
que con tu dulce fragancia
rompiste tanta oración,
quebraste tanta ala blanca![110]

Destacó, años antes, Paul Bourget, que los perfumes tienen el poder de revivir sentimientos dormidos en el fondo de la conciencia.[111] En la poesía de Juan Ramón, este papel corresponde a la violeta:

A veces una violeta,
en la más larga avenida,

104   *Ibíd.*, 409.
105   *Ibíd.*, 370.
106   *Ibíd.*, 375.
107   *Ibíd.*, 379.
108   *Ibíd.*, 378.
109   *Ibíd.*, 401.
110   *Ibíd.*, 388.
111   Paul Bourget, «Psychologie contemporaine», *La Nouvelle Revue*, XIII, 1884, 415.

es buena para la herida
de un corazón de poeta.

Es la fragancia, que envuelve
la pena del corazón,
que hace cantar la canción
de lo que ya nunca vuelve ...[112]

Así como los perfumes de la rosa y la violeta participan del significado de sus respectivas flores, también el aroma de la azucena es símbolo de castidad:

viene un cándido olor de azucena
Aparece la novia de nieve ...[113]

El nardo, el lirio, la rosa blanca evocan la castidad y la inocencia:

De aquel lirio de mi infancia
que murió con la inocencia,
queda un algo de perfume
que embriaga mis tristezas.[114]

Los perfumes pueden también conducir a evocaciones místicas:

Tengo un altar blanco, lleno
de divinas azucenas,
con una Virgen de mayo,
más brillante que una estrella,
a quien la flor de mi alma
su ardiente perfume eleva.[115]

Generalmente encarna el sentimiento religioso en el incienso. En los versos siguientes plantea una lucha de aromas de signos contrarios:

La iglesia envía un aroma
de incienso y de corazón,
el aire es cantar de fuentes,
olor de rosas de olor.[116]

El perfume de la iglesia tiene connotaciones espirituales y religiosas. A ésas se opone la fragancia erótica de las rosas.

112 Juan Ramón Jiménez, *Jardines lejanos*, 510.
113 *Ibíd.*, 410.
114 *Ibíd.*, 408.
115 Juan Ramón Jiménez, *Rimas*, 81.
116 Juan Ramón Jiménez, *Jardines lejanos*, 370.

Lo mismo sucede en:

> ¡cómo matan a las rosas
> la azucena y el incienso![117]

El incienso, satánicamente, puede evocar la voluptuosidad aun en medio de su misticismo:

> ... la carne
> se hacía incienso y penumbra
> por las sendas de rosales ...[118]

A veces expresa su tristeza por el amor que envejece en la pureza:

> Amor de lirios, amor
> que te mustias entre incienso,
> ay! si una mano galante
> preludiara un minueto![119]

3. LA MUJER SERPIENTE

En «Jardines galantes» aparece un arquetipo femenino de la iconografía finisecular. Sintetiza la sensualidad, el placer, la caída, pero también el triunfo de la vida y el amor físico. Discutiremos ahora su representación como ser híbrido de mujer y serpiente. Así la evoca Juan Ramón relacionándola con el demonio. Manuel Altolaguirre,[120] Rubén Darío, Odilon Redon y Gustave Moreau evocaron incontables veces la feminidad peligrosa en sus diversas caracterizaciones. Eva aparece en las pinturas de Maxence y de Stuck, asociada con el mal, con ojos negros, boca sangrante y el blanco torso desnudo enlazado por una serpiente. Espía en los jardines galantes heredados de Verlaine, tras antifaces y máscaras que sólo dejan pasar el fuego de su mirada.[121] Del sentido otorgado a esta figura femenina proviene una iconografía de incontables criaturas híbridas. Mujeres serpiente, sirenas,

---

117   Juan Ramón Jiménez, *Arias tristes, Primeros libros de poesía*, 340.
118   Juan Ramón Jiménez, *Jardines lejanos*, 354.
119   *Ibíd.*, 374.
120   «La hembra», *Vida Nueva*, 36, 12 febrero, 1899.
121   Véase Alberto J. Carlos, «Divagación: la geografía erótica de Rubén Darío», *Revista Iberoamericana. Homenaje a Rubén Darío*, 64, julio-diciembre, 1967, 293-313. Lucien Levy-Dhurmer pintó también otro interesante cuadro intitulado *Eve*, en 1896.

ninfas, satiresas, vampiresas, que representan elementos demoníacos de animalidad y sensualismo. Así, la satiresa de Rubén Darío:

> Un día oí una risa bajo la fronda espesa;
> vi brotar de lo verde dos manzanas lozanas;
> erectos senos eran las lozanas manzanas
> del busto que bruñía de sol la Satiresa:
> Era una Satiresa de mis fiestas paganas,
> que hace brotar clavel o rosa cuando besa
> y furiosa y riente y que abraza y que besa
> con los labios manchados por las moras tempranas.[122]

Dionisio Pérez la describe como Lilith[123] y Jean Delville la pinta desnuda, apenas cubierta por velo negro, con serpientes luminosas por cabellos y una mayor enroscada a su frente y a su cuerpo. En la cabeza lleva una amapola, símbolo de muerte.[124]

Es como la mujer que aparece en los «Jardines galantes» de Juan Ramón. Una sonrisa, una invitadora mirada, el brillo de unos ojos negros, el eco de una risa en la arboleda, la aventura galante se inicia. Desde la pequeña introducción en prosa a «Jardines galantes» surge esa mujer-serpiente ocultándose bajo la eterna máscara de Satán:

> Por las sendas plateadas de luna vienen unas sombras vestidas de negro; si el viento alza los trajes, suele surgir una pierna de mujer. Se acercan...; no sabemos quiénes son, porque traen antifaces de seda negra; pero los ojos nos fascinan con un magnetismo de serpientes ... y son senos tibios entre las rosas y son carcajadas alegres y huecas ...[125]

---

122   «Palabras de la satiresa», en *Prosas profanas, OC*, 5, 848-49.

123   Dionisio Pérez, «Jesús (Memorias de un jesuita novicio)», *Vida Nueva*, 9 octubre, 1898.

124   *L'Idole de la perversité*, 1891 (Galería de Levante, Munich). También véase el grabado de Aquiles Fould, *Una hechura de Satanás*, que aparece en *La Ilustración Artística*, abril, 1905, 219-20. Una mujer de larga cabellera y alas negras, con una serpiente que asoma de su seno y se enrosca a sus hombros, pisotea unas azucenas con el pie desnudo. El mismo tema aparece en la portada de *Pèl & Ploma*, 6, 15 agosto, 1900.

125   Juan Ramón Jiménez, *Jardines lejanos*, 349. Aparecen enmascaradas en *La Porte des Rêves* de Marcel Schwob, *Histoires des Masques* de Jean Lorrain y *The Truth of Masks*, de Oscar Wilde. Sobre el sentido de las máscaras véase R. Caillois, *Les Jeux et les hommes*, Paris, 1958, 136-154; Claude Levi-Strauss, *Structural Anthropology*, Nueva York, Londres, 1963, 262; Mircea Eliade, *Shamanism. Archaic Techniques of Ecstasy*, Nueva York, 1964, 165-8.

En esta cita se ven varios puntos interesantes. Se acercan mujeres enmascaradas voluptuosa y un tanto ferozmente. Juan Ramón sucumbe a la carne, encuentra «senos tibios entre las rosas», y no halla en ello más que desilusión, «carcajadas alegres y huecas». Pero el amor físico, aunque sea la manifestación del mal, le fascina. La mujer-serpiente reaparece en «Jardines galantes»

> Tengo miedo ... Sus bocas me hieren
> como bocas de víboras ... Rojos
> fuegos tienen sus ojos ... Ay!, quieren
> que esta noche yo cierre mis ojos ...[126]

En esta descripción del beso como mordedura de serpiente, el brillo rojo y sombrío de los ojos de la mujer sugiere inmediatamente el fuego del infierno.

En otra parte, una mujer descaradamente sensual es descrita «reía más que las fuentes, olía más que las rosas», asociándose a dos elementos representativos de lo erótico, y el poeta concluye:

> Cuando me dijo que sí
> — aquel sí de mariposa —
> le vi la lengua de víbora
> en la rosa de su boca.[127]

La serpiente contiene un valor alusivo riquísimo. Según Jung, encarna lo inconsciente, lo que puede elevarse contra nosotros en nosotros mismos.[128] Según Alain, la serpiente es indudablemente un símbolo fálico y representa al hombre a la proa de sus deseos y pasiones.[129] En la interpretación psicoanalítica de este símbolo, algunos lo reducen a la proyección psicológica del deseo, a la manifestación de la naturaleza animal del hombre, semiahogada por prohibiciones morales y sociales. Pero recordemos también que el simbolismo de la serpiente es ambivalente. En ciertos mitos representa, a la vez, la muerte y la vida, el bien y el mal, el demonio y Cristo.[130]

---

126 Juan Ramón Jiménez, *Jardines lejanos*, 378.
127 *Ibíd.*, 396.
128 C. Jung, *L'Homme à la découverte de son âme*, Mont Blanc-Genève, 1948, 377.
129 *Charmes commentée par Alain*, Paris, 1958, 178.
130 Paul Ricoeur, *The Symbolism of Evil*, Nueva York-Londres, 1967, 252-260. Véase también J. Coppens, «La Connaissance du bien et du mal et le péché du Paradis», *Analecta Lovaniensia Biblica et Orientalia*, 1948, App. I, 92-

El tema, en versos de Juan Ramón, tiene ecos del mito del paraíso perdido, como una tentación erótica que lo fascina. Se podrían aplicar aquí las palabras de Paul Ricoeur, según las cuales la caída se efectúa por medio de un intervalo «entre inocencia y pecado, lleno de una especie de mareo, del cual surge el acto pecaminoso como si fuera producto de la fascinación».

La mujer serpiente aparece por última vez, ya finalizados los «Jardines galantes», como última tentación, en el primer poema de los místicos:

> Por las ramas en luz brillan ojos
> de lascivas y bellas serpientes;
> cada rosa me ofrece dos rojos
> labios llenos de besos ardientes.[131]

Desde la introducción a «Jardines galantes» aparece otro arquetipo femenino: la mujer espíritu, casta, virgen, desmaterializada, a quien el poeta llamará la «novia de nieve». Al lado de las enmascaradas de mirada fogosa se perfila con «una sonrisa de novia blanca..., es una mano blanca con una azucena... — oro y nieve...».[132] Reúne los símbolos de castidad y dominará los «Jardines místicos» desde su primer poema, oponiendo lo blanco a lo rojo, el nardo a la rosa roja. Tiene «sus carnes en calma» que se desmaterializan hasta tornarse abstractos «blancores».

> Y me muestra sus dulces blancores...
> Tiene senos de nardo, y su alma
> se descubre en un fondo de flores
> a través de las carnes en calma.[133]

Ambas figuras polarizan la doble postulación de Juan Ramón, el deseo y la castidad, la carne y la abstinencia. Tema glosado muchas veces entonces. Ramon Casas lo resumió en una figura femenina semidesnuda abrazada por una serpiente, pero portando una azucena emblemática de la pureza.[134] Toorop lo desdobló en tres: la

---

117; W. F. Albright, «The Goddess of Life and Wisdom», *American Journal of Languages and Literatures*, 1920-21, 258-94; sobre la interpretación psicoanalítica de la serpiente Ludwig Levy, «Sexuale Symbolik in der Paradiesgeschichte», *Imago*, 1917-19, 16-30; R. F. Fortune, «The Symbolic of the Serpent», *International Journal of Psychoanalysis*, 1926, 237-243.

131 Juan Ramón Jiménez, *Jardines lejanos*, 131.
132 *Ibíd.*, 407.
133 *Ibíd.*, 410.
134 *La Ilustración Artística*, 1 febrero, 1904, 97.

novia del cielo, la de la tierra y la del infierno. Ésta, con dos serpientes rodeándole la cabeza, es la de rostro más fascinante, los ojos más profundos, la sonrisa más embriagadora. La novia del cielo está velada, vestida de monja, la de la tierra, en medio, cubierta por un transparente velo blanco, está rodeada de rosas blancas, símbolo de la pureza y fragilidad.[135]

4. ALEJAMIENTO

La actitud erótica de Juan Ramón lo impulsa a buscar fórmulas que le permitan a la vez la posesión erótica y el alejamiento de la carne. El erotismo juanramoniano, dominado por una necesidad de pureza, de alejamiento, que desemboca en la impotencia, encuentra en ciertas imágenes una representación del impulso insatisfecho, que se propone franquear el obstáculo, y lo hace sin destruir la distancia necesaria para conservar la pureza.

Un gesto esencial, la mirada, le permite atravesar el espacio prohibido y conservar la distancia. La concupiscencia del acto se manifiesta claramente:

> Allá en la fiesta reían
> las bellas de labios rojos,
> desde la luz me seguían
> lánguidamente sus ojos.[136]

Lo más elocuente de esas miradas es su fugacidad. Una mirada brilla un solo instante y se apaga, el amante vuelve melancólicamente a sí mismo. A menudo, se ven asociadas las miradas a alusiones infernales, a una especie de ferocidad: «rojos fuegos tienen sus ojos»;[137] «sus rojos labios mordían, quemaban lo que miraban sus ojos»;[138] «los ojos nos fascinan con un magnetismo de serpientes».[139]

Siempre con la mirada, la mujer queda poseída pero virgen, es una posesión a distancia, sin tocar ni manchar la carne. Por eso propone:

135 *Les Trois fiancées,* Otterlo, Kröller-Müller Museum. Este cuadro fue expuesto en la exposición rosacruciana.
136 Juan Ramón Jiménez, *Jardines lejanos,* 375.
137 *Ibíd.,* 378.
138 *Ibíd.,* 394.
139 *Ibíd.,* 349.

si quieres, te besaré

. . .

la blancura con mis ojos ...[140]

Charles Badouin ha señalado que el ojo es el órgano por donde
la tendencia sexual se satisface primitivamente. Ver, según Badouin,
significa la «incorporación del objeto por el ojo».[141] Juan Ramón
sensualiza los ojos, y, así, aun la más casta amada podrá expresar
su deseo sin manchar su pureza:

> nunca unos ojos azules
> miraron como miraban
> los grandes ojos azules
> de aquel lirio de mi alma!
>
> Enamorada de labios
> marchitos, de carne intacta.[142]

Otra imagen, el balcón, proviene también de la necesidad de
equilibrar el impulso de fusión con el deseo de distancia. Aguirre
ha indicado que el balcón es un tópico modernista, y nota que representa un ansiado escape al mundo exterior.[143] Es más que eso:
el deseo de alejamiento unido al primer impulso erótico.

La ventana, el balcón, o la terraza abiertos aparecen en «Jardines galantes» de manera constante. Abiertos, simbolizan la partici-
pación en la vida desde lejos:

> Pero esta tarde florida
> sube hasta mi corazón
> la música no querida
> de un doliente acordeón;
>
> y viene llena de flores
> por las rosas del jardín,
> y tiene como dolores
> secretos de bandolín,
>
> y es de sol y es de cariños
> y trae hasta mi balcón

140   *Ibíd.*, 425.
141   *L'Ame enfantine et la psychoanalyse*, Neuchâtel, 1950, 126.
142   Juan Ramón Jiménez, *Jardines lejanos*, 389.
143   J. M. Aguirre, *Antonio Machado, poeta simbolista*, 311.

como canciones de niños
que ya tiene el corazón.[144]

El balcón plasma simultáneamente la timidez y el alejamiento. Está abierto, se puede ver la vida, pero se participa en ella tan sólo a distancia. Por ello ambién expresa bien una íntima sensación de impotencia:

¡También yo esta primavera
he llorado en mi balcón,
al pasar la lastimera
canción de un acordeón![145]

144 Juan Ramón Jiménez, *Jardines lejanos*, 366.
145 *Ibíd.*, 367.

II

Jardines místicos

1. ELEMENTOS NEGATIVOS

Otras veces, el jardín es nocturno. La luna lo platea, lo desmaterializa y lo vuelve irreal hasta convertirlo en un paisaje muerto. Antonio Machado escribió:

> La luna
> reluciente calavera,
> ya del cenit declinando,
> iba del ciprés del huerto
> fríamente iluminando
> el alto ramaje yerto.[146]

Ese escenario impera en «Jardines místicos», la segunda parte de *Jardines lejanos*.

Como hemos visto, en la erotología de Juan Ramón, el amor físico llega a asociarse directamente con el mal. Sin embargo, la pureza, intocable y fría, se vuelve contra sí misma y se convierte en esterilidad y muerte. En «Jardines galantes», Juan Ramón vacilaba entre erotismo y castidad. En «Jardines místicos» se decidirá por ésta, aunque su elección entrañe el rechazo de la vida.

El blanco es el color que traduce ese ideal. Los jardines místicos se blanquean bajo la satinada luz lunar o bajo un manto de nieve. Las flores palidecen, las rosas rojas ceden su sitio a las blancas, las lilas a los nardos, las glicinas a la azucena. El jardín se adorna de arbustos plateados y estatuas de mármol. Todo ello impartirá al paisaje una blancura estéril a la vez que ideal. Jardines de pureza, blanqueados, muchas veces por la nieve:

> Silencio ... Nieva, y la noche
> larga y muda se va entrando ...
> Yo tengo un jardín con nieve
> sobre la nieve del campo.[147]

---

146 Antonio Machado, *Obras, Poesía y prosa*, 99.
147 Juan Ramón Jiménez, *Jardines lejanos*, 444.

Otras veces, bajo la luz de la luna:

> Bajo el cielo melancólico
> los senderos están blancos;
> la luna llueve su lumbre
> sobre la paz de los campos.[148]

Los senderos, laberínticos, vitales, dinámicos, ahora son blancos, desmaterializados. El cielo es melancólico y el fuego de la luna es frío.

Estos poemas, portadores de valores espirituales, son, a la vez, negativos. La luna da «un abril de nieve»,[149] al parque; por ello, los senderos «se esfuman»,[150] la luz plateada elimina los colores, la blancura es debida a que la luna «ha deshojado sus nieves y sus jazmines». Es un paisaje inmóvil. Los «árboles no se mueven»; castas y espirituales, «las flores miran al cielo». Aquí está ausente la tentación erótica, el poeta indica que «no hay viento que traiga aroma de rosas», sólo «huele a luna». En este ambiente impecable, «los besos y las palabras entre las flores se han muerto».[151] Todo ello nos envía a una noción de negatividad y de vacío manifestada por la ausencia de vida en los elementos del paisaje.

En otro poema, el jardín blanco enmarca una alegoría de la muerte:

> Tiemblan las tristes estrellas ...
> Qué misterio tiene el claro
> de la luna en este parque
> mudo, frío y solitario!
> . . .
>
> Yo he cerrado mi balcón ...,
> tengo miedo y frío ... Acaso,
> a la media noche, venga
> a verme el hombre enlutado.[152]

Puede ser que el jardín se convierta en camposanto; entonces, surgen estilizados cipreses, árboles de cementerio, la fuente está seca y no hay

> más flor que una calavera.

148 *Ibíd.*, 451.
149 *Ibíd.*, 417.
150 *Ibíd.*, 418.
151 *Ibíd.*, 422.
152 *Ibíd.*, 451.

Se transforman las caricias:

> Y son blancos brazos
> que entreabren flores de muerte
> debajo de sus abrazos.

Así como los ojos y la cabellera de la mujer:

> alma de carne sombría
> que aun tiene dos ojos bellos,
> que enluta las tumbas frías
> con sombra de los cabellos.

La nieve se solidifica en lápidas funerarias:

> Desesperación y llanto
> en mármoles sepulcrales ...
> algo que seca de espanto
> las rosas primaverales! [153]

Así, lo blanco, que empieza como pureza, termina en atmósfera de desesperanza:

> ... En el jardín llora
> una desesperación
> sombría y blanca.[154]

Juan Ramón recoge un tópico simbolista adoptado por los modernistas. Pedro Salinas ha señalado que «lo blanco... debe traducirse casi siempre en la poesía de Darío como aspiración a la pureza, y místico anhelo de inocencia».[155] Schulman, a su vez, afirma que para Manuel Gutiérrez Nájera lo blanco «siempre simboliza lo perfecto, lo inmaculado e ideal».[156] La asociación entre pureza y muerte fue explotada también por los modernistas. Jesús Urueta habla de la muerte como un ángel blanco,[157] y Juan José Tablada encuentra esa dualidad en los cisnes, donde:

153 *Ibíd.*, 447-9.
154 *Ibíd.*, 449.
155 Pedro Salinas, «El cisne y el búho», *Revista Iberoamericana*, II, 1940, 68.
156 Ivan Schulman, «Función y sentido del color en la poesía de Manuel Gutiérrez Nájera», *Revista Hispánica Moderna*, XXIII, 1951, 19.
157 Jesús Urueta, Armonías trágicas, II. Cit. por Carole A. Holdsworth, «White Symbolism in Selected *Revista Moderna* Authors», *Revista de Estudios Hispánicos*, II, 2, noviembre, 1968, 1-12.

Tiembla y muere el fulgor blanco.[158]

Los simbolistas franceses dieron originalmente estas significaciones a lo blanco. Mallarmé calificó la castidad de Herodías como «*nuit blanche de glaçons et de neige cruelle*».[159] Hay que recordar el simbolismo de su cisne apresado en el lago helado. La asociación de lo blanco con esos conceptos está presente en pinturas ejemplares de la época; las elongadas doncellas vestidas de gasa blanca en cuadros de Henri Le Sidanier, o las blancas siluetas ectoplásmicas de Alphonse Osbert.[160]

En los «Jardines místicos» de Juan Ramón, tales elementos forman el escenario de una experiencia espiritual. Nardos, azucenas, rosas blancas, luna plateada, volatilizan la materia y crean un paisaje de monótona melancolía. La vitalidad desaparece en un clima de desastre y esterilidad. El jardín es generalmente nocturno y silencioso. Se produce la sensación de estar en medio de una inmovilidad de cristal donde el silencio es lo único sonoro:

> Calla el agua en las fuentes ...
> ... ni una rama se mueve.[161]

Silencio omnipresente, mensajero de la nada:

> Es un silencio sin luces
> y sin sombras
> . . .
>
> Silencio ... Nieva, y la noche
> larga y muda viene entrando ...[162]

Es, dice en otra parte, «un silencio de pesadilla». Reina la más absoluta inmovilidad. «Se han parado también los altos luceros», «ni una rama se mueve».

---

158   *Ibíd.* El mismo simbolismo se encuentra en «Nit de plata», poema de Anton Benazet, *Joventut*, 213, 10 marzo, 1904, 157; «Allá», de Pedro Barrantes, *La Vida Galante*, 232, 1902; «Blanca», de Ramón Pérez de Ayala, *Helios*, V, 1903, 141; Josep Maria Folch i Torres, «Tot blanch», *Joventut*, 56, 7 marzo, 1901, 174-5; Emanuel Alfonso, «La enamorada del cel», *ibíd.*, 65, 7 mayo, 1901, y del mismo autor, «Maria Emanuel de Castell-Vila», *ibíd.*, 73, 4 julio, 1901.

159   Mallarmé, *OC*, 47.

160   Por ejemplo, de Le Sidanier, *Dimanche*, 1898 (Paris, Col. Louis Le Sidanier); de Osbert, *Chansons de la nuit*, 1896 (Col. Yolande Osbert, Paris).

161   Juan Ramón Jiménez, *Jardines lejanos*, 410.

162   *Ibíd.*, 444.

Veamos los versos siguientes:

> Los árboles no se mueven
> todo está en éxtasis, quietos
> están los dulces cristales
> de las fuentes, los senderos
>
> parecen que no se van
> las flores miran al cielo;
> y los árboles contemplan
> sus sombras fijas ... No hay viento
>
> que traiga aroma de rosas;
> huele a luna; si los ecos
> viven, jamás han llorado
> en este jardín, si hay besos
>
> ocultos en la penumbra
> si hay palabras de misterio,
> los besos y las palabras
> entre las flores se han muerto.[163]

Este vocabulario subraya la ausencia de vida. No hay movimiento, los árboles no se mueven, las sombras están fijas, los senderos «no se van», no hay viento, el agua de las fuentes ha cristalizado, hay ausencia de besos y palabras. El jardín, desprovisto de cualquier contingencia carnal cristaliza y muere. En otros versos, sucede lo mismo con el ramaje de los árboles:

> ... la arboleda
> es cristal, a los tibios reflejos
> de esta noche de nieve y de seda.[164]

La noche cambia. Si en «Jardines galantes» espiaba tras los arbustos la aventura amorosa, ahora nos sumerge en la más absoluta pureza. Por otra parte, el poeta, libre de la tentación amorosa, es incapaz de eliminar la soledad y la nada originadas por la libertad de la materia. La noche se convierte en un vacío, una experiencia espiritual al mismo tiempo negativa. Se ignora, por tanto, si es:

> ... un jardín
> de pesadilla o de cuento ...[165]

---

163 *Ibíd.*, 422.
164 *Ibíd.*, 409.
165 *Ibíd.*, 423.

La luna brilla en la oscuridad con luz plateada y fría. No promete calor ni esperanza de vida humana. Su contacto con la tierra es, a menudo, agresivo. El filo plateado de su luz hiere: «Noche, ¿y tu espada de plata?»;[166] y más adelante:

> es tu luz, luna que viene
> . . .
>
> ... que sabe traspasar
>
> el alma con una flecha
> suave y fría, negro y plata,
> que no sé de qué está hecha,
> pero que encanta y que mata.[167]

Alumbra con luz estática y equívoca que permite sostener, por un momento, algún espejismo. Por ello, al hablar de la luz lunar, Juan Ramón emplea a menudo elementos opuestos: la luna llueve su «lumbre fría»;[168] bajaba su «lumbre blanca»,[169] la luna da un «abril de nieve»[170] a un melancólico parque.

En ciertos poemas, la luna se colorea ligeramente, de manera que parece humanizarse:

> La luna rosa está sólo
> naciendo en un abanico
> entre unos sauces de ensueño
> sobre el remanso de un río.

Por un momento, parece que el color rosa de la luna tonifica el paisaje. Se vislumbra en un instante un delicadísimo equilibrio. La delgada línea del menguante reúne el cielo y el río; el allá y el acá. Pero este equilibrio es frágil y fugaz y la nada invade el poema:

> Éstos son árboles yertos
> éstos son nidos vacíos ...
> ¡Nocturno de primavera!
> ¡Fuentes, rosas, luna, lirios![171]

El paisaje lacustre se marchita y muere frente a nosotros. Los árboles se secan, los nidos se vacían, el nocturno de primavera se

166 *Ibíd.*, 443.
167 *Ibíd.*, 453.
168 *Ibíd.*, 451.
169 *Ibíd.*, 459.
170 *Ibíd.*, 417.
171 *Ibíd.*, 411.

desintegra lentamente en el último verso que empieza con símbolos eróticos; fuente y rosa, pero termina con los opuestos; luna y lirios. El paisaje se desmaterializa en una progresión de vitalidad descendente.

Otros versos también empiezan con una engañadora ilusión producida por la ligera coloración rosada de la luna:

> A la lumbre de la luna
> — sueño de rosa y de plata —,
> corazón, preludia una
> romántica serenata.

Por un momento parece que el jardín se ha humanizado. El poeta asoma a su balcón, pero el poema termina:

> y un ruido triste y largo
> de cuerpos sin corazón,
> que va poniéndome amargo
> el nocturno del balcón ...[172]

Veamos los siguientes versos para presentar nuestro punto de vista:

> este claro de la luna
> es tan pálido y tan bello!
> El jardín no es un jardín
> del mundo, yo soy un sueño ...
>
> ¡Ay! los parques de la luna
> no son ya para estos tiempos;
> se dijera que son parques
> que han caído de los cielos ...
>
> Que la luna ha deshojado
> su nieve y sus jazmineros,
> que ha llorado la tristeza
> de sus blancos pensamientos ...
>
> Éste es un valle doliente
> de la luna; es un secreto
> de montañas, es un parque
> de reales encantamientos.
>
> Hay un palacio y un río,
> y un lago y un puente viejo,

172 *Ibíd.*, 413-4.

y fuentes con musgo y hierba
alta, y silencio ... Un silencio

de pesadilla, una pena
de corazón ... ¡Claro bello
de la luna, claro triste
de la luna, claro enfermo.

. . .

yo estoy solo, y el jardín
melancólico y enfermo
es, a la luna, un jardín
de pesadilla o de cuento ...[173]

Los símbolos se desarrollan y cambian. En un principio el poeta
contempla la admirable belleza del paisaje al claro de luna. Belleza
tan espiritual que el jardín no parece de este mundo sino «caído del
cielo». Pronto empieza la ambivalencia de los símbolos de pureza.
La luna ha tenido blancos (castos) pensamientos que también son
tristes. Los blancos jazmines son de nieve, y en los siguientes versos
el parque se ha transformado en «valle doliente».

Pronto, un extraño paisaje se extiende ante nuestros ojos. Un palacio, un río, un lago, un viejo puente. Todos los símbolos vitales
relacionados con el agua están cegados por el musgo, la hierba alta
y el silencio. ¿Es una visión de la muerte?; ¿del más allá? Juan
Ramón no se aventura más, pero el bello claro de luna se ha vuelto
«triste» y «enfermo».

Ciertos símbolos provenientes de «Jardines Galantes» adquieren
ahora significaciones totalmente opuestas. El balcón, abierto anteriormente, presenta ahora el cristal cerrado, y lo blando se solidifica
en cristal duro e infranqueable. La asociación entre la ventana cerrada y la ausencia del amor se pueden ver:

Y no se abre una ventana,
y no viene ningún beso,
y no hay una mano blanca
que nos llame desde lejos ...[174]

¡Tumba de labios sellados!
¡Tumba de cálidos pechos!

173 *Ibíd.*, 421-3.
174 *Ibíd.*, 416.

¡Tumba de brazos que no
se han colgado a ningún cuello! ...[175]

En otro poema, la ventana cerrada permite ver un rosal blanco
iluminado por la luna en un «claror de muerte y de pena».[176] La
imagen del balcón cerrado se asocia también a la alegoría de la
muerte, o alcanza un doble grado de esterilidad al helarse:

... Ventanas
cerradas sobre el jardín
de las mañanas heladas! ...[177]

El espacio entre el poeta y el jardín se ha endurecido y cerrado,
ofreciendo su imagen como plenitud prohibida:

Ella pasaba ... Reía
y reía ... Ella pasaba
tras los cristales ...[178]

En los versos siguientes, contrasta la frente viva del poeta con la frialdad negativa del cristal:

Mi frente ardía, mi frente ...
Yo, soñando, la apretaba
sobre los cristales fríos
de la ventana cerrada.[179]

La fuente cambia también de signo en «Jardines místicos». Antes
era siempre de aguas vivas, ahora está seca y callada.

Calla el agua en las fuentes ... hay pena
por lo azul ..., ni una rama se mueve ...,
viene un cándido olor de azucena ...
Aparece la novia de nieve ...[180]

El silencio de las fuentes está asociado aquí a una experiencia
espiritual de castidad (azucenas, blanco, nieve), tan lograda, que
llega a lo místico (hay pena por lo azul).

175 *Ibíd.*, 418.
176 *Ibíd.*, 418.
177 *Ibíd.*, 433.
178 *Ibíd.*, 455.
179 *Ibíd.*, 432.
180 *Ibíd.*, 410.

La fuente seca se asocia en los siguientes versos aún más obviamente al vacío amoroso:

> Y esa baranda caída
> y esa pobre fuente seca
> y esa siniestra avenida
> por donde nadie ya peca
> bajo el árbol de la vida ...[181]

A veces se evoca la lejanía de fuente en el parque muerto:

> ... Lejos, la brisa, la fuente
> ¡ay!, el ruiseñor despierto
> en el esplendor doliente
> y triste del parque muerto ...[182]

2. FLORES BLANCAS

En «Jardines místicos» hay una simbología formada por flores blancas. Rosas, jazmines, lirios, azucenas, nardos, representan valores espirituales a menudo matizados por alguna alusión carnal. El nardo se asocia a los senos, la azucena, símbolo de la virginidad, al lugar de una fecundación; la rosa blanca al vientre femenino. La más abundante, la azucena, es la flor de la Virgen María. Aparece en las Anunciaciones portada por el arcángel e indicando la pureza de la Concepción. Surge en la iconografía típica del simbolismo; el *Blessed Demosel* de Rossetti lleva tres azucenas en la mano.[183] Carlos Schwabe forma con ellas un camino para la Virgen y el Niño.[184] Juan Ramón la utliza para lograr la atmósfera mística de sus jardines:

> ¿Qué tienes para el que llora,
> hora de azul y azucenas?
> Hora azul y blanca, hora
> de amor, ¡qué das a mis penas?
>
> Hay una rosa en la luna
> que se abre cuando tú sueñas
> una rosa triste, una
> rosa azul y de azucenas.[185]

181 *Ibíd.*, 449.
182 *Ibíd.*, 413.
183 (Fogg Museum of Art, Harvard University.)
184 *La virgen de las azucenas*, 1899 (Paris, Col. Robert Walker).
185 Juan Ramón Jiménez, *Jardines lejanos*, 431.

Ya conocemos el significado simbólico de lo blanco. El azul, unido aquí a la azucena, es también emblemático; es el azur modernista que representa lo infinito, lo celeste. Esa extraña rosa azul, mencionada aquí, nos recuerda la de Novalis y nos lleva directamente a la iconografía simbolista.[186]

Juan Ramón describe con azucenas el arquetipo femenino del nuevo jardín

> viene un cándido olor de azucena ...
> Aparece la novia de nieve ...[187]

Ella «tiene palidez de azucena y de claustro y sonrisa de santidad».[188] Esta flor se opone al deseo:

> ¡cómo matan a las rosas
> la azucena y el incienso![189]

Hay un movimiento de sensualidad unido a la flor. Parece que su alargada corola invita a la exploración mental y que su aterciopelada textura recuerda la piel de mujer:

> Yo amo carne de azucenas.[190]

El lirio masculino corresponde a la azucena femenina y, a menudo, representa al poeta:

> Estoy solo en mi jardín;
> . . .
> tengo un lirio como flor[191]

O se asocia directamente con Jesucristo.[192]

Pero en esta flor también se tiñe de sensualidad:

> Hay lirios que se hacen rosas,[193]

186 El grupo simbolista ruso se llamó La Rosa Azul.
187 Juan Ramón Jiménez, *Jardines lejanos*, 410.
188 *Ibíd.*, 410.
189 Juan Ramón Jiménez, *Arias tristes*, 340.
190 Juan Ramón Jiménez, *Jardines lejanos*, 352.
191 *Ibíd.*, 359.
192 *Ibíd.*, 373.
193 *Ibíd.*, 417.

y más detalladamente:

> Los pies se enredan en lirios,
> las manos hallan jazmines,
> hay fiebres de olor, delirios
> y fábulas de jardines ...[194]

Otras flores blancas, la ninfea y el loto, aparecen en *Ninfeas:*

> En el lago de sangre de mi alma doliente,
> del jardín melancólico de mi alma llorante ...;
> en el lago de sangre de un Amor suspirante,
> en que un cisne tristísimo lanza treno muriente ...;
>
> encantadas Ninfëas de albo cáliz gimiente,
> como nieve dormida, como níveo flotante,
> agonizan cantando níveo cántico amante
> el tranquilo tormento, en tormento silente ...
>
> ¡Encantadas Ninfëas, encantados Delirios,
> elevaos de ese lago de sangrientos Martirios ...,
> remontad vuestras alas, remontad vuestras hojas ...,
>
> y ceñid mis sienes, aurëolas de Ensueños ...
> ¡Oh! ¡qué hermosa seríais aureolando mis Sueños ...!
> ¡Oh! ¡teñid vuestras almas con mis lágrimas rojas ...![195]

El valor erótico de la flor proviene tal vez de su misma forma, concéntrica, redonda. El lago de sangre alude a la virginidad femenina, accesible y vulnerable. Es sólo «nieve dormida», puede llegar a la espiritualización, cuando las hojas de sus flores se convierten en alas, pero éstas pueden también ser manchadas con «lágrimas rojas».

El nardo y el jazmín aparecen también en los jardines místicos. Flores pequeñas, más notables por su aroma que por su aspecto, atestiguan el intento del poeta de evaporar la materia. El perfume se eleva libremente por encima del contorno del cuerpo que define:

> Mira, el jazmín verde y blanco
> ya va afinando su aroma.[196]

Son flores blancas y nocturnas asociadas a la frialdad de la luna:

> Noche negra, yo te guardo
> el sueño de mi jardín

194 *Ibíd.*, 417.
195 Juan Ramón Jiménez, *Ninfeas*, 1467.
196 Juan Ramón Jiménez, *Jardines lejanos*, 419.

> tiene una luna de nardo
> y un aroma de jazmín.[197]

El nardo se asocia con la muerte:

> El manto negro envolvía
> el misterio de su cuerpo
> de nardo y nieve enterrado
> como si ya hubiera muerto.[198]

Su naturaleza espiritual es subrayada por el poeta:

> Puedo entreabrirte hasta nardos ...
> Dejaré sus labios rojos
> y sus cariños bastardos ...[199]

Pero, a veces, se carga de alusiones carnales:

> Tiene senos de nardo:[200]

La rosa blanca sustituye a la roja. Veamos su función en unos versos de «Jardines místicos».

> El corazón no es un sueño.
> Hay corazones que sienten,
> el enredo de las rosas
> de sus blancos floreceres:
>
> que sienten bien sus espinas,
> que tienen sangre en la nieve
> perfumada de sus rosas
> y que saben que la tiene ...
>
> El corazón no es un sueño,
> Hoy mi corazón me duele
> por esa flor que se ha ido
> a los parques de la muerte.
>
> Y he sentido deshojarse
> sus rosas blancas de nieve,
> esta tarde, tarde triste,
> ¡ay!, tarde azul, tristemente.[201]

197 *Ibíd.*, 436.
198 Juan Ramón Jiménez, *Arias tristes*, 339.
199 Juan Ramón Jiménez, *Jardines lejanos*, 425.
200 *Ibíd.*, 410.
201 *Ibíd.*, 437.

El color blanco de la rosa la relaciona a lo espiritual, pero las espinas la unen a la sangre y a sus asociaciones vitales y eróticas. Su perfume y su forma, así como su tejido sedoso, maleable, tierno, le imparten también algo del significado erótico asociado a la rosa roja; flor blanca, pero vulnerable y viva. Sin embargo, muere de pureza, y se deshoja tristemente en una mística tarde azul.

Varias veces aparece esta flor vinculada a la casta amada. Un rosal blanco adorna su ventana;[202] en otros, se abre en la misma luna;[203] y en otros, se desvanece:

> Una rosa mate o rosa,
> o azul, o llorosa, o pálida;
> bruma, bancos fríos, flores
> que ya no son flores ... Lánguidas
>
> música de otoño, llantos
> sin saber por qué, calladas
> tristezas que tienen nieve
> y espinas ..., no sé ..., fantasmas.[204]

Hay una progresiva desmaterialización de la flor. Tenía una ligerísima coloración mate. Por un momento se tiñe de rosa, pero pronto pasa a azul y se desvanece en pálida bruma, en tristeza de nieve y espinas. La materialidad — las espinas — sólo existe en estado de remordimiento. La borrosa escena del jardín se disuelve totalmente al convertirse sus elementos en fantasmas.

Un último grado de angelización de la flor la convierte en estrella. Brillante, fría, lejana, inaccesible; sueña en la frialdad del cielo:

> El valle que las estrellas
> nievan de luz en el cielo.[205]

Representa la única virgen totalmente inaccesible e invulnerable, la amada muerta. La flor destinada al placer y al amor se ha vuelto fúnebre. La mujer que fue flor blanca es ahora estrella.

> ... En la tarde suave y lenta
> — muerta en paz, sin fuegos rojos —

---

202 *Ibíd.*, 418.
203 *Ibíd.*, 431.
204 *Ibíd.*, 433.
205 *Ibíd.*, 415.

una estrella soñolienta
llora, enfrente de mis ojos.[206]

La evolución del motivo mujer — flor — estrella puede seguirse en el poema «Florecita». Florecita empieza como flor — doncella que descubre el deseo:

Entre flores y entre besos
pasó el alba de su vida
. . .

su alborada iba ya siendo
tibia mañana florida;

Sucede el encuentro amoroso en un jardín primaveral:

Un día de primavera,
día de aromas y brisas,
se llegó el rey a la fuente
que da música a la umbría;
Florecita estaba en ella
contemplándose en las linfas.

El jardín es testigo de la entrega, el arrepentimiento y la muerte de Florecita y ahora aparece transformado:

Cuando la tarde tranquila
inundó con su tristeza
las arboledas sombrías
en el fondo de la fuente
vio una estrella Florecita.
Tras ella se arojó al agua,
el agua se sonreía,
y, en el fondo, para siempre
quedó la pobre dormida.

La misma fuente que preludió la invitación amorosa recibe a la doncella, ahogada, una más de las Ofelias simbolistas.

El destino de Florecita era ineludible. Sabemos desde los primeros versos del poema:

En los jardines del rey,
entre perfumes y brisas,
un día de primavera
nació llorando una niña;

206 *Ibíd.*, 425.

Su padre era el jardinero,
y al verla todos tan linda,
en vez de llamarla Estrella
la llamaron Florecita.[207]

Distancia insalvable entre flor y estrella. La flor es mujer viva y por ello vulnerable. Sólo la estrella, flor también, es intocable, y queda siempre iluminada por la luna; lejana, desierta, fría, muerta.

3. LA NOVIA DE NIEVE

El fin de siglo adoptó una figura de mujer como símbolo de inocencia y pureza, como ideal de amor espiritual y místico. El lejano modelo era Beatriz, que guía a su amado, de la mano, a través de las sombras, hacia una, más trascendente, realidad. En centenares de pinturas, marqueterías, porcelanas y poemas apareció la evocación de esa mujer de rostro pálido, delgada, ectoplásmica, blanca, desprovista de realidad. Era importante su mirada. Muchas de ellas se inspiraban en la *Beata Beatrix*[208] de Dante Gabriel Rossetti, con los párpados caídos, la mirada introspectiva o perdida en el más allá.

En París, dos esculturas conquistaron la imaginación; la cabeza de cera del Museo de Lille, atribuida a Rafael, y el busto de una mujer del Sena; ambas, con los ojos cerrados. Así son decenas de bustos esculpidos por Lambert Escaler en España y en las portadas de *La Ilustración Artística* se pueden ver varias representaciones de esta figura mística,[209] de corte prerrafaelita, tan bien descrita por Swinburne en «The Sailing of the Swallow»:

> Her gaze was glad past love's own singing of,
> And her face lovely past desire of love
>
> . . .
>
> More fine than moonbeams white her eyelids shone.[210]

207 Juan Ramón Jiménez, *Rimas*, 112-4.
208 1864 (The Tate Gallery, Londres).
209 Véase la portada del 25 septiembre, 1905. Es una reproducción del busto en bronce de Adolfo Apolloni, Mater Purissima. La revista comenta que sus ojos cerrados expresan «un delicado misticismo». Esa publicación reproduce también un busto en barro de R. Hammel, una mujer de ojos cerrados de corte prerrafaelita, 25 enero, 1904, 87. Jean Jacquemin pintó un famoso cuadro con esta temática, *Melancholie*, 1893.
210 *An Anthology of Nineties Verse*, ed. A. J. A. Symons, Londres, 1928, 155. Aparecen líneas similares en «Sibyla Palmifera», de Dante Gabriel Rossetti, y en «La madona Blanca María», por Eugeni D'Ors, *Pèl & Ploma*, 1901, 79.

Estaba al margen de la vida. Una tristeza la nimbaba, y era blanca y pálida, con una palidez que denotaba que era más alma que carne. A menudo se la situaba frente a un balcón o una terraza. Así lo hace Maurice Chabas en su cuadro *Rêverie*,[211] y Joan Llimona en sus dibujos. Villaespesa le pregunta:

> ¿En qué país lejano
> aún espera mi amor en tu ventana?[212]

Inspiraba un amor sublime. Comentado por *La Ilustración Artística* al referirse a un cuadro de Edgar Maxenee: «Por la sombría arboleda caminan juntos, unidas las manos, silenciosas, con la mirada puesta en el infinito, majestuosos, completamente abstraídos, insensibles a las cosas terrenas. Sus semblantes revelan una vida intensa.»[213] Esta revista encomia la obra de Juan Damman, pues en sus mujeres retrata «el más alto idealismo ... la dulzura de la inocencia y los pensamientos más castos».[214]

Mas la castidad es vulnerable. El cuadro de Thorn Prikker muestra a la novia de Cristo amenazada por fálicos tulipanes, y Rubén Darío escribe con acusada sensualidad:

> Yo adoro a una sonámbula con alma de Eloísa
> virgen como la nieve y honda como el mar;
> su espíritu es la hostia de mi amorosa misa,
> y alzo al son de una dulce lira crepuscular
> . . .
>
> su risa es la sonrisa suave de Monna Lisa;
> sus labios son los únicos labios para besar
> y he de besarla un día con rojo beso ardiente.[215]

Y Joan Oliva Bridgman

> ... ¡Per que, tristas,
> las carns sempre puras ab neguit guardém
> ¡Gosém de Amor!

211　1905 (Paris. Col. Gérard Lévy).

212　«Tristitia», cit. por Aguirre, *Antonio Machado. Poeta simbolista*, 311.

213　22 mayo, 1905, 332. El cuadro fue pintado en 1898. Está en el Museo de Beaux Arts en Nantes.

214　*La Ilustración Artística*, 15 agosto, 1904. Portada, véanse también los comentarios que esta revista hace a la obra de Jacob Linton, 22 agosto, 1904, 620.

215　«Ite missa est», *Prosas profanas*, *OC*, 5, 793.

La tunica blanca que'l cos embolcalla, rompemla; es mortalla
qu'amaga un tresor![216]

En «Jardines místicos» el momento de más espiritualidad es
cuando ella aparece. Se llama «La novia de nieve». Fantasmal, silenciosa, con «palidez de azucena y de claustro y su sonrisa de santidad», pasa, confundiéndose con los rayos de luna, como «sombras
de mujeres en flor, pasan entre las flores en el esplendor de la luna
muerta, y ya no vuelven nunca».[217] Su blancura es, a la vez, mensajera del mundo del espíritu y del más allá.

La blancura de esta figura es, a la vez, frígida y aterciopelada.
Prohibida, pero librada a la caricia imaginaria:

> Y me muestra sus dulces blancores...
> Tiene senos de nardo,[218]
>
> si quieres te besaré
> la blancura con mis ojos.[219]

El poeta desmaterializa a la mujer al convertirla en blancura, en
sueño lunar:

> ...Y pienso en ella..., ella es blanca
> por la misma vida; creo
> que si ella fuera a la luna,
> en la luna fuera un sueño.[220]

A veces la deshace transformándola en perfume:

> Ella en este jardín, fuera
> más de nardo, más de incienso.[221]

O en un doble grado de desintegración:

> es la sombra perfumada ...,
> el mirar de alguna estrella ...[222]

---

216 «El clam de las verges», *Joventut*, 1900, 345. Este dibujo está acompañado de un dibujo de Picasso.
217 Juan Ramón Jiménez, *Jardines lejanos*, 407.
218 *Ibíd.*, 410.
219 *Ibíd.*, 425.
220 *Ibíd.*, 422.
221 *Ibíd.*, 423.
222 *Ibíd.*, 442.

Castidad y la muerte se funden en su novia de nieve, melancólica y fatal en su belleza:

> Iba vestida de blanco ...
> se estaba muriendo ...[223]

Llevará al poeta al mundo de la muerte:

> Pronto vendrá una novia
> que te ha de nevar el alma.[224]

> Era blanca y triste, era
> de un corazón como el mío ...
> y al llegar la primavera
> me dejó morir de frío ...[225]

La amada — estrella se identifica con la Virgen:

> ... era blanca y muy bella ...
> cuando miraba tenía
> la tristeza de una estrella ...,
> y se llamaba María ...[226]

Veamos ahora los versos siguientes:

> Abro
> mi balcón ... En un balcón
> abierto, de otro palacio,
> está una mujer ... No mira
> nada ... Es blanca como un nardo ...

> Una mujer extasiada,
> y muda ..., y blanca ..., un encanto
> de amor, de pena o de muerte ...,
> una mujer ..., no ...[227]

Ambas figuras, el poeta y su amada, están ante balcones abiertos. Están separados, en balcones diferentes. La mujer está en un palacio; posiblemente, el mismo que hemos visto con anterioridad y que alude al otro mundo. Desde allí, esa nueva Beatriz «no mira

---

223 *Ibíd.*, 434.
224 *Ibíd.*, 445.
225 *Ibíd.*, 442.
226 *Ibíd.*, 443.
227 *Ibíd.*, 445-6.

nada». Tal vez, como la Beata Beatriz de Rossetti que posa en actitud similar, «a través de sus párpados cerrados, está consciente de un nuevo mundo».[228]

Notemos la paulatina desmaterialización de la mujer, descrita por medio de su atributo más inmaterial e impecable. Es blanca como un nardo. Pasa a «un encanto de amor ...», para evaporarse en el último verso: «una mujer, ... no».

Figura evanescente y fugitiva, que se deshace en polvo plateado, que se une al rayo lunar. Su expresión es el silencio y logra estar un instante aquí y en el más allá.

4. DESTELLOS

A las imágenes de alejamiento de «Jardines galantes» corresponden en «Jardines místicos» ciertos temas que traducen una aceptación de la carne. Por momentos, la escena nocturna se vivifica, la luz de la luna se sustituye por una dorada: la débil claridad de una lámpara, el reflejo de una luz que revive la fuente, el destello de alguna luciérnaga o alguna chispa perdida en la noche. La breve claridad es como una frágil prolongación del rayo solar y se destaca en la noche oscura y silenciosa como islote de plenitud:

> Y me acerqué lentamente ...
> Había luz; su ventana
> estaba abierta, y la luz
> amarilla daba al agua
>
> de la fuente notas de oro,
> y sobre el jardín dejaba
> una claridad de tibias
> y dolientes esperanzas ...[229]

La fuente revive con esas notas de oro. Ese mismo efecto reaparece:

> Hay un balcón entreabierto;
> es una luz amarilla ...
> La noche está tibia y llena
> de flores y de caricias ...[230]

228 Cit. por John Dixon Hunt, *The Pre-Raphaelite Imagination 1848-1900*, Londres, 1968, 179.
229 Juan Ramón Jiménez, *Jardines lejanos*, 455.
230 *Ibíd.*, 426.

A veces, sólo una chispa dorada recuerda el erotismo solar, actuando como huella de un fuego fundamental:

> Mis espuelas de oro brillaban
> a la luz de la luna; venía
> una brisa de ensueño; pasaban
> las mujeres antiguas ...[231]

Este poema está precedido por el epígrafe de Darío: «Si no se viese brillar, a la luz de la luna, las espuelas de oro de sus pies de príncipe.» El brillo dorado de las espuelas erotiza el paisaje transportándolo de un mundo lunar y muerto a una espléndidamente manifestado por la carne.

Puede también ser un tono rosado lo que recuerde el fuego y la sangre, y humaniza la blancura nocturna. La palidez plateada se anima y empieza a vivir por efecto del matiz frágil y acariciador. Se vuelve a oír el murmullo de la fuente, dedos invisibles rozan las cuerdas de una mandolina, se siente el ruido de una hoja que cae. La luna, levemente teñida de rosa, se asocia a las suavidades del erotismo y reúne en su revelación plateada y rosa, la evocación amorosa de la carne:

> A la lumbre de la luna
> — sueño de rosa y de plata —,
> corazón, preludia una
> romántica serenata.[232]

---

231 *Ibíd.*, 458.
232 *Ibíd.*, 413.

III

Jardines dolientes

1. Lo DOLIENTE

La belleza melancólica de los jardines otoñales estaba de moda. Despertaba la erótica nostalgia de un mundo en desintegración. Niebla, árboles desnudos, senderos mullidos por hojas secas cuya forma y color inspiraron pinturas, telas, tapices. «La tristeza queda cuando la felicidad desaparece», grabó Camille Martin en el cuero labrado de un secante, rodeando la frase de hojas secas. Villaespesa las asoció a los amores pasados:

> Un perfume melancólico
> de amores deshoja el viento.[233]

En el otoñal *Jardín abandonado,* de Rusiñol, los arbustos no florecen, y el musgo ennegrece las estatuas. En una tarde triste, muere allí la vieja marquesa dejando sola a una pálida doncella.[234] También pintó jardines otoñales José María Marques,[235] con altos y tristes árboles reflejados en lagunas donde flotan los últimos lotos. Los parques de los pintores simbolistas revivieron un Versalles triste, Klimt sucumbió a la nostalgia de Hugo von Hofsmannthal *(Der Wind wäht durch kalte Alleen).* Ciertos jardines, donde se deshojan las rosas, se asemejan a los de Poe, y Henri Le Sidanier pintó sombras púrpura y hojas muertas en el agua quieta de lagunas plateadas por la luna.

Escenario y sentimiento cambian en «Jardines dolientes», la última parte de *Jardines lejanos.* Es una suave y nostálgica tarde, hora ambigua y exquisita que avanza hacia la noche, resumiendo en su limpidez melancolías frágiles y murientes.

Tonos suaves, nacarados y aterciopelados, reemplazan al rojo y al blanco de los otros jardines. Hay «violeta de otro mundo, de

233   *Vida Nueva,* 14 enero, 1898.

234   Barcelona, 1900. Véase de Frederic de Puig Samper, «El jardí abandonat», *Pèl & Ploma,* 3, 1 julio, 1900, 8-9; Pompeu Gener, «Santiago Rusiñol», *ibíd.,* 13, 1 diciembre, 1900, 7. Un marco similar utiliza Ramón Pérez de Ayala en su interludio lírico «La dama negra», *Helios,* VIII, 1903, 14-20.

235   Véase *Estudio,* reproducido en *La Ilustración Artística,* 28 marzo, 1904, 230.

oro rosa, de azul pálido»,[236] «una trama de oros grises, un ensueño de hilos blancos».[237] El color del jardín es un estado de alma y se permea de connotaciones sentimentales; «tarde triste y malva», con «matices de corazón de mujer», «tarde de color de olvido».[238]

> Estas tardes, cuando mueren
> parece que lloran y hablan ...[239]

Iguala en colores al sentimiento del poeta: «como la vida es así, el cielo tiene para estas tardes sus más dulces melodías: melodía en gris y rosa, en gris y amarillo, en gris y violeta, en gris y celeste; y verdes desteñidos y blancos de oro y malvas de plata ... Todo un brillo trémulo de lágrimas». La suavidad del colorido manifiesta el distinto estado de ánimo del poeta. Ha dejado atrás el combate entre carne y espíritu, así como la fría puñalada de lo blanco. Ahora siente: «la resignación doliente y casi cristiana de los jardines enfermos».[240]

En esos jardines, el itinerario llega a su fracaso final. Es una derrota tranquila, sin angustia, que no plantea oposiciones y que obliga a reconciliar conceptos antes separados: origen y fin, el aquí y el allá, la carne y el espíritu. Está ausente el ideal de pureza como lo está el sueño erótico; pero ambas ausencias, reunidas, se inscriben en ciertos objetos presentes.

El pincel impresionista expresa la espiritualidad del amor. La claridad no está necesariamente ligada a su contrario, ni es definidora de formas o entrecruzamientos de planos. La luz, casi hecha polvo, sin peso, sin contrapeso, sin sombra, existe por sí misma, aún más que el objeto que apenas toca. Difusa, palpitante, escapa de toda contingencia terrestre y sugiere una especie de ligereza moral de la materia. El mundo doliente implícitamente promete la gracia.

El poeta busca la rápida sucesión de matices; opalizaciones, irisaciones, sedosidades:

> la tarde de otoño deja
> en todo estelas de nácar [241]

236   Juan Ramón Jiménez, *Jardines lejanos*, 484.
237   *Ibíd.*
238   *Ibíd.*, 489.
239   *Ibíd.*, 499.
240   *Ibíd.*, 469.
241   *Ibíd.*, 499.

Luz de niebla, luz de lirio[242]

Aguas de oro, frondas mustias,
aguas de oro, cielo verde,
sol claro, sendas de bruma,
aguas de oro de la fuente.[243]

Son todas luces vecinas que cambian la textura de la tarde y buscan establecer una atmósfera cambiante, inestable pero continua, a fuerza de hacer desvanecer unos tonos en otros. Los cambios frecuentes de luz y textura contribuyen a la fragmentación de la materia en un puro vapor luminoso.

El ambiente suave y sin resistencia no se impone ni se opone al poeta, sino que se acuerda con él. En este jardín sólo se deberá saborear la tristeza y sucumbir a la melancolía:

Estoy envuelto en la tarde
como en un sueño violeta
por todas partes se ven
las flores y las tristezas.[244]

El llanto, como las hojas secas, cae en el jardín solitario:

Oh, qué dulce es la penumbra!
Me parece que mi llanto
ha posado su rocío
sobre todo el parque ...[245]

El gris es un útil color en la paleta doliente. Mata la brillantez que el malva pudiera tener, apaga el brillo de los oros y homogeneiza suavemente la luz del jardín:

estos grises de las tardes
grises viejos, grises magos
que entreabren el secreto
de los parques y los campos.[246]

Este color, a menudo evocado como humo o neblina, elimina también las líneas demasiado precisas y difumina los contornos de los árboles:

242 *Ibíd.*
243 *Ibíd.*, 509.
244 *Ibíd.*, 496.
245 *Ibíd.*, 483.
246 *Ibíd.*

Araucarias, magnolieros,
tilos, chopos, lilas, plátanos,
ramas de humo, nieblas mustias
aguas verdes, plata, rasos.[247]

Las hojas secas alfombran los laberínticos senderos del parque.
El heno cuelga de los añosos árboles y los caminos se llenan de helechos, de musgos, queda «todo en éxtasis/aguas, helechos, musgos,
lagos».[248] El espesor aterciopelado de esos elementos nos ofrece la
sensación de una profundidad de materia donde parece que el tiempo se ha acumulado, depositado, enterrado. Paradójicamente, esa
fatiga material prepara un enriquecimiento espiritual. Los elementos dolientes abren la puerta a un nuevo matiz sentimental donde
la dualidad carne-espíritu ha perdido su filosa urgencia. Los poemas
atestiguan ese amortiguado equilibrio. Los árboles tocan un instante
las nubes, se acarician las teclas de un piano, la brisa ondea sin ruido
el agua de un estanque. Son encuentros simbólicos entre el cielo y la
tierra.

Pueden ser viejas melodías, que llegan a través del tiempo ca-
rentes ya de brillo

de esos valses frívolos
pero galantes y lánguidos.[249]

Los apagados acordes de un piano que recuerda:

Un piano, no sé dónde
va a llorar ... Ayer lloraba
para ella ... ¡todavía!
sus romanzas sin palabras ...[250]

Una tonada suave y fantástica:

Era una música triste ...,
era una vaga fragancia ...,
era un dulce latido,
hasta un encanto del alma ...,[251]

---

247   *Ibíd.*
248   *Ibíd.*, 484.
249   *Ibíd.*, 479.
250   *Ibíd.*, 499.
251   *Ibíd.*, 504.

Una melodía evoca el amor:

> Y oí una música dulce
> de primavera, una trova
> de ruiseñores, cantando
> motivos de amor y novias ...[252]

Se ha amortiguado la antítesis eros-pureza y ambos polos se unen en la melodía:

> Para sentir los dolores
> de las tardes, es preciso
> . . .
> saber que el pesar, la música,
> el amor ..., todo es idilio
> de almas y de labios ...,[253]

La frase musical recoge aquí el recuerdo de un idilio, reuniendo dos términos hasta ahora contrarios: «almas» y «labios».
Veamos los siguientes versos:

> Una voz, una palabra
> buena, palabra de un son,
> suave y triste, que me abra
> las rosas del corazón ...
>
> Miro a mi puerta y no viene
> nadie; me voy al balcón,
> y el jardín..., y todo, ¡tiene
> siempre la misma canción!
> . . .
> ¡Ay de mí! Si yo..., si ella
> quisiera... Si hubiera un son
> en su voz..., un son..., un son
> — ruiseñor, rosa o estrella —
> que entrara por un balcón...[254]

El poeta desea «abrir las rosas del corazón». Va hacia el balcón, nuevamente abierto, y contempla el jardín que tiene «siempre la misma canción». Melodía eterna de amor que por un momento revive la difusa figura de la amada: «es el vuelo de un vestido gris

---

252 *Ibíd.*, 487.
253 *Ibíd.*, 476.
254 *Ibíd.*, 474-5.

y blanco»; combinación de colores donde la castidad de lo blanco se amortigua por lo gris. Es la pasión de un beso que «no ha podido llegar a mi corazón». ¿Son risas de mujeres o es la fuente que solloza su canción? La música logrará el milagro final: por el balcón entra un son de «ruiseñor, rosa o estrella», tres elementos de signo diverso cuyo simbolismo conocemos, y que se encuentran, por fin, reunidos.

Así vemos que en «Jardines dolientes» regresa el ruiseñor, ausente de los místicos. Un ruiseñor menos brioso, que más que cantar, llora, pero que no pierde sus connotaciones eróticas:

> un ruiseñor llora dulces
> preludios entre la niebla[255]

La fragancia es también doliente. Ya no es de rosas ni azucenas. Se basa en el recuerdo y ha amortiguado su sustancia. En su primera expansión el perfume era la raíz de un mundo vivo, erótico, carnal, pero el aroma del recuerdo sólo revive la lejanía de la vida, viene del pasado y centra una intimidad que sobrevivió hasta el presente.

Las fragancias son suaves, indefinidas, marchitas: «Estar lleno de fragancias tristes»,[256] «era una vaga fragancia».[257] Desmaterializadas al evocarse como sueño: «Las rosas sueñan fragancias».[258] Aromas de la inocencia primera:

> Tienen la fragancia de esos
> jardines de los cariños ...,
> las palabras y los besos
> de nuestras bocas de niños ...[259]

Capturan el tiempo perdido:

> Es la fragancia, que envuelve
> la pena del corazón,
> que hace cantar la canción
> de lo que ya nunca vuelve ...[260]

---

255 *Ibíd.*, 471.
256 *Ibíd.*, 476.
257 *Ibíd.*, 504.
258 *Ibíd.*, 500.
259 *Ibíd.*, 506.
260 *Ibíd.*, 510.

La imagen del balcón ha cambiado también. Prevalece ahora la ventana o el balcón abierto, solamente velados por una leve cortina de muselina. Ésta es también obstáculo al exterior, pero no infranqueable. Suave y vaporosa, se mueve con la menor brisa permitiendo ver el jardín «a través de rosadas muselinas», o gasas malva o dolientes que lo colorean sentimentalmente:

> Hay dolientes muselinas
> en los parques encantados;
> y los bosques a la lumbre
> de la tarde, van pasando ...[261]

La muselina malva apaga el filo de lo blanco:

> Luz de niebla, luz de lirio ...
> las muselinas son malvas ...,[262]

A veces puede tener un papel vivificador:

> En su tenue muselina
> se desnuda lo más almo,
> y las rosas son más rosa
> y hay más besos en los labios,
>
> y hay más verdor en las hierbas
> y más blancos en las manos,
> y amarillos y violetas
> y celestes ignorados.[263]

Revela coloraciones o estados de ánimo insospechados, y, significativamente, el celeste.

La fuente permanece viva en el jardín doliente, cantando su eterna canción de amor:

> El jardín se está durmiendo
> cuanto habla la fuente:[264]

Las aguas de la fuente se tiñen de oros, más débiles que los dorados galantes, pero que le participan sus implicaciones eróticas y vitales:

---

261 *Ibíd.*, 483.
262 *Ibíd.*, 499.
263 *Ibíd.*, 484.
264 *Ibíd.*, 474.

Aguas de oro, frondas mustias,
aguas de oro, cielo verde,
sol claro, sendas de bruma,
aguas de oro de la fuente.

por qué estáis siempre más dulces
que mi corazón? qué tiene
vuestro otoño, que no llora
la venida de la muerte?[265]

En el último poema de *Jardines lejanos,* una rosa amarilla, rosa
vieja, habla de un viejo amor, acompañada por el eterno estribillo
de la fuente:

— Gime su viejo estribillo
una fuente melodiosa;
en un rosal amarillo
hay todavía una rosa.[266]

2. LO MALVA

Los árboles de «Jardines dolientes» se deshojan lentamente evocando melancolía y ternura. Las plantas y flores se privan de con-
vicción con sus colores apagados y mates. No existe aquí ni la rosa
roja ni la azucena, demasiado estrictas, demasiado específicas en
sus significaciones. Reina la violeta, pequeña, de fuerte aroma, que
tras haber florecido se marchita y desaparece tan misteriosamente
como ha brotado.

A veces, una violeta,
en la más larga avenida,
es buena para la herida
de un corazón de poeta

Es la fragancia que envuelve
la pena del corazón,[267]

Almacena recuerdos amorosos:

Violetas, olvidos, sueños
deshojados, besos, llantos.[268]

265 *Ibíd.,* 509.
266 *Ibíd.,* 520.
267 *Ibíd.,* 510.
268 *Ibíd.,* 480.

En *Almas de violeta* es la flor de los amores muertos:

> Eran las flores tristes de mis muertos Amores ...
> eran las aureolas que mis negros dolores
> ponían en la tumba del frío cementerio
> . . .
>
> Y recogí las tristes violetas adormidas
> y coloqué sus almas en mis hondas heridas ...[269]

La violeta aparece como flor o como fragancia, y también como el color malva que domina «Jardines dolientes». Se entreteje con el oro, el gris, el blanco, el negro, y estas manchas matizan su significación. De esta manera, el color puede expresar lo doliente, la intensidad del recuerdo amoroso, la fragilidad de ese recuerdo, la evanescencia de una ilusión.

El poeta se proyecta en lo malva, y al colorear el ambiente, su dolor pasa a doliente; su angustia se calma y se convierte en suave melancolía. En lo que Bachelard denominaría una actividad de «espacialidad poética»,[270] Juan Ramón pasa de la intimidad al exterior.

> Y por los balcones
> salen al cielo violeta
> palabras de corazones
> de mujer y de poeta[271]

El fondo violeta se combina con pinceladas de otros colores. El gris se extiende como una suave telaraña de olvido:

> Y el cielo gris y violeta
> y el jardín entristecido
> no tienen para el poeta
> más que colores de olvido[272]

El dorado participa alusiones vitales y eróticas pero amortiguadas en el fondo doliente del malva:

> ¡Melancolía violeta
> sobre balcones dorados![273]

269   Juan Ramón Jiménez, *Almas de violeta. Primeros libros de poesía,* 1522.
270   *La Poétique de la rêverie,* Paris, 1961, 201-2.
271   Juan Ramón Jiménez, *Jardines lejanos,* 489.
272   *Ibíd.,* 472.
273   *Ibíd.,* 480.

El ocaso se dulcifica, pierde su estridencia sanguínea:

> Y la tarde, malva aún,
> contesta a los dulces rayos,
> con la letra melancólica
> de los dolientes ocasos.[274]

3. LA MUJER DOLIENTE

En el mundo doliente se instala también la presencia femenina. Será como el jardín, viva pero borrada, siempre a la retaguardia, expresada mejor por su ausencia:

> Si ella estuviera a mi lado,
> qué besos! ... Era una pálida
> penumbra que la envolvía
> como a una novia romántica ...[275]

Es también evocada en:

> hay una silla vacía
> ... en donde ella se sentaba ...[276]

La mujer doliente se convierte en centro de la armonía malva. Todos los elementos convergen a su cuerpo mustio y fatigado. Por ello:

> Este jardín es el único
> jardín para mis mujeres;
> hasta las sendas violetas
> las sueñan dolientemente.[277]

Puede recordar a la novia virgen, pero sin los atributos de esterilidad que tenía en «Jardines místicos».

> ... una mujer
> triste y frágil como un lirio ...[278]

Antes que la pureza del lirio se subraya aquí la tristeza y la fragilidad.

---

274 *Ibíd.*, 480.
275 *Ibíd.*, 504.
276 *Ibíd.*, 500.
277 *Ibíd.*, 508.
278 *Ibíd.*, 477.

Puede también evocar a la mujer carnal de labios rojos:

> ... Eran risas
> de mujer, eran vestidos
> blancos, suspiros y brisas,
>
> . . .
>
> palabras de labios rojos.[279]

En estos versos la temática erótica (suspiros, brisas, rojos labios) está equilibrada por el vestido blanco.

No es sorprendente, pues, que en el jardín doliente se encuentre la mujer que reconcilia en ella ambos extremos:

> Ay! si esta tarde de llanto
> se apareciese su blanca
> dulzura ..., y sus ojos negros
> se abrieran ... y me miraran![280]

Se une aquí la blanca dulzura y el brillo erótico de los ojos negros. En los versos siguientes, una alegoría:

> En un vaso plata y gris
> hay rosas y rosas blancas;
> hay una silla vacía
> ... en donde ella se sentaba ...[281]

Tras la silla de la mujer ausente, un vaso combina rosas de distintos colores simbólicos.

4. EL FRACASO

El equilibrio alcanzado en «Jardines dolientes» no perdura. En los poemas finales hay un paulatino cambio de clima. Lo malva se desvanece, las sombras negras, los tonos grises se espesan e invaden el espacio:

> En el cielo gris hay sólo
> una ráfaga violeta
> que pone a las araucarias
> un triste esplendor de seda.[282]

279 *Ibíd.*, 503.
280 *Ibíd.*, 482.
281 *Ibíd.*, 500.
282 *Ibíd.*, 518.

El gris va concretándose, las telas de araña se vuelven menos tenues y parece que recogen en ellas el polvo del tiempo. El tono pierde su sedosidad y transparencia y se vuelve grueso y opaco. Aparecen los colores negros, formando una verdadera flor del mal:

> Si hay frío, es un frío tan
> suave, que las mismas penas
> en vez de morirse, abren
> mejor sus hojas más negras ...[283]

Los breves instantes del milagro malva se hacen más escasos. Hacia el final del libro, el poeta cuenta un sueño y su despertar:

> Bajaban mujeres bellas
> por un prado rosa y verde ...
> . . .
>
> ... Yo estaba dormido
> de pronto, me despertó
> el sonar entristecido
> de la hora de un reloj.
>
> La tarde andaba ya muerta;
> la estancia, violeta y sin
> luz. Fui a mirar por la puerta
> de cristales del jardín ...
>
> Todo era una rosa de enero
> entre el frío de las frondas; [284]

Es un sueño dichoso. No hay sentimiento de culpa en la evocación de las mujeres que caminan por una pradera ideal. De pronto lo despierta el sonido de un reloj, obvio símbolo del paso del tiempo y la inexorabilidad de la muerte. El jardín se percibe ahora a través de rígidos cristales, también ha cambiado la transparencia nacarada de lo malva. Ahora, la tarde «estaba muerta» y la estancia «violeta y sin luz». La puerta de cristales es el único acceso al jardín, y éste, convertido en purísima «rosa de enero», está blanco, nevado, frío, muerto.

No se llega abruptamente a esa transformación. Los poemas de «Jardines dolientes» conducen progresivamente a la impresión de

283 *Ibíd.*, 496.
284 *Ibíd.*, 502.

muerte por vejez. En los poemas finales se acentúan las sensaciones
de frío que empiezan como un escalofrío:

> Tarde llena de sol de oro,
> tarde llena de caricias
> tú eres la tarde más triste,
> tú eres la tarde más fría.[285]

El frío se acentúa y un cambio de tonalidad pasa el poema del dorado al amarillo, indicativo de la vejez:

> Al pasar por un jardín
> una hoja seca ha caído
> sobre mi frente ... y la pobre
> no sé qué cosas me ha dicho
>
> Me ha dicho que tiene sueño,
> mucho sueño y mucho frío,
> que los árboles están
> muertos de verse amarillos;[286]

Un lento pero inexorable enfriamiento participa la proximidad
de la muerte:

> ... mis manos
>
> que estaban tibias, se van
> lánguidamente enfriando;
> y se me duerme la carne ...
> y arriba llora un piano ...[287]

La invasión de la nada se extiende sobre el paisaje:

> ... El piano está sonando.
> En los cristales violetas
> un poeta va llorando
> desencanto de poetas ...
>
> El melancólico brillo
> de no sé qué dulces oros
> cuenta un romance amarillo
> de rosas y de tesoros ...

285 *Ibíd.*, 493.
286 *Ibíd.*, 498.
287 *Ibíd.*, 514.

Hay claridades de luna
en un naciente lejano ...
Sobre mi corazón, una
mano llora en un piano
Llanto ... silencio ...
La luna.[288]

En estos versos se puede ver un desarrollo temático. El violeta ha perdido su suavidad y ha cristalizado. El piano empieza un canto y acaba sollozando. Aparecen chispas doradas que dan por un momento algo de vida al paisaje. Son oros demasiado débiles, duran sólo un instante y pronto el poema pasa del dorado al amarillo, del ardor a la vejez y se arruga como al contacto del tiempo. Los últimos versos se iluminan sólo por la blanca claridad de la luna. Asoma ésta en un naciente lejano e invade poco a poco el paisaje, se perciben los últimos acordes de una vieja melodía; el último recuerdo del amor, y después el silencio de la muerte llena la escena. Al final del poema, aun la disposición tipográfica produce la sensación de que sólo queda la luna, flotando en un silencio total y vacío. El jardín así vaciado, desnudado de sus símbolos vitales nos lleva de vuelta a la muerte.

En el último poema de *Jardines lejanos,* Juan Ramón habla de un jardín amarillo y viejo. No ha vuelto el ruiseñor y su única flor es la rosa amarilla de la vejez. Es el final del camino, junto a la fuente que canta el eterno estribillo del amor. Y ¿cómo interpretar, si no como un fracaso, los versos que cierran *Jardines lejanos*?:

¿Volverá la primavera
con sus palabras de amor?
Ay! ¿No será una quimera
que vuelva la primavera
y que vuelva el ruiseñor?[289]

Duda irreductible en su pesimismo. La primavera no vuelve, tampoco el ruiseñor, tampoco el amor.

288   *Ibíd.,* 490.
289   *Ibíd.,* 521.

EROS   NEGRO

Introducción

Frecuentemente se alude a la pobreza imaginativa del comportamiento sexual humano. Pero en realidad, el afán de descubrimiento nunca ha cesado en la experimentación erótica. He ahí el *Kamasutra*, y en el Renacimiento se redescubren no sólo las artes y las ciencias, sino también la sensualidad pagana, manifestada en los escritos de Aretino, Branthôme y muchos más. Tampoco se puede reprochar al modernismo de falta de imaginación en cuestiones eróticas. Gran parte de su literatura quedará vinculada a la degeneración del instinto sexual que liga indisolublemente la voluptuosidad y las perversiones. El fin de siglo es el momento de Freud, de Havellock Ellis, de Krafft-Ebing.[1] Una época que parecía obsesionada por una nueva moral basada en una nueva perversidad. Onanismo, homosexualismo, necrofilia, incesto, sadismo, fetichismo, sodomía, canibalismo, flagelaciones, aparecen como constantes en una literatura donde ya no existen tabús.

El escritor y el artista de aquellos años se deleitan en revelar al público las aberraciones disimuladas, pero siempre al alcance de la mano. Por medio de ellas se coquetea con la libertad total, y, paradójicamente, hacen admitir la posibilidad del idealismo. Se anhela no dejar este mundo sexualmente frustrado, y el deseo de poseerlo todo, indica el deseo de ser todo; más de una identidad, más de un sexo, más de un compañero, más de una vida. Como diría Gore Vidal: «libre de mezclarse con otros, de intercambiar personalidades con hombres o mujeres, de vivir los más complejos sueños en un mundo donde no haya límites para la imaginación».[2] Por ello, ningún estudio sobre el eros fin de siglo estaría completo sin una mirada al comportamiento clandestino, y nadie mejor para guiarnos en ella

1 La sexología tuvo sus orígenes en esta época. Se publicaron entonces obras monumentales. Sus autores eran eruditos que arrostraban sanciones y el desprestigio social. El planteamiento temático fue, al principio, fisiológico-biológico, por ser médicos casi todos los que escribían. Se empezó a prestar atención a los llamados aspectos anormales o patológicos de la sexualidad. R. Von Krafft-Ebing en su *Psychopatia sexualis*, 1882, negaba la doctrina de la degeneración. Fue, sin embargo, un defensor de la moral establecida al catalogar una serie de perversiones como «moralmente malas», más que «patológicas». Con todo, tuvo problemas con las autoridades y tuvo que redactar su obra en latín.
2 Cit. por Eaubonne Françoise, *Eros Noire*, Paris, 1962, 5.

que Ramón del Valle Inclán. A través de su obra más temprana, comprendida entre 1895 y 1910 (*Femeninas, Corte de amor, Epitalamio, La cara de Dios, Jardín Umbrío, Flor de santidad* y las *Sonatas*), recorreremos esta faz negra del eros.

La literatura y el arte fin de siglo se inician en el goce de lo prohibido. El placer parece inagotable, apto para superarse indefinidamente. La trasgresión de las prohibiciones aun incrementa el placer y lo varía. De hecho, parece que el placer sólo es válido cuando viola algunos límites. El erotismo es profanación de lo divino, mancillamiento de lo bello, martirio de lo inocente. Se sigue la breve consigna de Sade: «No hay voluptuosidad sin crimen». De este espíritu le viene a Valle Inclán el otorgar al crimen erótico una categoría estética. La desmesura del goce requiere que las prohibiciones sean cada vez más fuertes y su violación cada vez más peligrosa. Ejemplo de ello lo tenemos en la progresión de las sonatas. En la final, la de invierno, la posible víctima de Bradomín será su propia hija, que es además una novicia joven y celosamente vigilada.

Octavio Paz establece una diferencia entre erotismo y sexualidad. Según él, un mismo acto puede ser erótico o sexual, según lo realice un hombre o un animal. La sexualidad es indiferente, el erotismo singular. La primera distinción que Paz establece es la de atribuir al erotismo una complejidad de que la sexualidad carece. La sexualidad es simple, se basa en el instinto que mueve al animal a perpetuar su especie, pero en la sociedad humana, el instinto se enfrenta con un sistema de prohibiciones que dan su complejidad al acto erótico y al mismo tiempo frenan su sexualidad.[3] Con estas ideas presentes, podemos ver que el eros negro de Valle Inclán formula una rebelión contra las normas que tienden a domesticar las facultades orgiásticas del ser humano, pero las mismas reglas que él pretende destruir, refinan la carga cerebral de su sexualidad.

Bradomín, el héroe de Valle Inclán, al atacar las convenciones morales y sociales, no pretende volver a un primitivismo sexual. Por el contrario, refina su goce erótico y se opone a un darwinismo heredado. El cuerpo, en su totalidad erótica, se rebela contra todo lo que implica división en normas o categorías (matrimonio, heterosexualidad, monogamia). Se abre un tentador laberinto de personalidades ricamente discontinuas.

Asimismo, la variedad de perversiones encontradas en la obra

3 Octavio Paz, «El más allá erótico», *Los signos en rotación y otros ensayos*, Madrid, 1971, 181-203.

de Valle Inclán reflejan un proceso tan sensible como intelectual de deformación de lo natural que sustrae al acto sexual de la esfera de lo cotidiano. Se convierte en un método sistemático de superar conscientemente la mediocridad de lo natural, y esa pretensión, tanto estética como espiritual, revela un intento de creación frente a la naturaleza. Dühren indicó en 1904 que la psicopatología sistemática de las perversiones sexuales establecida años antes por Krafft-Ebing, dejaba traslucir un impulso espiritual basado en la auto-superación y es lo que anima todas las eróticas anti-convencionales.[4] Siglo y medio después, Georges Bataille postularía que la máxima realización orgiástica es la muerte. Ante la insistencia de Valle Inclán en los temas necrofílicos, debemos acudir a Bataille para encontrar su significación.[5] El límite espiritual y físico máximo sería el orgasmo en el momento mismo de la muerte. Es decir, un acto que al violentar el final propuesto por la naturaleza, proyecta al hombre hacia lo sobrehumano.

4 E. Dühren, *Neue Forschungen über den Marquis de Sade und seine Zeit,* Berlin, 1904.
5 Georges Bataille, *L'Erotisme,* Paris, 1957, 63.

I

Decorado

El amor en condiciones normales dejó de atraer a los cerebrales del fin de siglo. Se le buscaron nuevos sabores, se condimentó con inesperadas especias; extrañas circunstancias y decorados extraordinarios que lo sacaran de la realidad cotidiana.

Varios lugares atraen la atención de los estetas de ese tiempo. Son los que parecen expresar la lenta descomposición de la decadencia o un magnífico crepúsculo de vitalismo amoral. Se popularizó Venecia, la espléndida ciudad de los Dogos. La imaginaron, magnífica y envenenada, Rebell, Proust, Lorrain, y más que nadie D'Annunzio.[6] Gustaban en ella un sabor a muerte que enmarcaba un erotismo sabio y melancólico. Barrès siente que a esa ciudad no la expresa la violencia del Tintoreto, sino el claro análisis del Tiépolo, impregnado de tristeza y astenia.[7] También se redescubren otras viejas ciudades italianas donde revive el siglo XVIII, pero desintegrado, enfermo, poblado de fantasmales pierrots y arlequines en furtivas fiestas galantes.

Valle Inclán capta ese ambiente en la Sonata de otoño. Un palacio a la italiana, con jardines que son, como los de Juan Ramón, un refugio para los elegidos. Hay allí las mismas frondas de mirtos y cipreses, fuentes, miradores derruidos, muros florecidos por añosas enredaderas y caminos alfombrados de hojas secas. Su voluptuosidad consiste en gran parte en revivir los amores de otra época. Es lugar, nos dice Valle Inclán, por donde en otro tiempo pasó la vida amable de la galantería y del amor».[8]

---

6 D'Annunzio presenta esta visión de Venecia sobre todo en El fuego. Otros muchos se inspiraron en esa ciudad. Montesquiou, en sus «Gondoles» y «Vénézianeries», que figuran en Le parcours du rêve au souvenir, 1895, Jacques de Lieven en Nôtre Dame des mers mortes, 1902, y Paul Bourget en Cosmopolis. Rémy de Gourmont comentó esta moda en su Deuxième livre des masques, 1898, Hélène Vacaresco, «De Venice à Byzance», Le Figaro, 5 octubre, 1909, y Camille Mauclair afirma en Servitude et grandeur litéraires, 1903, que el mayor encanto de esa ciudad no es San Marcos sino el olor a enfermedad de sus lagunas.

7 Maurice Barrès, «Mon triomphe de Venise», Un homme libre, Paris, 1890, 170.

8 Valle Inclán, Sonata de otoño, OC, II, Madrid, 1952, 139.

El placer más morboso viene, sin embargo, de la presencia de la muerte, del sabor agridulce de la enfermedad, de la ruina y el abandono. Véase en la siguiente descripción el vocabulario que contribuye a producir esta sensación:

> Recorrimos juntos el jardín, las carreras estaban *cubiertas de hojas secas y amarillentas,* que el viento arrastraba delante de nosotros con un largo susurro; los caracoles, *inmóviles como viejos paralíticos,* tomaban el sol sobre los bancos de piedra; las flores *empezaban a marchitarse* en las versallescas canastillas recamadas de mirto, y exhalaban ese *aroma indeciso* que tiene la *melancolía de los recuerdos.* En el fondo del laberinto murmuraba la fuente rodeada de cipreses, y el amarillo del agua, parecía difundir por el jardín un *sueño pacífico de vejez, de recogimiento y de abandono.*[9]

Todo el decorado de la sonata contribuye a esta sensación. Los cipreses son «viejos», sus cimas son «mustias», el jardín es «viejo y umbrío».[10] La muerte ronda por el palacio donde las pisadas parecen «de fantasmas, tácitas y sin eco»;[11] una lámpara de aceite arroja un «cerco mortecino de luz».[12] Bradomín vislumbra el camino «bajo el sol que moría».[13] La muerte agudiza los sentidos en una mezcla de erotismo, esteticismo y misticismo. Las azucenas «embalsaman las capillas con más delicado perfume al marchitarse»;[14] Bradomín siente el pasado «como un aroma entrañable de flores marchitas»;[15] el viejo y umbrío jardín «tenía esa vejez señorial y melancólica».[16]

Otros decorados de la época prefieren la descarnada belleza de la muerte. Recordemos la atracción de Barrès hacia Toledo y su ardiente y desnudo paisaje.[17] Es el Toledo de *Camino de perfección,*[18] descrito por Baroja con un sabor de tierra en la boca. El decorado equivale también al tono elegíaco de la *Sonata de invierno.*

9   *Ibíd.,* 139-40.
10   *Ibíd.,* 126.
11   *Ibíd.,* 141.
12   *Ibíd.,* 134.
13   *Ibíd.,* 115.
14   *Ibíd.,* 145.
15   *Ibíd.,* 141.
16   *Ibíd.,* 139.
17   Maurice Barrès, *Du Sang, de la volupté et de la mort,* Paris, 1894.
18   Madrid, 1902. Véase también de Azorín, *El diario de un enfermo,* Madrid, 1901. Sobre este tema véase nuestro libro, *A Dream of Arcadia,* 57, 225-237.

Bradomín es viejo, está al borde de la tumba, «ha visto morir a todas las mujeres por quienes en un tiempo suspiré de amor».[19] Para él, «había sonado la hora en que se apagan los ardores de la sangre; y en que las pasiones del amor, del orgullo y de la cólera, las pasiones nobles y sagradas que animaron a los dioses antiguos se hacen esclavas de la razón».[20] El escueto marco de la ciudad navarra nos sitúa bien lejos de la suave descomposición del palacio de Brandeso. La ciudad, austera, sombría, esquelética, de escudos carcomidos y rejas mohosas, se destaca en el paisaje invernal «...bajo los árboles crecía la hierba espontánea y humilde de los cementerios, y la lluvia goteaba del ramaje sin hojas, negro, adusto».[21] La ventana se abre a un camino «entre álamos secos, un fondo de montes sombríos, manchados de nieve».[22] Llueve todo el día, y «una luz triste y cenicienta amanecía sobre los montes».[23] La tarde «daba mayor tristeza al vano de la plaza escarchada, desierta, sepulcral».[24] La muerte produce voluptuosidad imprevista. Allí el viejo hidalgo se enamorará de una joven novicia: su propia hija.

Como hace notar Zamora Vicente, la sensación de vetustez y antigüedad aparece también en el decorado de la *Sonata de primavera*.[25] Pero es ahora una antigüedad clásica. Es también un «viejo jardín de mirtos y laureles»,[26] un decorado de obvias alusiones eróticas cuyas fuentes muestran «tritones y sirenas de risa quimérica».[27] Las aguas corren por «las barbas limosas de los viejos monstruos marinos que se inclinaban para besar a las sirenas, presas en sus brazos».[28] También allí ronda la muerte. El amor de Bradomín por María Rosario se inicia con los estertores de agonía de Monseñor. Las campanas de Ligura llaman a muerto, los arciprestes encomiendan a Dios el alma del difunto.

Pero el decorado de esta sonata se caracteriza por su elegancia, a la vez inocente y perversa, procedente del gusto por los primitivos italianos. Zamora Vicente ha analizado con detalle hasta qué

19 Valle Inclán, *Sonata de invierno*, OC, II, 181.
20 *Ibíd.*
21 *Ibíd.*, 230.
22 *Ibíd.*, 233.
23 *Ibíd.*, 192.
24 *Ibíd.*, 193.
25 Alfonso Zamora Vicente, *Las sonatas de Valle Inclán*, Madrid, 1966, 79.
26 Valle Inclán, *Sonata de primavera*, OC, II, 16.
27 *Ibíd.*, 17.
28 *Ibíd.*

punto la sonata evoca las tablas primitivas y la candidez del prerra-faelismo.[29] Las pálidas ninfas de Botticelli, los personajes de Ghir-landaio, los ángeles de Fra Angelico se perfilan en su galería. Valle Inclán describe a María Rosario, hermosa y cándida como una ma-dona de los viejos cuadros, «vistos tantas veces en un antiguo monas-terio de la Umbría, tablas prerrafaélicas que pintó en el retiro de su celda un monje desconocido».[30] En otra parte evoca a Fra An-gelico: «Hallaba en aquel grupo la gracia cándida de esos cuadros antiguos que pintaron los monjes devotos de la Virgen».[31]

La estética prerrafaelita de la candidez y la humildad habían hecho furor en Europa. Ya desde 1890 Paul Desjardins había habla-do del «Retour à Fiésole».[32] El prerrafaelismo se extendió en España popularizado por las obras de Ruskin. En Barcelona, Raimon Ca-sellas se convirtió en el apóstol de esta estética. En las revistas mo-dernistas abundan las reproducciones de Burne-Jones y Dante Ga-briel Rossetti. Sebastià Junyent reivindicó el arte de Botticelli y Eugenio Chiorino y E. Varela ornamentaron las revistas castellanas con dibujos de corte prerrafaelita.[33]

El prerrafaelismo expresaba en esa época un refinamiento dis-tinguido. El decorado erótico adquirió así un tono de ensueño, de

29   Zamora Vicente, *Las sonatas de Valle Inclán*, 92-9.
30   *Sonata de primavera*, 26.
31   *Ibíd.*, 19.
32   *Le Figaro*, 3 abril, 1890.
33   Raimon Casellas divulgó el prerrafaelismo en sus artículos para *La Veu de Catalunya*. Algunos de éstos fueron después recogidos en *Etapes estè-tiques, Barcelona*, 1916, 2 vols. Casellas era el editor de la página artística de ese periódico que publicaba a menudo artículos sobre los prerrafaelitas y re-producciones de sus obras. En otras publicaciones como *La Ilustración Artística, La Ilustración Española y Americana, Joventut, Pèl & Ploma*, aparecían también estas reproducciones, incluyendo algunas de los artistas menos conocidos como Byam Shaw, Edwin Abbey, Eleanor Brickdale, Robert Anning Bell. En estos escritos se postula como líderes del arte moderno a Segantini, Rossetti, Burne-Jones, Arnold Böcklin, Max Liebermann, «Página artística», *La Veu de Cata-lunya*, 23 diciembre, 1909, 3. Se elogia el mundo de Botticelli, Oscar Wilde y Fra Filippo Lippi, *ibíd.*, 10 febrero, 1910, 3. Se cita a Ruskin, a Thode, *ibíd.*, 11 agosto, 1910, 4; y se menciona a Walter Crane y a Lewis Day como funda-dores de las artes gráficas modernas, *ibíd.*, 8 septiembre, 1910, 3. E. Varela y Chiorino seguían muy de cerca el ejemplo de los prerrafaelitas, especialmente a Burne-Jones. Para un ejemplo de su obra véanse las portadas de *La Ilustra-ción Española y Americana* a partir de 1900 ejecutadas por Varela, y los dibujos de Chiorino en *Blanco y Negro*, 23 enero, 1897; 29 mayo, 1897; 11 septiembre, 1897; 25 diciembre, 1897; 12 febrero, 1898. Sobre el prerrafaelismo en España véase nuestro libro *A Dream of Arcadia*.

languidez, de elegancia asténica, de inocencia algo perversa. Así es la Ligura de la *Sonata de primavera*. El arte de Botticelli ornamenta el palacio Gaetanni, resaltando el erotismo ambiguo de las almas frágiles. Las princesitas Gaetanni evocan ninfas botticellianas y la Primavera aguza el deseo de Bradomín. Abundan las asociaciones sensuales del decorado. Hay una imagen de Santa Catarina, la protectora de las vírgenes, pero en el jardín, las fuentes, «repetían el comentario voluptuoso que parecen hacer todos los pensamientos de amor, sus voces eternas y juveniles».[34] El salón de la princesa era dorado, femenino y lujoso, apropiadamente decorado con «amorcillos con guirnaldas, ninfas vestidas de encajes, galantes cazadores y venados de enramada cornamenta».[35] Entre las porcelanas, «duques pastores ceñían el florido talle de marquesas aldeanas».[36] La noche es primaveral, fragante, propicia al despertar de los sentidos. «Sentíase pasar por el jardín un largo estremecimiento.»[37] Bradomín se acoge a «esa vaga y romántica tristeza que encanta a los enamoramientos juveniles».[38] La brisa es «alegre, perfumada y gentil como un mensaje de la Primavera».[39] Sobre la piedra de armas, «se arrullaban dos palomas que huyeron al acercarme».[40]

Es distinto el decorado de la *Sonata de estío,* y debemos considerarlo como exponente de la moda exotista finisecular, que como indica Ricardo Gullón, era vehículo de una carga mítica de inagotable riqueza.[41] De entre las diversas modas exotistas que se disputan la

34   Valle Inclán, *Sonata de primavera*, 16.
35   *Ibíd.,* 17.
36   *Ibíd.*
37   *Ibíd.,* 29.
38   *Ibíd.,* 30.
39   *Ibíd.,* 29.
40   *Ibíd.,* 44.
41   Ricardo Gullón, *Direcciones del modernismo*, Madrid, 1971, 95. Para darse cuenta del eclecticismo del exotismo basta dar un vistazo a la Exposición Universal de 1900. Allí se recordaba a Bizancio y al Moscú de Iván el terrible. Tras el pabellón de Siberia se desplegaban las palmeras y la fauna carnívora de las Indias holandesas. Más allá, un Buda de ocho brazos y ocho piernas descansaba sobre lotos inmortales. En el pabellón de Ceylán bailaban las bailarinas del demonio con sus máscaras de madera. Estaba presente también el Senegal que recordó Loti, Japón exhibía sus peonías, sus amanerados jardines, sus geishas y el arte de Sada Yacco, comparada con la Duse y Sarah, pero acusada en su país natal de mezclar y confundir diversas tradiciones. Había un pabellón de la Andalucía de los moros. Los que no quedaban satisfechos, podían completar su itinerario en la gran Torre del mundo, construida por la Compagnie des Mesageries Maritimes. En esta estructura, inspirada en Julio Verne, había una pa-

imaginación del fin de siglo destacaba la nordomanía. En ella se unía al prestigio de lo británico la estética de lo nebuloso heredada de Maeterlinck, la popularidad de la novela rusa, la locura wagneriana, el furor ibseniano.[42] Pero cuando la nordomanía empezó a ceder, Nietzsche y D'Annunzio orientan el exotismo por vías mediterráneas hacia países de sol de vivísimos colores. Lugares donde la vida se vive hasta el límite y el placer se apura hasta las heces.[43]

Las heroínas dannunzianas se parecen algo a la Niña Chole de nuestra sonata. También Valle Inclán muestra la voluptuosidad pagana del escritor italiano en cuentos anteriores, como en «Augusta». En este cuento, el telón de fondo apropiado para el erotismo victorioso de Augusta, es un decorado italianizante de jardines geórgicos perfumados de enredaderas y pámpanos que «temblaban con largos estremecimientos nupciales al sentirse besados por las auras».[44]

El exotismo puede ser oriental, como en el cuadro de Echena, *La Bayadera*,[45] o en el cuento «En el harén» de Miguel Sawa.[46] Aparece, de otra manera, espléndidamente representado, en la naturaleza tropical y las ruinas mayas de la *Sonata de estío*. En realidad, el país exótico al que se acude importa poco, la base es un vitalismo

---

goda hindú, un templo chino, una mezquita musulmana, prestigitadores y geishas. Véase sobre este tema Philippe Jullian, *The Triumph or Art Nouveau. Paris Exhibition 1900*, Nueva York, 1974, 157-72. También es de interés, Sebastián B. de Mier, *México en la Exposición Universal Internacional de Paris-1900*, Paris, 1901, la guía *Hachette* de este año. Véanse también las crónicas de *La Ilustración Artística* de 1900, y el interesante artículo «La sensibilidad de Loti», *La España Moderna*, 1904, 181-5.

42   Sobre este tema consúltense nuestros artículos: «Alomar and Marinetti; Catalan and Italian Futurism», *Revue des Langues Vivantes*, 6, 1972, 585-603, y «Latinos y anglosajones. Una polémica de la España de fin de siglo», *Revista Internacional de Sociología*, segunda época, 15-16, julio-diciembre, 1975, 29-62. También H. Greguersen, *Ibsen and Spain. A Study in Comparative Drama*, Cambridge, Mass., 1936; G. Portnoff, *La literatura rusa en España*, Nueva York, 1932; W. T. Pattison, *El naturalismo español*, Madrid, 1965.

43   Véase Udo Rukser, *Nietzsche in der Hispania*, Berna, 1962; Paul Ilie, «Nietzsche in Spain: 1890-1910», *PMLA*, marzo, 1964, 80-96; Gonzalo Sobejano, *Nietzsche en España*, Madrid, 1967; Fernando Murga, «Gabriele D'Annunzio e il mondo di lingua espagnola», en *Gabriele D'Annunzio nel primo centenario della nascita*, Roma, 1963, 141-60; Franco Mergalli, «D'Annunzio en España», *Filología Moderna*, abril-agosto, 1968, 264-89; también Casares, *Crítica profana*, Madrid, 1916.

44   Publicado en *Epitalamio*, Madrid, 1897, y después incluido en *Corte de amor*. Citamos de este libro, en *OC*, II, 288.

45   Reproducido en *La Ilustración Artística*, 946, 12 febrero, 1900, 120.

46   *Amor*, Madrid, 1897.

amoral y decadente que aúna crueles refinamientos de emperadores chinos, excesos lujuriosos de Babilonia, orgías romanas, faraones lúbricos, o sacrificios en mundos indígenas perdidos. Decorados dispares pero que, como indica Gullón, aluden a un vigor y a una nobleza bárbaras que la actualidad no ofrece.[47]

En la *Sonata de estío*, la naturaleza estalla en intensa voluptuosidad. Todo el decorado se estremece de deseo. Es «el silencio amoroso y lleno de suspiros de un atardecer ardiente», o «la brisa aromada y fecunda de los crepúsculos tropicales,...». La campiña «se estremecía cual si al acercarse sintiese la hora de sus nupcias, y exhalaba de sus entrañas vírgenes un vaho caliente de negra, enamorada, potente y deseosa».[48] «En esta hora del crepúsculo, el deseo ardiente que la Niña Chole me produce se aquilata y purifica hasta convertirse en ansia vaga de unión.»[49] La naturaleza «lujuriosa y salvaje, aun palpitaba del calor de la tarde, semejaba dormir el sueño profundo y jadeante de una fiera fecunda. En aquellas tinieblas pobladas de sususrros nupciales y moscas de luz».[50] Todo invita allí al goce amoroso; la vegetación, los colores, los aromas: «Aquella calma azul del mar y del cielo, aquel sol que ciega y quema, aquella brisa cargada de todos los aromas de Tierra Caliente como ciertas queridas muy amadas, dejan en la carne, en los sentidos, en el alma reminiscencias tan voluptuosas que el deseo de hacerlas revivir sólo se apaga en la vejez».[51]

El exotismo desplaza en el espacio y en el tiempo, ejerciendo una nítida función erótica y liberadora. Desde el barco, Valle Inclán presenta un desorden de lenguas. Llegando a México encuentra una cultura alejada del cristianismo y revigorizada por ecos paganos: «grupos de muchachos desnudos que se arrojan a las olas y se encaraman en las rocas para secarse al sol que los ilumina de soslayo, gráciles y desnudos, como figuras de un friso del Parthenon».[52] En Tequil contempla ruinas de palacios, pirámides y templos de una civilización extinta. Es la tierra de la Niña Chole, la «Salambó de aquellos palacios».[53] Indigenismo y orientalismo se confunden en la

---

47 Direcciones del modernismo, 84-5. Véase la poesía «Modernista», de Rafael Leyda, *La Vida Galante*, 227 ,1902.
48 Ramón del Valle Inclán, *Sonata de estío, OC*, II, 66.
49 *Ibíd.*, 72.
50 *Ibíd.*, 67.
51 *Ibíd.*, 99.
52 *Ibíd.*, 64.
53 *Ibíd.*, 65.

primordial función de erotizar la escena: «Adormecido por el aje-
treo, el calor y el polvo, soñé como un árabe que imaginase haber
traspasado los umbrales del paraíso. Necesitaré decir que las siete
huríes con que me regaló el profeta eran siete criollas vestidas de
fustán y huipil y que todas tenían la sonrisa de Lili y el mirar de la
Niña Chole»,[54] y, más adelante, «Dijérase que el dilatado Golfo
Mexicano sentía en sus verdosas profundidades la pereza de aquel
amanecer cargado de pólenes misteriosos y profundos, como si fuese
el serrallo del Universo».[55]

La voluptuosidad, el deseo violento, la energía, por su misma intensidad, desemboca en lo monstruoso. De tan sexual y fecunda la
naturaleza se desorbita en retorcidas formas de fama y flora tropicales, para tornarse marco de la perversidad de la Niña Chole, de sus
extraños amores incestuosos. A ratos evoca escenarios de magnífica
corrupción, como cuando se compara a la Niña Chole con Salambó.
Entonces el decorado tropical comparte con Bizancio un esplendor
oriental y ultimista, cargándose de la excesividad suntuaria y sacrílega
de Mucha, Lugones, Casal, Péladan y otros estetas del fin de siglo.[56]

En la *Sonata de estío* la muerte también está cercana, partici-
pando al goce amoroso una fiebre exaltada. El deseo exacerbado
llega a la ferocidad, sin por ello quitarle delicados estremecimientos.
La atmósfera voluptuosa, peligrosa, tremendista, magnifica el goce
erótico: «Del mar oscuro y misterioso subían murmullos y aromas.
La blanca luna les prestaba no sé qué rara voluptuosidad. La trágica
muerte de aquel coloso negro, el mudo espanto que se pintaba en
todos los rostros, un violín que lloraba en la cámara, todo en aquella
noche, aquella luna, era para mí, objeto de voluptuosidad depravada y sutil.»[57]

Las plantas y animales de la sonata también adquieren un paroxismo perverso. Semejan acuarelas de Rops, decorados de Giacom-
metti o joyas de Lalique.[58] Encontramos continuamente formas ve-

54 *Ibíd.*, 66.

55 *Ibíd.*, 99.

56 Véase «Alfonso Mucha», *La Ilustración Artística*, 945, 5 febrero, 1900,
91-103, y Guillermo Rittwanger, «Babilonias que fueron», *Hojas Selectas*, 1905,
1137-41.

57 *Sonata de estío*, 57.

58 Dentro de esa moda están los pavorreales de Gilkin o Darío, las orquídeas de Paul Adam, los sapos de cerámica de Carrière y Lachenal. Años más
tarde, ese gusto pasaría a Bakst y los Ballets rusos. Véase un curioso libro re-
ciente, William A. Emboden, *Bizarre Plants, Magical, Monstruous, Mythical*,
Nueva York, 1974.

getales retorcidas y atormentadas, arabescos terminados en orgías de color. Asoma allí la secuela de plantas exóticas admiradas por el modernismo. Las ninfeas son gigantescas: «Grandes y extrañas flores temblaban en el terso cristal entre verdosas y repugnantes algas», forman «islas flotantes de gigantescas ninfeas, y vivaces lagartos saltaban de una en otra como duendes enredadores y burlescos. Aquellas islas floridas se deslizaban bajo alegre palio de mariposas, como en un lago de ensueño, lenta, lentamente, casi ocultas por el revoloteo de las alas blancas y azules bordadas de oro». Era uno de esos jardines como sólo existen en los cuentos, sobre un lago, habitado por una hechicera, «y en las flores pérfidas y quiméricas, rubias princesas y rubios príncipes tenían encantamiento».[59] Hay gigantescos árboles de cuya masa destacan los penachos de palmeras reales. Sobre ellos revolotean «aves de las ruinas con cabeza leprosa y sus alas flaqueadas, y su plumaje de luto, de negro miserable».[60] Argentados y fantásticos peces escurren en estelas de chispas fosforescentes y amenazan masas informes de tiburones. Los lagartos pasean sobre la arena caliente y los cocodrilos se tienden aletargados en la playa cenagosa «con sus ojos redondos, amarillentos, nebulosos que aparecían solos a flor de agua».[61] Es un espléndido trópico, rico en colores, donde no falta la majestad sensual de los perfumes: «Semejante a una princesa oriental, ungióse con esencias, y después, envuelta en sedas y encajes, tendióse en la hamaca y esperó.»[62] «Las albahacas, húmedas de rocío, daban una fragancia intensa, casi desusada, que tenía como evocación de serrallo morisco y de verbena.»[63]

Valle Inclán en esta sonata se aproxima a la moda bizantinista al usar como telón de fondo las ruinas de una espléndida civilización. Observemos la siguiente cita:

---

59 *Sonata de estío*, 110.
60 *Ibíd.*, 76.
61 *Ibíd.*, 110.
62 *Ibíd.*, 116.
63 Compárese un pasaje similar de «Efectes de nit» de Jeroni Zanné, *Joventut*, 47, 3 enero, 1901: «La noche le hace llegar unas ondas voluptuosas que lo acarician con su aroma erótico, lo llevan a una isla de oriente egipcia o turca, paraíso de la voluptuosidad, allí él es el señor de un palacio resplandeciente y suntuoso de mármol blanco y negro, con pieles de tigre y pantera, esencias de mirra e incienso y el perfume de las rosas y las hortensias floridas. Sus esclavas son un mundo de aromas, cabelleras, formas espléndidas, ojos hermosos, bocas sensuales y rojas. Bailan cubiertas de túnicas que apenas cubren sus rosados pechos; sus brazos se enroscan sobre sus cabezas.»

Sentadas a las puertas de los jacales, indias andrajosas, adornadas con amuletos y sartas de corales, vendían plátanos y cocos.
Eran viejas de treinta años, arrugadas y caducas, con esa fealdad quimérica de los ídolos. Su espalda lustrosa brillaba al sol,
sus senos negros y colgantes recordaban las orgías de las brujas
y los trasgos. Acurrucadas al borde del camino, como si tiritasen
bajo aquel sol ardiente, medio desnudas, degranadas, arrojando
maldiciones sobre la multitud, parecían sibilas de algún antiguo
culto lúbrico y sangriento. Sus críos, tiznados y esbeltos como
diablos, acechaban por los resquicios de las barracas, y huro-
neando se metían bajo los toldos de lona donde tocaban orga-
nillos dislocados. Mulatas y jarochos ejecutaban aquellas extrañas
danzas voluptuosas que los esclavos trajeron del África, y el zaga-
lejo de colores vivos flameaba en los quiebros y mudanzas de los
bailes sagrados con que a la sombra paternal del baobab eran
sacrificados los cautivos.[64]

El largo de la cita se justifica por su extraordinaria riqueza.
Véase la acumulación de vocabulario erótico. Son orgías de brujas
y trasgos, el culto es lúbrico y sangriento, las danzas voluptuosas
acompañan el sacrificio de los cautivos. Nótense también las expresiones que trasladan el escenario fuera de la realidad presente, lle-
vándolo a un magnífico pasado en decadencia. Las mujeres reflejan
la fealdad quimérica de los ídolos, recuerdan orgías pasadas, parecen sibilas de algún antiguo culto lúbrico y sangriento. Son danzas
voluptuosas que recuerdan bailes sagrados provenientes del África
y que acompañan sacrificios.

Como indica Mario Praz, Moreau fue el pintor de la belleza de
la inercia. El romanticismo, representado por Delacroix, pinta la voluptuosidad, la sangre, el exotismo, con la frenética furia de la acción. Moreau, en cambio, epítome de la decadencia, pinta los mismos
temas, pero desde una actitud comtemplativa. Delacroix vive dentro
de su tema, Moreau lo adora desde fuera. Con esa inercia, Moreau
proporciona ciertos atributos especiales a sus profetas y sibilas. Si no
pinta directamente Bizancio, lo evoca con sus inmóviles magos vestidos de archimandritas, con sus estilizadas flores y su decorado
greco-oriental.[65] En Valle Inclán podemos encontrar también la inercia que lo emparenta con la fantasmagoría bizantinista. Clava sus

64   *Sonata de estío,* 106.
65   Mario Praz, *The Romantic Agony,* Londres, 1970, 303. Para alguna
información sobre Moreau en el modernismo véase Marie Josèphe Faurie, *Le
Modernisme hispanoaméricain et ses sources françaises,* Paris, 1966, 171-99.

figuras en posturas hieráticas[66] y así, en cierta forma, las orientaliza. Véase el inmovilismo de la siguiente escena:

> Mujeres de tez cobriza y mirar dulce salían a los umbrales, e indiferentes y silenciosas nos veían pasar. La actitud de aquellas figuras broncíneas revelaba esa tristeza transmitida, vetusta, de las razas vencidas. Su rostro era humilde, con dientes muy blancos y grandes ojos negros, selváticos, indolentes y velados. Parecían nacidas para vivir eternamente en los aduares y descansar al pie de las palmeras y de los ahuehuetles.[67]

También lo hace con animales: «lagartos...como faquires centenarios».[68] Un cocodrilo, «aletargado sobre una ciénaga con las fauces abiertas, con los ojos vueltos hacia el sol, inmóvil, monstruoso e indiferente, me parece una divinidad antigua».[69]

Para terminar estas observaciones, hagamos notar un último detalle esencial en la escenografía erótica de Valle Inclán. La perversidad obtenida por el desplazamiento del acto y objeto sexual. Desde luego, ello se encuentra ya desde la pintura medieval, pero hará falta esperar hasta el fin de siglo para encontrarlo de manera sistemática. La perversidad resulta del contraste y la sorpresa, de la incongruencia entre el acto sexual y el lugar donde sucede. Valle Inclán emplea esta técnica constantemente, y, en la *Sonata de estío*, es en un convento donde — dice Bradomín — «gusté las mayores aventuras amorosas, urdidas por el hilo dorado de la fantasía».[70]

66 Antonio Risco, *La estética de Valle Inclán*, Madrid, 1966.
67 *Sonata de estío*, 80.
68 *Ibíd.*, 109.
69 *Ibíd.*, 110.
70 *Ibíd.*, 101.

II

Necrofilia

Valle Inclán entra de lleno en la corriente decadentista del fin de siglo europeo, al inspirar en la necrofilia algunos de sus temas. Al igual que él, algunos modernistas se encontraron así, paradójicamente, en el mismo extremo que muchos escritores realistas. La muerte, la enfermedad, la consunción, brindaban la posibilidad de intensificar su expresión, mediante la observación de la realidad. Este gusto hizo que ciertos escritores naturalistas mantuvieran su popularidad aun durante el idealismo más exasperado.[71]

La unión del amor y la muerte, presentaba esa unión paradójica y monstruosa que la estética de aquella época buscaba. Se trataba de:

> Arrancar de la vida, no los espectáculos directos, no las frases vulgares, sino las visiones relampagueantes, desbocadas, paroxistas; traducir en locas paradojas las eternas evidencias, vivir de lo anormal y lo inaudito, contar los espantos de la razón asomada al borde del precipicio, el aplastamiento de las catástrofes y los escalofríos de lo inminente; cantar las angustias del dolor supremo y describir los calvarios de la tierra; llegar a lo trágico frecuentando lo misterioso; adivinar lo ignoto, predecir los destinos dando a los cataclismos del alma, a la zozobra de los mundos, la expresión excitada del terror; tal es la forma estética de este arte espléndido y nebuloso, prosaico y grande, místico y sensualista, refinado y bárbaro, medieval y modernista al mismo tiempo.[72]

71 Un ejemplo de ello fue la popularidad de Narcís Oller, ya realista desde 1883, traductor de Tolstoi y Turguenev y propagandista de Zola.

72 Santiago Rusiñol, «Discurso pronunciado en la segunda fiesta modernista el 10 de septiembre de 1893», cit. A. Cirici Pellicer, *El arte modernista catalán*, Barcelona, 1951, 50-1. Esta estética se basaba en gran parte en Maeterlinck, cuya obra *La Intrusa* fue representada en esa segunda fiesta en Sitges en traducción catalana de Pompeu Fabra. Azorín la tradujo al castellano (Valencia, 1896). Jaume Brossa comentaba que esa obra produce el sentimiento de «la espuma blanca e hirviente de unas olas que se deshacen en el alta mar de la vida para entrar plácidamente en la Nada», y añadía, «la vida terrestre es la fermentación de la muerte eterna». «La festa modernista de Sitges», *L'Avenç*, 1893,

Los temas necrofílicos planteaban la indisoluble unión entre lo bello y lo terrible. Ya Baudelaire había dicho en «Les Deux bonnes soeurs»:

La Débauche et la Mort sont deux aimables filles

. . .

Et la bière et l'alcôve en blasphèmes fécondes
Nous offrent tour à tour, comme deux bonnes soeurs,
De terribles plaisirs et d'affreuses douceurs.[73]

La necrofilia también abrió la puerta a una literatura que exaltaba la enfermedad como una existencia que aparejaba una mayor intensidad imaginativa. Derivaba su prestigio de considerarse el umbral del más allá, o como causa de intensidad emocional, de aprecio frenético al goce. Se convirtió en excitante erótico en que se mezclaba la piedad y la repugnancia, el horror y la curiosidad, el miedo y la fascinación.

Los últimos años del siglo poblaron la literatura y la plástica de cloróticas languidecientes y anémicas, de mujeres martirizadas de párpados violáceos y moretones sanguinolentos. Se popularizó el encanto de la agonía, de la podredumbre, del olor a hospital; la gracia del cementerio, de la tisis, de la delgadez. Ese gusto encarnó en bibelots fantásticos, en telas Liberty de colores claros o tintes amarillo bilioso, en las extrañas fantasías barrocas de los vidrieros. Los pintores de moda entonces en Europa eran Gustave Jacquet, Boldini, La Gandara, Jacques Emile Blanch y Helleu, cuya obra se calificaba de «Pintura que desea ser enfermiza, se diría que el esqueleto, el inquietante esqueleto adorado por los decadentes se transparenta en sus mujeres y en sus flores».[74]

---

252. Sobre la popularidad de Maeterlinck en España véase nuestro artículo «Maeterlinck en Cataluña». *Revue des Langues Vivantes*, XXXIV, 1968, 184-98. Graciela Palau de Nemeu, «La importancia de Maeterlinck en un momento crítico de las letras hispanas», *Revue Belge de Philologie et d'Histoire*, 1962, 714-28. Azorín utiliza un vocabulario semejante al del discurso de Rusiñol al hablar sobre María Guerrero, «Hay a veces en su semblante una extraña luz, mezcla de terror y de voluptuosidad que subyuga... El desequilibrio, no la normalidad, es lo que hace bella la vida; el desequilibrio, no la normalidad, es el gran trastocador de las cosas humanas», «La farándula», *Alma Española*, 7, 20 diciembre, 1903, 4-5.

73   Charles Baudelaire, *Les Fleurs du mal*, Paris, 1961, 132.

74   Jean Lorrain, «Poussières de Paris», *Le Figaro*, 18 abril, 1899; véase también M. L. B., «La pornografía de la muerte», *Avenir*, 1 abril, 1905, 2.

La sensibilidad irritada y *blasé* condimentaba el placer con el sufrimiento. La belleza gustaba languideciente, agonizante, muerta, golpeada, enferma. Des Esseintes confesaba su amor por obras febriles, corroídas y minadas. El duque de Freneuse adoraba «jovencitas angulosas, demacradas y macabras, el olor a fenol y la gracia de las clorosas maquilladas e inverosímilmente delgadas».[75] En España esa literatura tiene sus exponentes en Suriñach i Sentíes, Zamacois, Salvador Vilaregut, Riquer, Guillermo Tell, Josep Maria Jordà. Son particularmente interesantes algunas composiciones de Pompeu Gener, y de Frederic Rahola, así como *El Pati blau* de Rusiñol,[76] cuyo paralelo más elocuente en el campo de la plástica es *Clorosis* de Sebastià Junyent. Algunas de las formas más extremistas son *El pati dels malats*[77] de Alfons Sans i Rosell, «Desvari» de Xavier Viura,[78] *Diario de un enfermo* de Azorín, y algunos pasajes de *Camino de perfección* de Baroja. En el mismo tono están «Vetllant un cadavre» de Alfons Sans i Rosell,[79] «La hora azul», de Pedro Guedey.[80]

La muerte y el amor unidos es el tema de los artículos de Joaquim Pena sobre Tristán e Isolda aparecidos en *Joventut;*[81] también habló sobre ello Juan de Mañara en «El amor, la muerte»: «En la muerte sólo debe pensarse para acrecentar la intensidad del placer.»[82] *La Ilustración Artística* elogia el cuadro de J. J. Henner *El levita Ephraim ante el cadáver de su esposa,* por el esplendor logrado al pintar la carne femenina muerta.[83] El ángel de la muerte aparece en la obra

---

75 Jean Lorrain, *M. de Phocas,* Paris, 1901, 28-9. Este libro fue traducido al español por Carlos de Batalle y publicado en 1902.
76 Barcelona, 1903.
77 *Joventut,* 1900, 4.
78 *Ibíd.,* 1900, 103.
79 *Ibíd.,* 1900, 26.
80 *La Vida Galante,* 156, 25 octubre, 1901. Este cuento estaba acompañado por ilustraciones de Medina Vera. Esta interesante revista apareció semanalmente desde 1895 hasta 1905. Estaba lujosamente ilustrada. Su director fue Eduardo Zamacois, y en su primera portada apareció una fotografía de la bella Otero. La sección artística estaba a cargo de Julio Romero de Torres, Solar de Alba y Poveda. A menudo traía editoriales defendiendo sus intereses, «defendemos el derecho de vivir, exaltar la afección a la vida, presentar el amor como hermoso arte estético y digno», atacando a la «moral estúpida que lo ofrece como vergonzoso y animal», 11, 15 enero, 1899. A partir de 1899 empieza a colaborar en la revista Gómez Carrillo.
81 1900, XIX-XXIII, 24-27, 44-47.
82 *La Vida Galante,* 6 noviembre, 1898, 2.
83 946, 12 febrero, 1900, 135.

de Josep Campeny, y en la temática de los dibujos de Riquer. Hay vírgenes muertas en los cuentos de Mauricio López Roberts. Maeztu en «Desdoblamiento» describe el cadáver de la amada en descomposición.[84] Villaespesa canta a «enfermas manos ducales»,[85] y Juan Ramón Jiménez:

> De su ataúd carcomido
> por las entreabiertas tablas,
> se arrastrarán los lagartos
> hasta su carita blanca
> los gusanos asquerosos
> le pudrirán las entrañas [86]

Este tipo de escenas llegan a su paroxismo en ciertas novelas de Zamacois. En *La enferma*,[87] la heroína sueña con un hombre pálido como un cadáver que la viola. Otras veces se sueña muerta, tendida en un ataúd mientras un hombre se acerca, acaricia su cuerpo helado con manos ardientes, la besa y la posee. Los mismos sueños necrofílicos aparecen en «La nochebuena de Don Juan».[88] En *Tik-Nay*, se describe una serie de fotografías de mujer. Una en la cama, otra bañándose, otra semidesnuda. En una de ellas posa con un hombre dentro de una calavera. Para retratarse se habían sentado en la misma silla y estaban cogidos de las manos y con las rodillas juntas. Aquel antojo macabro «era un idilio bajo un cráneo, el fuego de la vida germinando en las entrañas mismas del no ser. El amor burlándose, mofándose descaradamente de la fría negación de la muerte».[89] En la misma novela, Tik-Nay imagina el acto sexual entre dos esqueletos.[90] En «Siguiendo al muerto» empieza un idilio después del

---

84 «Desdoblamiento (cuento sin asunto para D. Miguel de Unamuno)», *Vida Nueva*, 8, 9 octubre, 1898.

85 Cit. por Rafael Ferreres, «La mujer y la melancolía en los modernistas», *Cuadernos Hispanoamericanos*, LIII, 1963, 456-67.

86 Juan Ramón Jiménez, *Rimas*, 120.

87 Barcelona, 1896, 44.

88 *La Vida Galante*, 8, 25 diciembre, 1898, 87-89.

89 Barcelona, 1900, 146-7.

90 Véase el siguiente pasaje: «se imaginó su esqueleto acostado en la posición que él siempre adoptaba para descansar, en actitud decúbita y el cráneo frío y mondo, apoyado sobre la almohada... y recordó aquellas noches de amor en que el veneno de la sensualidad buscaba la triaca dulcísima en Elena Santa Cruz, consumando la cópula macabra de dos esqueletos que se poseen, con las mandíbulas juntas, aspirando el olor fétido de las fosas nasales, registrándose mutuamente el cráneo por el aguerillo central de sus cuencas orbitarias vacías, con los fémures del uno adheridos a los del otro y oprimiéndose con los es-

entierro: él, «la atrajo hacia sí, ella dejó caer la cabeza ofreciendo al deseo su garganta blanquísima y sus labios húmedos. Allí, como en el cementerio cuando los gusanos hambrientos se preparaban al festín, la Vida triunfaba de la Muerte».[91]

El héroe de las sonatas revela también una obsesión enfermiza por la muerte. Las cámaras mortuorias, las flores funerarias, las campanas que doblan a muerto, actúan sobre el marqués de Bradomín como excitantes eróticos. En obras anteriores Valle Inclán había mostrado tal inclinación. En «Octavia Santino», Pondal, junto a su amante que agoniza, evoca la antigua morbidez fresca y sana de la enferma mientras besa su mano «húmeda ya por los sudores de la agonía».[92] En *La cara de Dios* Víctor Rey propone a su amante el suicidarse juntos: «¿Aquella idea de morir los dos juntos no era la expresión más intensa de su amor? ¡La Muerte es hermana gemela del Amor!»[93]

Es en las sonatas donde Valle Inclán da rienda suelta a su necrofilia. En la de primavera, todo sucede entre el susurro de trisagios y responsos, a la luz de cirios mortuorios. Al fondo de la cámara donde yace el cardenal, Bradomín ve a la princesa y a sus cinco hijas. Luego imagina la figura de su amada al lado del cadáver.

En la *Sonata de estío* percibe a la Niña Chole por primera vez al oír una campana doblar a muerto. La Niña Chole está encuadrada por la muerte del marinero negro, devorado por el tiburón. Bradomín confiesa que «la crueldad de la criolla me horrorizaba y me atraía. Nunca como entonces me pareciera tentadora y bella. La trágica muerte de aquel negro prestaba a la escena una voluptuosidad depravada y sutil».[94] En la misma sonata, el acto sexual tiene como contrapunto las campanas del toque de muerto

> Cesó el toque de agonía, y juzgando propicio el instante besé a la Niña Chole. Ella parecía consentir, cuando de pronto, en medio de silencio, la campana dobló a muerto. La Niña Chole

cuetos brazos crispados la seca armazón de sus costillas, mientras sus manos arañan el coxis áspero», pág. 257.

91 *Desde el arroyo. Cuentos e historietas*, Madrid, 1903, 13. También, Claudi Mas i Fouret, «L'enamorat i l'esposa morta», *Joventut*, 193, 22 octubre, 1903, 710. «La dolorosa», novela de Dionisio Pérez, serializada en *Vida Nueva* a partir del número del 26 de marzo de 1899. Esta revista tradujo «La muerta», de Guy de Maupassant, 26, 4 diciembre, 1898.

92 *Femeninas*, Pontevedra, 1895, 85.

93 Madrid, 1972, 333. Sobre este tema véase de M. Proal, «El crimen y el suicidio pasionales», en *La España Moderna*, 1902, 152, un estudio sobre el amor sexual como promotor del crimen y del suicidio.

94 *Sonata de estío*, 75.

dio un grito y se estrechó en mi pecho. Palpitante de miedo se refugiaba en mis brazos. Mis manos, distraídas y paternales, comenzaron a desflorar sus senos. Ella, suspirando, entornó los ojos, y celebramos nuestras bodas como siete copiosos sacrificios que ofrecimos a los dioses como el triunfo de la vida.[95]

En la *Sonata de otoño* la necrofilia se manifiesta aún más abiertamente. Valle Inclán se adentra en el erotismo de la enfermedad y en la voluptuosidad de la muerte. Lo notamos desde la descripción inicial de Concha. Tenía «la palidez delicada y enferma de una Dolorosa»,[96] miraba «con aquella mirada muda que parecía anegarse en la melancolía del amor y de la muerte, que ya la cercaba».[97] Era tan bella, «así demacrada y consumida, que mis ojos, mis labios y mis manos hallaban todo su deleite en aquello mismo que me entristecía». Bradomín confiesa «que no recordaba haberla amado nunca en lo pasado tan locamente como aquella noche».[98] En otro párrafo reitera: «Yo amaba locamente aquella boca dolorosa, aquellos labios trémulos y contraídos helados como los de una muerta».[99]

A veces esas descripciones son más prolijas:

> Yo sentí toda la noche a mi lado aquel pobre cuerpo donde la fiebre ardía, como una luz sepulcral en vaso de porcelana tenue y blanco. La cabeza descansaba sobre la almohada, envuelta en una ola de cabellos negros que aumentaba la mate lividez del rostro, y su boca sin color, sus mejillas dolientes, sus sienes maceradas, sus párpados de cera velando los ojos en las cuencas descarnadas y violáceas, le daban apariencia espiritual de una santa muy bella consumida por la penitencia y el ayuno. El cuello florecía de los hombros como un lirio enfermo, los senos eran dos rosas blancas aromando un altar, los brazos de una esbeltez delicada y frágil... parecían las asas del ánfora rodeando su cabeza.[100]

Valle Inclán se deleita en la descripción del cuerpo enfermo de Concha que adquiere un prestigio espiritual muy particular. La complacencia erótica se basa justamente en la desmaterialización de la carne, como lo reitera más adelante: «Concha tenía para mí todos

---

95   *Ibíd.*, 87.
96   *Sonata de otoño*, 136.
97   *Ibíd.*, 127.
98   *Ibíd.*, 136.
99   *Ibíd.*, 122.
100 *Ibíd.*, 135.

los encantos de otros tiempos, purificados por una divina palidez de enferma».[101] Hay aquí, obviamente, un oscuro deseo de espiritualizar el acto erótico precisamente por el sacrificio de la carne.

Debemos detenernos en el macabro final de la *Sonata de otoño*. Concha muere en los brazos de su amante, y él la posee en el umbral mismo de la muerte:

> Y la estreché entre mis brazos. Ella entornó los ojos. Era el dulce desmayo de sus párpados cuando quería que yo se los besase. Como temblaba tanto, quise dar calor a todo su cuerpo con mis labios, y mi boca recorrió celosa sus brazos hasta el hombro, yo puse un collar de rosas en su cuello, después alcé los ojos para mirarla. Ella cruzó sus manos pálidas y las contempló melancólica. ¡Pobres manos delicadas, exangües, casi frágiles! Yo le dije:
> — Tienes manos de Dolorosa.
> Se sonrió:
> — Tengo manos de muerta.
> — Para mí eres más bella cuanto más pálida.
> Pasó por sus ojos una claridad feliz:
> — Sí, sí, todavía te gusto mucho y te hago sentir.
> Rodeó mi cuello, y con una mano levantó los senos, rosas de nieve que consumía la fiebre. Yo entonces la enlacé con fuerza. Y en medio del deseo, sentí como una roedura el terror de verla morir. Al oírla suspirar, creí que agonizaba. La besé temblando como si fueses a comulgar su vida. Con voluptuosidad dolorosa y no gustada hasta entonces, mi alma se embargó en aquel perfume de flor enferma que mis dedos deshojaban consagrados e impíos.[102]

Muerta Concha, el marqués quiere llevarla a sus habitaciones. Para ello debe recorrer tenebrosos salones y corredores, sosteniendo el cuerpo de Concha y palpando en la oscuridad. En una puerta, la larga cabellera de la muerta queda enredada en la cerradura. Este episodio, calcado de una obra de Barbey D'Aurevilly, termina en una escena sádica también inspirada en el autor francés.[103] Brado-

---

101 *Ibíd.*, 143.
102 *Ibíd.*, 149-50.
103 En «Le Rideau cramoisie» aparecen escenas similares. Allí también el héroe transporta el cadáver de su amante de regreso a sus habitaciones, y también el cabello queda agarrado a la cerradura. Véase Barbara A. Terry, «The Influence of Casanova and Barbey d'Aurevilly on the Sonatas of Valle Inclán», *Revista de Estudios Hispánicos*, I, 1, mayo, 1967, 61-88.

mín ve que «bajo aquella frente atirantada y sombría comenzaban a entreabrirse los párpados de cera. Yo cerré los ojos y con el cuerpo de Concha aferrado en los brazos huí. Tuve que tirar brutalmente hasta que se rompieron los queridos y olorosos cabellos.[104] Al dejar a Concha muerta en su lecho, en la oscuridad misteriosa de la alcoba, tiene la última tentación:

> La tibia fragancia de su alcoba encendía en mí, como una tortura, la voluptuosa memoria de los sentidos. Ansié gustar las dulzuras de un ensueño casto y no pude... Todavía hoy el recuerdo de la muerta es para mí de una tristeza depravada y sutil. Me araña el corazón como un gato tísico de ojos lucientes. El corazón sangra y se retuerce, y dentro de mí ríe el Diablo, que sabe convertir todos los dolores en placer.[105]

Las citas que hemos transcrito hablan por sí mismas, pero de cualquier manera queremos hacer algunas observaciones. Es obvio que la necrofilia sitúa para Valle Inclán al acto sexual fuera de lo convencional y al Marqués de Bradomín por encima de las leyes religiosas y morales. Pero creemos que para nuestro escritor, la unión de eros y thanatos, aproxima al acto sexual a un fenómeno religioso. El modernismo, a la búsqueda no tanto de una religión, sino de una religiosidad, encontró en el erotismo místico un éxtasis que sustituyó al religioso. Notemos que tal unión a menudo significa para Valle Inclán la victoria de la vida sobre la muerte. En la *Sonata de estío*, el acto sexual consumado al toque de las campanas de muerto, es descrito como una celebración de «nuestras bodas como siete copiosos sacrificios que ofrecimos a los dioses como el triunfo de la vida».[106] En la sonata gallega, después de muerta Concha, el marqués busca a su prima Isabel para comunicarle la noticia, pero en la alcoba de Isabel, Bradomín cede a la tentación, como si fuese la muerte quien gozara en ese instante de la vida.

En *La lámpara maravillosa*, Valle Inclán habla de un estigma sagrado que define y contiene cada forma. Éste sólo es perceptible a la hora de la muerte. Menciona al Greco, que sabía encontrar ese gesto único «que sólo ha de restituirnos la muerte». Comentando la pintura del Cardenal Tavera, hecha a través o sobre la máscara mortuoria calcada por Alonso Berruguete, aclara:

---

104 *Sonata de otoño*, 176.
105 *Ibíd.*, 176.
106 *Sonata de estío*, 87.

La máscara donde la muerte, con un gesto imborrable, había perpetuado el gesto único debió de ser como la revelación de una estética nueva para aquel bizantino que aun llevaba en su alma los terrores del milenario y las disputas alejandrinas. ¡Cuántas veces en el rictus de la muerte se desvela todo el secreto de una vida! Hay un gesto que es el mío, uno sólo, pero en la sucesión humilde de los días, en el vano volar de las horas, se ha diluido hasta borrarse como el perfil de una medalla. Llevo sobre mi rostro cien máscaras de ficción que se suceden bajo el imperio mezquino de una fatalidad sin trascendencia. Acaso mi verdadero gesto no se ha revelado todavía, acaso no pueda revelarse nunca bajo tantos velos acumulados día a día y tejidos por todas mis horas... pero yo sé que han de borrarse en su día, y que sólo una quedará inmóvil sobre mis facciones cuando llegue la muerte. En ese día de la tierra, cuando los ojos con las pestañas rígidas y los párpados de cera se hundan en un cerco de sombra violácea; cuando la frente parezca huir levantando las cejas; cuando la nariz se perfile con una transparencia angustiosa; cuando la mandíbula, relajada de sus ligamentos, ponga en los labios una risa que no tuvieron jamás, sobre la inmovilidad de la muerte recobrará su imperio el gesto único, el que acaso no ha visto nadie, y que, sin embargo, era el mío...[107]

Según Bataille, la muerte tiene un doble sentido. Por un lado, el horror nos aleja de ella, por otra parte, el elemento solemne nos fascina. El enterrar a los muertos significa, sin duda el deseo de preservarlos.[108] La muerte y la reproducción se oponen fundamentalmente, puesto que la muerte es en principio lo contrario de una función que tiene como fin el nacimiento. Pero para Valle y sus coetáneos, esa oposición habría de ser reductible. En lo que respecta a la muerte como putrefacción de la carne — su aspecto terrorífico más inmediato —, según los antropólogos, en tiempos primitivos se asociaba directamente la descomposición orgánica con el principio de la vida. En la carne fétida y tibia donde gusanean los gérmenes fermenta también el principio de la vida. Tal ver la herma eros-thanatos resumía para los modernistas la idea de que la corrupción de la muerte fundía el mundo de donde salimos y al que retornamos.

---

107 Valle Inclán, *La lámpara maravillosa*, *Obras Escogidas*, Madrid, 1967, 695-6.
108 Georges Bataille, *L'Erotisme*, 63.

III

Satanismo

El renacimiento místico de la Europa de fin de siglo refleja una reacción contra el materialismo científico, una necesidad del alma y un deseo de salvaguardar los valores espirituales. Contrariamente a la ausencia de ideal que caracterizó a la generación anterior, se observa ahora el esfuerzo por apegarse a valores supranaturales. La introducción a *Les Grands initiés* de Edouard Schuré subraya la generalidad de esta exigencia:

> Se encuentra esta aspiración en los remordimientos, en las dudas, en las negras melancolías y hasta en las blasfemias de nuestros novelistas naturalistas y de nuestros poetas decadentes. Jamás el alma ha sufrido un sentimiento más profundo de la insuficiencia, de la miseria, de la irrealidad de la vida presente; jamás ha aspirado más ardientemente que hoy al invisible más allá sin lograr creer en ello.[109]

Ricardo Gullón ha hecho notar la variedad de esta mística, indicando que una de las características del modernismo es esa mezcla de ingredientes de diversa procedencia y de santorales distintos. Los modernistas son:

> artistas enfrentados con una crisis espiritual de insólitas proporciones, buscaron en el pasado confortación y orientación, sin negarse a nada. Misticismo, cristianismo, orientalismo, iluminismo, teosofía, magia, hermetismo, ocultismo, kabalismo, alquimia... La nómina de las doctrinas puede alargarse fácilmente, pues la inquietud modernista buscó por todas partes caminos de perfección diferentes a los impuestos por las ortodoxias predominantes.

Así, de Rubén Darío a Juan Ramón, de Antonio Machado a Lugones, hay una búsqueda de una unidad fundamental. Resuelta en

---

109 Introducción a *Les Grands initiés*, Paris, 1889, 14. Esta obra fue traducida al español en 1918 por Julio Garrido Ramos para la Biblioteca Orientalista Maynadé de Barcelona. También se tradujeron de Schuré, *Historia del drama musical*, Madrid, 1911, y *Ricardo Wagner. Sus obras y sus ideas*, Madrid, 1912. Ambos para la editorial La España Moderna.

el soneto «El dorado platónico» de Herrera y Reising, planteada
en el atrio que Juan Ramón deseaba escribir e intitular *Unidad*.[110]

Algunos escritos de aquella misma época insisten en el aspecto
estético de la corriente mística, pues a menudo la búsqueda del infinito se detenía en las imágenes que parecían simbolizarlo. Un artículo citaba entre las influencias al Sâr Péladan,[111] Bouchor, Vogüé,
Desjardins, el neocristianismo, los simbolistas, los pintores primitivos.
Debemos agregar a Wagner, la literatura rusa, los diversos exotis-
mos, el Ibsen tardío, Maeterlinck, Tolstoi.[112]

La nueva perpectiva espiritual, aun cuando protestaba contra la
ciencia, se inspiraba en ella para algunas de sus manifestaciones.
Gozaron de gran popularidad en aquellos años el hipnotismo, el espiritismo, el magnetismo, temas rodeados de un halo científico. Flammarion, Madrus, Mme. Blavatsky, Eliphas Lévi, eran nombres comunes por entonces. Rafael Salillas en «El espíritu nuevo en España»,[113] comenta que se asiste a un nuevo misticismo que no sólo
difiere del pasado, sino que, en cierta forma, le es absolutamente
opuesto. Lejos de rechazar el apoyo de la ciencia, lo solicita para
penetrar en el dominio de las ciencias ocultas.

Y de allí, el camino a las ciencias malditas estaba trazado. Una
de las más interesantes direcciones de esta tendencia fue la moda
ocultista que tomó mucho de las declaraciones y revelaciones de
profetas del siglo xix, basadas en creencias gnósticas irracionales:

---

110   *Direcciones del modernismo*, 106.

111   Joséphin, Sâr Péladan fue el creador de la orden de la Rose Croix.
Se señaló pronto por su excentricidad en el vestido, y se llamó a sí mismo Sâr
porque pretendía descender de la dinastía de Mérodack Baladar, rey de Babilonia. Fue autor de varias obras importantes en esta época; *Le Vice suprème;
Ethopée de la décadence latine; Comment on devient mage, Comment on devient fée, Comment on devient artiste ou ariste*. Celebraba el idealismo estético
y elogiaba los vicios prohibidos. Patrocinó el salón de pintura rosacruciano que
fue durante esos años muy importante por su promoción del idealismo en la
plástica.

112   Véase Victor Charbonnel, *Les Mystiques dans la littérature présente*,
Paris, 1897; Camille Mauclair, «Le snobisme et le neomysticisme», *Nouvelle
Revue*, 1 julio, 1895. Max Nordau consagra un capítulo al misticismo en su
Degeneración. Asocia a ello el tolstoísmo, el culto de Wagner y Maeterlinck.
Este libro, intitulado *Entartung*, Berlin, 1892, fue traducido al español por Ni-
colás Salmerón y García, Madrid, 1902. Sobre este tema véase nuestro artículo
«La idea de la decadencia en la España de fin de siglo», *Hispanic Review*, 45, 4,
Autumn 1977, 397-412.

113   *La España Moderna*, agosto, 1895, 70-90.

la secta de Vintras, la boullanista, y de tales hechos como el Milagro de la Salette.[114]

Abundan las publicaciones especializadas en estos temas. Todas hablan de los nuevos magos: Guaïta, Peladan, Michelet, Papus, Schuré. Las revistas espiritistas se multiplican: *El Lotus azul*, *Sofía*, *La Iniciación*.[115] Pero además, otras publicaciones españolas dedican bastante espacio a estos temas. *La España Moderna* discute a Péladan y al marqués de Saint Yves d'Alveydre, hebraísta fantástico e historiador místico. Comenta los libros de Jules Bois y los trabajos sobre animismo de Boschet y Koch, el *Ritual Mágico* de Galand, el mazdeísmo, los vampiros, el valor profético del sueño, la reencarnación, el ocultismo, la magia, las ideas de Annie Besant. Se entusiasma con novelas mediumísticas como *Los espíritus* de Otero Acevedo, y agrupa ciertas obras de Galdós en el movimiento neomístico.[116]

La magia se tiñe de negro. ¿Por qué no construir un palacio de Satán en la Exposición Universal?, se pregunta *L'Illustration*.[117] Y Leo Taxil inventa su profetisa luciferina. A lo espiritual se une el placer del sacrilegio y se forma una estética prendada del sobrenatural sensual y satánico. Se extiende la magia, el satanismo y los cultos extraños de que habla Jules Bois en *Les petites religions de Paris*.[118] Además del satanismo literario, estaba el militante. Vintras,

---

114 Richard Griffiths, *The Reactionary Revolution 1870-1914*, Londres, 122-46.

115 *El Loto azul* apareció en Madrid en 1899. *Sophia*, «Revista ocultista y teosófica», era también de Madrid y fue publicada de 1893 a 1925. *La Iniciación* apareció en Valencia en 1902. Es también interesante *Alma*, «Revista quincenal de magnetismo y espiritismo». Órgano oficial del círculo magnetológico-espiritista», que duró de 1869 a 1870.

116 Fernando Araujo, «Revista de revistas», octubre, 1899, 179-90; «Revista de revistas», julio, 1900, 151-7; «El ocultismo y la magia», abril, 1901, 195-1; «El hombre y sus reencarnaciones», agosto, 1901, 214-17; «Revista de revistas», 1 septiembre, 1901, 243-4; «L'Année Sociologique», 1902, 148; E. Gómez de Baquero, «Crónica literaria», octubre, 1895, 176-183; «Crónica literaria», enero, 1896, 150; «Crónica literaria», enero, 1902, 174-87. Véase también, Viriato Díaz Pérez, «Supernaturalismo práctico», *Helios* XI, 1904, 253-5; «Teosofía y ocultismo», *ibíd.*, XIV, 1904, 69-74, y la reseña del libro *Le Spiritisme* de J. Grasset aparecida en *Nuestro Tiempo*, 2, 1904, 321-3, por César Juarros.

117 Emilien Carassus, *Le Snobisme et les lettres françaises*, Paris, 1966, 400.

118 Paris, 1894. También véase Alexandre Mercereau (Secretario de la sociedad internacional de investigaciones psíquicas), *La Littérature et les idées nouvelles*, Paris, 1912.

que postulaba el dogma de Sophia, la divinidad caída, contraria a la Virgen María, y cuyas ceremonias se basaban en ritos sexuales.[119] Boullan, que hablaba de la ascensión del alma por medio de «uniones de vida» sexuales. Las doctrinas de Léon Bloy nos vienen a la mente ante un artículo de *La España Moderna* que comenta el caso de una mujer poseída por el demonio. Esa joven, muy religiosa, se vio afectada por constricciones en el pecho, anestesias e hiperestesias cutáneas, neuralgias y alucinaciones. Hablaba con Dios, la Virgen y los santos y pasaba a tener apariciones del demonio que le producían las más espantosas convulsiones. Fue un famoso caso de exorcismo de aquellos años.[120]

Diablos y demonios fueron revividos por los modernistas que también explotaron la sexualidad latente de vampiros y súcubos y revivieron el decorado de la magia negra. La moda de la brujería triunfa en el fin de siglo. El gusto por los poderes mágicos y maléficos se extiende a todo, a creaciones florales, a animales tenebrosos. Se celebran el cisne y el murciélago, las joyas misteriosas, las plantas milagrosas, mepentos y lotos de oro, las gemas de apariencia equívoca donde cristaliza el poder oscuro y primitivo de fuerzas secretas.

El Diablo es uno de los hallazgos del siglo XIX. Pero el inmoralismo romántico se transforma a medida que avanza el siglo. La mirada se detiene en el mal con familiaridad y deleite. Se mezcla lo religioso y lo satánico en una sensualidad pseudorreligiosa. Se confunden el incienso y la mirra, casullas y dalmáticas asoman en escenas eróticas. Paradójicamente, persiste, en la sed de pecado, la nostalgia de una inalcanzable virtud. Rubén lo expresa en poemas como «Ite, missa est», y Jean Lorrain exclama: «la enfermedad del siglo y de su literatura es el espasmo amoroso y la castidad del monje».[121] La estética termina basándose en la oscilación entre dos elementos irreconciliables, el renunciamiento y la exaltación de la carne. Este rasgo aparece netamente desde las más tempranas obras de Valle Inclán. En «Augusta», el protagonista, Attilio Bonaparte,

119 Robert Amadou, Introducción a «Le Sacrifice provictimal de Marie», *Tour St Jacques*, mayo-junio, 1957, 68-87.

120 *La España Moderna*, 1902, 186-190. Véase R. Barbeau, *Un Prophète luciférien: Léon Bloy*, Paris, 1957.

121 Carassus, *Le Snobisme et les lettres françaises*, 397. Véase «Lentejuelas», de Adolfo Luna, *Vida Nueva*, 66, 10 septiembre, 1899; J. Menéndez Agustim, «Diabólicas», *La Vida Galante*, 347, 30 junio, 1905, y el poema de Manuel Paso «En el interim», *ibíd.*, 2, 13 noviembre, 1898, para algunos ejemplos de este gusto.

había compilado versos bajo el título de «Salmos paganos y Letanías galantes», que recuerdan las *Prosas profanas* de Rubén. En «La Condesa de Cela», la heroína había concedido sus favores a un seminarista. Sigue el ejemplo de su madre a quien apodaban «La Canóniga». La joven cede a «ese amor curioso y ávido que inspiran a ciertas mujeres las jóvenes cabezas tonsuradas».[122]

En la obra de nuestro escritor hay frecuentes alusiones a la incontinencia de los clérigos: «abates barbilindos que dejaban un rastro a almizcle».[123] Llama místico galante a San Juan de la Cruz, divino al Marqués de Sade, maligno y teológico al Aretino. Mas si éste es un sacrilegio puramente verbal,[124] ello va más lejos en narraciones como «Beatriz».[125] Una pobre niña poseída por el demonio en realidad ha sido corrompida por Fray Ángel (nombre significativo), el capellán de su casa, que, acosado por la lujuria y el remordimiento, es, a la vez, víctima de un conjuro diabólico. En *Flor de santidad* se conjuga la lujuria del peregrino con la religiosidad de Adega. Del hábito del peregrino penden reliquias y rosarios que la pastora venera por haber sido tocados en el Santo Sepulcro. El peregrino ciñe el cuello de la muchacha con un rosario, mientras intenta apartar sus brazos «aferrados en cruz sobre su pecho». No hay resistencia: la pobre Adega, inundada de fervor, se ofrenda «como una virgen mártir que se dispusiese a ser decapitada».[126]

Valle Inclán emplea constantemente un vocabulario religioso al hablar del amor físico. «Yo siempre había esperado la resurrección de nuestros amores. Era una esperanza indecisa y nostálgica que llenaba mi vida con un aroma de fe.»[127] La descripción de Concha se hace en los mismos términos: «La blancura eucarística de su tez». Ella parecía «una santa consumida por la penitencia y el ayuno», sus senos eran «dos rosas blancas aromando un altar», tenía «una divina palidez de enferma».[128] Cuando viste a Concha: «Yo la vestía con el cuidado religioso y amante que visten las señoras devotas

122 «La Condesa de Cela», *Corte de amor*, 42.
123 *Sonata de estío*, 62.
124 Véase Delfín Leocadio Garasa, «Seducción poética del sacrilegio en Valle Inclán», en *Ramón María del Valle Inclán 1866-1966. Estudios reunidos en conmemoración al centenario*, La Plata, 1967, 411-32.
125 *Jardín Umbrío, Obras Escogidas*, 546-558.
126 *Flor de santidad*, ibíd., 471.
127 *Sonata de estío*, 121.
128 *Sonata de otoño*, 135.

a las imágenes de que son camaristas.»[129] Concha se arropa con un hábito monacal blanco que despierta el deseo de Bradomín. Las manos de María Rosario son «diáfanas como la hostia».[130] La lleva a un lecho que «era como un altar de lino albo y de rizado encaje».[131] Bradomín acaricia a Concha con dedos «consagrados e impíos»,[132] y en el momento en que ella muere, ahoga con un beso sus rezos de agonizante.

La superposición de vocabulario le permite mofarse de lo tradicionalmente sagrado. Bradomín asegura a Concha que por sus pecados tendrá «todos los perdones... y la bendición papal».[133] En una reconciliación con la Niña Chole considera que «en achaques de amor todo se cifra en aquella máxima divina que nos manda olvidar las injurias».[134] Cuando peca con Isabel, asegura que todos los santos patriarcas, todos los santos padres, todos los santos monjes pudieron triunfar sobre el pecado mejor que él porque las mujeres hermosas que iban a tentarles no eran sus primas.

Otro aspecto del satanismo de Valle Inclán es el de encontrar un equívoco incentivo erótico en lugares sagrados.[135] Le encantan las naves oscurecidas, los altares cargados de imágenes, los acordes del órgano... Le seduce la languidez de las oraciones, la voluptuosidad de la liturgia, la sensualidad de las ceremonias y ritos católicos, el lujo de las casullas sacramentales... Esa escenografía suele servir de marco a acciones pecaminosas que confunden morbosamente misticismo y erotismo. Son los rincones oscuros y misteriosos de las catedrales donde «el alma tan fácilmente se envuelve en ondas de ternura, y languidece de amor místico. Eterna y sacrílega preparación para caer más tarde en brazos del hombre tentador y hacer del amor humano, y de la forma plástica del amante, culto gentílico y único sentido de la vida».[136] La Condesa de Cela revive escenas amorosas mientras reza en la catedral: «— ¿Rezando? — Sí, rezando me tentó el diablo.»[137] En la *Sonata de otoño*, dos mujeres que

129 *Ibíd.*, 129.
130 *Sonata de primavera*, 37.
131 *Ibíd.*
132 *Sonata de otoño*, 150.
133 *Ibíd.*, 152.
134 *Sonata de estío*, 82.
135 Véase César Barja, *Libros y autores contemporáneos*, Madrid, 1935, 377. También Amado Alonso, «Estructura de las Sonatas de Valle Inclán», en *Materia y forma en poesía*, Madrid, 1960, 209.
136 «La Condesa de Cela», *Corte de amor*, 297.
137 *Ibíd.*, 295.

pasan orando distraen a Bradomín que asocia a ellas un recuerdo blasfemo, Concha orando un día, y él interrumpiéndola para besarla.[138] En la sonata mexicana, la noche de amor transcurre en un convento donde Bradomín y la Niña Chole se hacen pasar por esposos. En la *Sonata de invierno*, al hallarse solo en una celda siente «una tristeza deparavada y sutil la que llenaba mi alma. Lujuria larvada de místico y poeta».[139] Los ojos apasionados de María Antonieta eran como «los ojos místicos que algunas veces se adivinan bajo las tocas monjiles, en el locutorio de los conventos».[140]

El diablo interviene a veces directamente. Encarna en varios personajes y es responsable de infamias lujuriosas. En «Mi hermana Antonia», el preceptor, Máximo Bretal, desesperado de amor, adquiere poderes y rasgos diabólicos mediante un pacto con el demonio. Otro personaje diabólico es Milón de la Arnoya, un forajido que tiene prisionera a una mujer.[141] Bradomín también, a menudo se identifica con Satanás. «Dentro de mí ríe el diablo que sabe convertir los dolores en placer.»[142] Confiesa que «Sobre mi alma ha pasado el aliento de Satanás encendiendo todos los pecados: Sobre mi alma ha pasado el suspiro del Arcángel, encendiendo todas las virtudes».[143] En la *Sonata de invierno*, la monja le hace la señal de la cruz y se aleja de él maldiciéndolo. En la de primavera, el marqués se confunde con el demonio. Polonio le hace los cuernos con la mano y la princesa huye al verlo haciendo la señal de la cruz. María Rosario cree que por sus labios habla el demonio que también precipita el terrible desenlace con la frase final «Fue Satanás».

Algunas veces el diablo aparece bajo la iconografía y las metamorfosis propias de las supersticiones populares. En la *Sonata de primavera* aparece una noche como «el cornudo monarca del abismo».[144] Atiza su lujuria, «encendió mi sangre con su aliento de llamas y despertó mi carne flaca, fustigándola con su rabo negro». La noche que Bradomín entra en la alcoba de María Rosario es auspiciada

---

138 Robert Marrast, «Religiosidad y satanismo, sadismo y masoquismo en la *Sonata de otoño*», *Cuadernos Hispanoamericanos. Homenaje a Ramón del Valle Inclán*, 199-200, julio-agosto, 1966, 482-92, cit., 483.
139 *Sonata de invierno*, 233.
140 *Ibíd.*, 202.
141 Ambos cuentos pertenecen a *Jardín Umbrío*.
142 *Sonata de otoño*, 176. Sobre este tema, Gerard Cox Flynn, «The Adversary Bradomin», *Hispanic Review*, XXIX, 1961, 120-33.
143 *Sonata de estío*, 98.
144 *Sonata de primavera*, 36.

por un satánico sapo, y Bradomín recuerda un libro donde «el diablo solía tomar ese aspecto para turbar la oración de un santo monje. Era natural que a mí me ocurriese lo mismo».[145] El demonio encarna también como gato, en cuentos como «Mi hermana Antonia», «Beatriz», «Octavia Santino». Toma la figura de una mujer como en «Un ejemplo», y aparece como tentación de un viejo ermitaño.

Con el satanismo se presentan la superstición, los poderes ocultos, la hechicería, la brujería, los agüeros, los sueños proféticos. Desde que el marqués va camino al pazo de Brandeso aparece la hechicería, y a lo largo de la novela los agüeros acompañan escenas eróticas; una araña, un gato, sueños. En la macabra culminación de la novela se orquestan los elementos de la superstición; los perros aúllan, la fuente ulula, una imagen de Cristo parece vivir.

En historias como «Mi hermana Antonia», la brujería es responsable de extrañas enfermedades eróticas. En «Un ejemplo», se aparece una endemoniada a un ermitaño. Es una vieja vestida de harapos, de senos velludos y colgantes que se deja caer en la hierba, junto al ermitaño que reza, y empieza a retorcerse lúbricamente y a plañir:

> El santo ermitaño no tardó en verse a su lado, y como sentía los bríos generosos de un mancebo, intentó sujetarla. Pero apenas sus manos tocaron aquella carne de pecado, le acudió una gran turbación. Miró a la endemoniada y la vio bajo la luz de la luna, bella como una princesa y vestida de sedas orientales, que las manos perversas desgarraban por descubrir las blancas flores de los senos. Amaro tuvo miedo. Volvía a sentir, con el fuego juvenil de la sangre, las tentaciones de la lujuria, y lloró recordando la paz del sendero, la santa fatiga de los que caminan por el mundo con el Señor Jesucristo. El alma entonces lloró acongojada, sintiendo que la carne se encendía. La mujer habíase desgarrado por completo la túnica y se le mostraba desnuda.[146]

Escenas similares aparecen en «Profanació» de Viura,[147] «Tentació», de Tintorer,[148] y muchas obras modernistas.

En *Flor de santidad* aparecen los íncubos, con todas sus implicaciones eróticas. Contra uno de ellos vocifera Adega: «¡Mirad allí el Demonio!... ¡Mirad cómo ríe! Queríase acostar conmigo y llegó a

145 *Ibíd.*, 36-7.
146 *Jardín Umbrío, Obras Escogidas*, 632.
147 *Joventut*, 31, 13 septiembre, 1900.
148 *Ibíd.*, 12 abril, 1900, 131-4.

oscuras. Nadie lo pudiera sentir. Sus manos velludas anduviéronme por el cuerpo y estrujaron mis pechos. Peleaba por poner en ellos la boca, como si fuera una criatura. ¡Oh! ¡Mirad donde asoma!...» La escena se alarga, Adega, con ojos extraviados y labios blancos, desnuda y descubierta, se retuerce en su lecho y grita contra el demonio: «¡Oh... Mirad donde asoma el enemigo!... ¡Mirad cómo ríe! Su boca negra quería beber en mis pechos... No son para ti, Demonio Cativo; son para el hijo de Dios Nuestro Señor. ¡Renegado seas Demonio! ¡Renegado!»[149]

El erotismo satánico y la traversión de ritos religiosos se ven también en el episodio de la misa de las endemoniadas de *Flor de santidad*. Las poseídas, con el cabello desmadejado y ojos desorbitados, pugnan por llegar al altar mientras los aldeanos más fornidos tratan de sujetarlas. Las endemoniadas jadean de lujuria, con los corpiños rasgados y mostrando la carne lívida de los hombros y los senos. Los gritos sacrílegos continúan durante la misa: «¡Santa Baya, tienes un can rabioso que te visita en la cama!» Terminada la misa, las poseídas se despojan de sus ropas y son llevadas al mar envueltas en lienzos blancos. Frente a las olas,

> El lienzo que las cubre cae, y su lívida desnudez surge como un gran pecado legendario, calenturiento y triste. La ola negra y bordeada de espumas se levanta para tragarlas, y sube por la playa, y se despeña sobre aquellas cabezas greñudas y aquellos hombros tiritantes. El pálido pecado de la carne se estremece, y las bocas sacrílegas escupen el agua salada del mar. La ola se retira dejando en seco las peñas, y allá en el confín vuelve a encresparse, cavernosa y rugiente. Son sus embates como las tentaciones de Satanás contra los Santos.[150]

Pero la actitud de Valle Inclán no es sólo la expresión de una estética sino también de una metafísica. Sabor de pecado y aroma de santidad. Esplendor erótico y remordimiento religioso, placer carnal cargado de angustia, goce sensual que se complace en un singular fervor de profanación y sacrilegio.

Volvamos al Bosco para resumir algunas observaciones. Parece ser el primero que, de manera sistemática, ponía juntos los objetos y los seres más desiguales para expresar la sistematización del desorden en un universo creado por el Malo. En sus cuadros, sus monstruos cacerolas, sus cuchillos con patas, sus huevos con pinzas y an-

149 *Flor de santidad*, 522-3.
150 *Ibíd.*, 524-5.

tenas, debían ser tomados completamente en serio, como una llamada de atención contra los sortilegios del demonio. Valle Inclán y su época despiertan una curiosidad malsana, desvelando todo lo que en el espíritu hay de reprimido e inconfesable. Como el Bosco, expresa un desorden sistemático del universo, poniendo lado a lado los contrarios más disímiles hasta dar una imagen de un mundo y de una religión tergiversados. C. Flynn considerar que *La lámpara maravillosa* es una versión demoníaca de los *Ejercicios espirituales* y que *Flor de santidad* es una parodia del culto de la hiperdulia que se debe a la Virgen.[151] *Flor de santidad,* nos dice Díaz Plaja, se mofa de los misterios de la Encarnación, de la Natividad, de la Concepción inmaculada e incluso remeda el Rosario.[152] Debemos además hacer notar que Adega recuerda y parodia hasta cierto punto algunos milagros que eran entonces populares: Fátima, Lourdes, La Salette, con protagonistas similares a la pastora gallega.

---

151   G. Cox Flynn, The 'Bagatela' of Ramón del Valle Inclán», *Hispanic Review,* XXXII, 1964, 135-41.
152   Guillermo Díaz Plaja, *Las estéticas de Valle Inclán,* Madrid, 1965, 129.

IV

Fetichismo

Richard von Krafft-Ebing en su *Psychopathia Sexualis*, publicada en 1886, abordó por primera vez el problema del fetichismo. Tanto él como su contemporáneo Binet, partieron de la teoría asociacionista, que relaciona el fetichismo con una experiencia patógena acaecida en la juventud. Freud también llegó a conclusiones similares en 1905 al estudiar los traumas infantiles. Nada sorprende que se hablase de fetichismo en el seno de una sociedad que veneraba el ultraadorno hasta forjar una mística sensual de objetos, joyas, vestidos o tejidos[153]

Los objetos fetiche se convierten en focos de una realidad emocional, concentrando en sí preocupaciones existenciales. Proyectan la feminidad y el feticihista los necesita como puntos de apoyo para plasmar sus fantasías sexuales. El fetichismo está íntimamente ligado con el simbolismo y éste a su vez con el psicoanalismo. En *Die Traumdeutung*, Freud insistió en el simbolismo sexual, y llamó la atención hacia el hecho de que la sexualidad normal contiene ya ciertos componentes fetichistas.

Es difícil separar estrictamente lo «enfermo» de lo «sano» en cuestiones sexuales. Incluso un hombre normal revela tendencias fetichistas, pero Bradomín tiene un gusto demasiado acentuado por la ropa femenina, como se ve en la descripción de los vestidos que escoge para Concha o que lleva la Niña Chole. Esa ropa se convierte en un estímulo erótico muy específico. Si observamos el vestuario que admira Bradomín, vemos que es muy especial y apropiado para despertar su imaginación erótica con pensamientos sacrílegos o exotistas. Así, por ejemplo, el ropón blanco y monacal que lleva Concha, el hipil o el rebocillo de la Niña Chole. En la *Sonata de otoño*, el marqués se deleita en vestir a Concha: «déjame ser tu azafata»,[154] le pide. En la sonata mexicana, su aventura amorosa se sazona con

---

153 Véase Medard Boss, *Sinn und Gehalt der sexuellen Perversionen*, Berna, 1952; Karen Horney, *La personalidad neurótica de nuestro tiempo*, Buenos Aires, 1956; Josef Rattner, *Psicología y psicopatología de la vida amorosa*, México, 1975, 125-59; W. Stekel, *Der Fetischismus*, Berlin, 1923.
154 *Sonata de otoño*, 128.

las fantasías que le inspira el vestuario de la heroína: «Quise primero que la Niña Chole se destrenzase el cabello, y vestido el blanco hipil me hablase en su vieja lengua como una princesa prisionera a un capitán conquistador.» [155]

Krafft-Ebing llamó la atención hacia un tipo muy especial de fetichismo estimulado no por objetos, sino por materiales como telas, pieles o cueros. No faltan obras que nos muestran tal fijación. En las novelas de Sacher-Masoch, bastante populares por aquellos años, se encuentran rasgos fetichistas acentuados que se centran, por ejemplo, en las pieles y en el cuero.

A Valle Inclán le atrae toda una serie de materiales de tacto suave y fino: la piel, la seda, el damasco, aparecen continuamente asociados al cuerpo femenino. El «hipil recamado con sedas de colores», el rebocillo de seda de la Niña Chole que lo espera en la hamaca «envuelta en sedas y encajes», la colcha de damasco que cubre el cuerpo de Rosarito, el encaje de los pañuelitos que sostienen hermosas mujeres...

Por su aroma, ciertos objetos se transforman también en fetiches. Años atrás, el doctor T. Bell había señalado el poder afrodisíaco de los olores como aquellos de «las axilas y las partes genitales (y huelen a almizcle en personas limpias de temperamento ardiente), son poderosos estímulos del amor sexual».[156] Baudelaire legó al fin de siglo el tesoro afrodisíaco de los olores corporales:

> *Comme d'autres esprits voguent sur la musique*
> *le mien, o mon amour! nage sur ton parfum.*[157]

También Valle Inclán habla de ello. Del cuerpo de la Niña Chole «bruñido por el ardiente sol de México se exhalaban lánguidos efluvios, y yo los aspiraba, los bebía hasta que me embriagaba con ellos».[158]

Todo tipo de aromas actúan sobre Valle Inclán como excitantes. Es tan pronto un pañuelo, «mundano y tibio, perfumado de incienso y estoraque, como los corporales de un cáliz».[159] Como el aroma de las rosas marchitas; «la brisa aromada y fecunda», que da estremecimientos a la campiña» «cual si al acercarse sintiese la hora de sus

---

155 *Sonata de estío,* 101.
156 *Kalogynomia, or the Laws of Female Beauty,* cit. por Ronald Pearsall, *The Worm in the Bud,* Londres, 1969, 344.
157 «La chevelure», *Les Fleurs du mal,* XXIII.
158 *Sonata de estío,* 65.
159 «Rosarito», *Jardín Umbrío,* 603.

nupcias, y exhalaba de su entrañas vírgenes un vaho caliente de negra enamorada, potente y deseosa»;[160] las rosas abrileñas con su perfume, «tornaban a engalanar el viejo tronco. El corazón, tanto tiempo muerto, sentía, con la ola de savia juvenil que lo inundaba nuevamente, la nostalgia de viejas sensaciones».[161] Otros más raros: «Un vago olor marino de algas y brea»,[162] se une a la evocación de una naturaleza lujuriosa y salvaje, «aun palpitante del calor de la tarde, semejaba dormir el sueño jadeante y profundo de una fiera fecundada».[163] Ls hierbas despiden una esencia «suave, deliciosa, divina. La esencia que la madurez del estío vierte en el cáliz de las flores y en los corazones».[164] La ventolina que huele a brea y algas llena el aire de «estremecimientos voluptuosos».[165] Desde luego, aquellos aromas donde se mezcla el incienso, actúan como poderosos afrodisíacos que proporcionan al acto erótico un matiz sacrílego.

Algunas veces hay fetichismo en las escenas donde Valle Inclán presenta a una mujer despojándose de la ropa:

> Feliz y caprichosa, me mordía las manos mandándome estar quieto. No quería que yo la tocase. Ella sola, lenta, muy lentamente, desabrochó los botones de su corpiño y destrenzó el cabello ante el espejo, donde se contempló sonriendo. Parecía olvidada de mí. Cuando se halló desnuda, tornó a sonreír y a contemplarse. Semejante a una princesa oriental, ungióse con esencias, tendióse en la hamaca y esperó.[166]

Debemos recordar que el acto de desnudarse era una de las operaciones claves de las sagas pornográficas del entonces. Desvestirse completamente durante el acto sexual parecía ser uno de los rasgos más atrevidos. Después de describir los más extravagantes excitantes sexuales, el escritor pornógrafo se deleitaba en el desnudo completo. En las relaciones extramatrimoniales, era significativo que la prostituta o la amante llevase ropa interior fina. Era una costumbre importada de Francia, donde muchas cortesanas hacían su aprendizaje.[167]

160 *Sonata de estío*, 66.
161 *Ibíd.*, 66-7.
162 *Ibíd.*, 67.
163 *Ibíd.*
164 *Ibíd.*
165 *Ibíd.*, 70.
166 *Ibíd.*, 116.
167 *The Secret Life of Linda Brent*, Londres, 1892, 245 (anónimo).

Uno de los caprichos fetichistas del marqués de Bradomín es la cabellera: «¿Te acuerdas cuando quería que me disciplinaras con la madeja de tu pelo?», le pregunta a Concha, y le pide que lo cubra con ella. Ella, amorosa y complaciente, «echó sobre mí el velo oloroso de la cabellera. Yo respiré con la faz sumergida como en una fuente santa... El corazón de Concha latía con violencia, y sus manos trémulas desabrocharon su túnica y mis labios besaron su carne».[168]

La cabellera es uno de los tópicos fetichistas más de moda en el fin de siglo. Su carga erótica ya había sido revelada por Baudelaire:

> *Ô toison moutonant jusque sur l'encolure!*
> *Ô boucles, ô parfum chargé de nonchaloir!*[169]

Fue cantada por Rubén Darío también:

> Los desatados cabellos
> la divina espalda aroman
> Bajo la camisa asoman
> dos cisnes de negros cuellos.[170]

En la obra de Valle Inclán aparece varias veces y en momentos eróticos importantes. En «Rosarito» tiene un papel fundamental en el necrofílico desenlace del cuento. La rubia cabellera se extiende por la almohada, «trágica, magdalénica».

Valle Inclán tiene otros fetiches, y uno de ellos, el calzado y el pie femeninos, era frecuente en la época. Hay constantes alusiones en las sonatas: escoge «unas medias de seda negra, le puse las ligas, también de seda, dos lazos blancos con broches de oro».[171] En la

---

168 *Sonata de otoño*, 133.
169 «La chevelure», *Les Fleurs du mal*, XXIII.
170 Rubén Darío, «Copla esparça», *Prosas profanas*, OC, V, 845. Este fetiche es abundantísimo en escritos de la época, véase Felix Lemendoux, «El peinado de última hora», *La Vida Galante*, 288, 1902. Con ilustraciones de Matilde Franco. E. Zamacois, «El ideal», *ibíd.*, 9, 1 enero, 1899, 99-101. Jeroni Zanné, «El sultà fidel», *Joventut*, 286, 3 agosto, 1905, 494; Pedro Barrantes en su poesía, «Allá», *La Vida Galante*, 232, 1902, expresa por medio de una descripción de desfloramiento de una virgen, y Zamacois, en *Sobre el abismo*, Barcelona, 1905, 54, describe «el aroma perverso de aquellas cabelleras que tantas veces se despeinaron sobre las almohadas de las mancebías». Posiblemente este fetiche viene de la influencia prerrafaelita. Tanto en las pinturas como en la poesía de Morris y Rossetti se exalta la cabellera larga y abundante.
171 *Sonata de otoño*, 129.

Sonata de estío: «Mirábame con los ojos entornados, y hundía los dedos entre mis cabellos, arremolinándomelos. Luego reía locamente y me alargaba un espolín de oro para que se lo calzase en aquel pie de reina, que no pude menos que besar».[172] En otra parte de la misma sonata se detiene en el mismo tema:

> Ya obedecía, cuando yo arranqué de sus manos el espolín de plata e hinqué la rodilla ante la Niña Chole, que, sonriendo me mostró su lindo pie prisionero en chapín de seda. Con las manos trémulas le calcé el espolín. Mi noble amigo Barbey D'Aurevilly hubiera dicho de aquel pie que era hecho para pisar un zócalo de Pharos. Yo no dije nada, pero lo besé con tan apasionado rendimiento, que la Niña Chole exclamó risueña «Señor, deténgase en los umbrales».[173]

La cita a Barbey D'Aurevilly, famoso fetichista del pie femenino, corrobora esta fijación. Hay también un pasaje en la *Sonata de otoño* similar a uno de las *Diaboliques* del autor francés, cuando Concha acude al lecho de Bradomín por la noche, con los pies helados, y él calienta esos «pies blancos, infantiles, casi frágiles, donde las venas azules trazaban ideales caminos a los besos».[174] Este fetichismo aparece nuevamente, combinado con algo de masoquismo en el siguiente párrafo: «No hay duda, es ella. Pero ¿cómo no la he adivinado? ¿Qué hacías tú, corazón, que no anunciabas su presencia? ¡Oh, con cuánto gusto me hubiera entonces puesto bajo sus lindos pies para castigo!»[175]

Es innegable que en lo que respecta a esta fijación, Valle Inclán está dentro de la tradición más ortodoxa que remonta probablemente a Restif de la Bretonne. Pero el porqué de tal obsesión en la época que estudiamos se explica mejor si consideramos que después de 1851 la falda del vestido subió tres pulgadas del suelo. No era mucho, sin duda, pero sí lo bastante para dar a los hombres una nueva visión del pie y del tobillo. Hacia esa época, también cambió la moda del zapato. Hacia 1862 se introducen los zapatos de colores; se diferencia más la forma del zapato izquierdo y del derecho; y se agregan adornos: lazos, rosetas o hebillas de metal. En el último cuarto de siglo empezó la moda del tacón alto. Hacia 1880 se hacen

---

172 *Sonata de estío,* 102.
173 *Ibíd.,* 79.
174 *Sonata de otoño,* 128.
175 *Sonata de estío,* 73. Otro ejemplo de este fetichismo en Eugenio Selles, «La cantarilla de barro», *La Vida Galante,* 23, 18 junio, 1899, 455-7.

más altos los botines femeninos y en 1890, las botas, superexcitantes eróticos, llegaron a contar hasta con dieciséis botones.[176] El pie se convirtió así en una nueva zona erógena, y además particularmente útil, puesto que se podía escribir sobre ella sin molestias de la censura.

---

176   Charles H. Gibbs-Smith, *The Fashionable Lady in the 19th Century,* Londres, 1960; R. Turner Wilcox, *The Mode in Costume,* Nueva York, 1944, 281-354; Margot Hill, *The Evolution of Fashion,* Nueva York, 1968, 178-206.

V

Algolagnia

En su excelente libro *The Romantic Agony*, Mario Praz considera que el descubrimiento del horror como fuente de belleza y de placer cambió el concepto de la belleza, forjando la sensibilidad del siglo xix. Fueron los románticos quienes descubrieron la unión del dolor y del placer. Novalis, en sus *Phychologische Fragmente*, se asombra de que no se haya percibido la íntima relación entre deseo y crueldad.[177] Los románticos legaron al fin de siglo la simbiosis entre crueldad y deseo; entre placer y dolor.

La época que estudiamos acogió esta estética y se entregó a los mil y un refinamientos voluptuosos de la perversidad. Incontables obras de aquellos años revelan un eros de rostro cruel, y la pertinencia perversa de un placer obtenido por la degradación y el sufrimiento. Luis de Zulueta escribe:

> Amor y dolor
> nacieron un día en mi corazón
> hermanos gemelos
> nacieron los dos ...[178]

Basta leer las obras de Zamacois para darnos cuenta de hasta qué punto el sadomasoquismo se mezcló en aquella erótica. En «Sobre el abismo», «Aguafuerte», y otros muchos cuentos más, se llega a escenas naturalistas verdaderamente paroxistas. En *La enferma*, una escena de flagelación:

> Ella misma se puso boca abajo con la cara sobre la almohada esperando impaciente. Toda aquella flagelación envolvía una voluptuosidad extraña. Sandoval, sin otros ambages sofaldó a la joven y cogiendo una chinela levantó el brazo sobre aquellas carnes turgentes que parecían vibrar de placer bajo la fina tela de la camisa. Consuelo, inmóvil, suspirando dulcemente, esperando el castigo, deleitándose con él; al fin recibió el primer golpe y su cuerpo tembló más de sensualidad que de dolor; luego recibió otro, y seguidamente cinco o seis más, muy fuertes ... Des-

---

177 Mario Praz, *The Romantic Agony*, 27-8.
178 «Amor y dolor», *Pèl & Ploma*, 85, febrero, 1902, 240.

pués Sandoval, condolido, acarició la parte azotada. Consuelito Mendoza le abrazó diciendo:

— Esposo mío, piedad para mí, no me pegues más, basta por Dios ...

Tenía los ojos colorados, y las lágrimas corrían abundantes por sus mejillas. Pero Alfonso, comprendiendo la refinada voluptuosidad de aquel capricho quiso extremarlo y deshaciéndose de la joven continuó macerando sañudamente aquellas carnes blancas y duras; ella sollozaba, retorciéndose en un espasmo, después, juzgándola bastante castigada, se acostó a su lado para consolarla. Consuelo se dejaba acariciar besándole y riendo al mismo tiempo, complaciéndose en rendirse a su propio verdugo; y cuando estuvo completamente tranquila acabó por confesarle y aun le juró por su padre muerto, que desde aquel momento le quería más y que los azotes mejores fueron los últimos.[179]

Muchos otros explotaron estos temas. Baroja, en *La mala hierba* menciona asesinatos sexuales. Una acuarela de Nogués, publicada en *Joventut,* tiene una escena de flagelación.[180] El fin de siglo apreció la originalidad del Marqués de Sade. Interpretó bien que esa obra se basa en la destrucción de todo contenido ético y en la transformación de todo en maldad para conformarse a las leyes naturales. Considera el mal como elemento positivo y activo y la virtud como barrera que debe ser derribada.

Pero escuchemos a los médicos: François Picard considera que la agresividad en el animal no se debe a ningún finalismo, sino que es debida al instinto de soledad.[181] Kretchmer, en su *Manuel théorique et pratique de psychologie médicale*[182] insiste en que los instintos de crueldad están en estrecha relación genética con la excitación sexual; para Josef Rattner,[183] la tendencia sádica expresa la actividad sexual en sus tendencias psíquicas más ocultas y cerebrales. Fueron, en efecto, los psicólogos y médicos del fin de siglo

---

179   *La enferma,* Barcelona, 1896, 37-8. Véase también de Zamacois, «Marineros» en *Sobre el abismo,* 1905, y «Aguafuerte», en *Desde el arroyo,* Madrid, 1903, 157-65.
180   1900, 128.
181   Cit. F. Eubonne, *Eros noir,* 11.
182   Paris, 1927.
183   *Psicología y psicopatología de la vida amorosa,* 76-99. También véase J. Chandos, *To Deprave and to Corrupt,* Nueva York, 1962; Albert Fowler, «Sensibility Since Sade», *Southwest Review,* XLV, 1960, 240-50. En 1906 se tradujo al español *Amor y dolor* de Havelock Ellis para la editorial Viuda de Rodríguez Serra en Madrid.

quienes descubrieron e investigaron por primera vez la perversidad en el placer. Precisamente entonces se hizo la lista y clasificación de perversiones y desviaciones. Krafft-Ebing, Havelock Ellis, Freud, llevaron a cabo elaboradas investigaciones de la etiología y los motivos conscientes o inconscientes, del comportamiento denominado perverso. Krafft-Ebing publicó en 1886 su *Psychopathologia Sexualis* y eligió el nombre de sadismo en memoria del marqués. También inventó el nombre de masoquismo, recordando a Sacher Masoch. Al sadismo lo definió como la emoción sexual asociada con el deseo de causar dolor y usar violencia. Al masoquismo como el deseo de ser tratado con dureza y de ser humillado. Estos dos tipos de tendencias afectivas perversas están tan íntimamente emparentados entre sí, que han justificado la expresión «sadomasoquismo». Otro término, «algolagnia», inventado por Havelock Ellis, lo designa mejor. Ellis hizo ver que la conexión entre el placer sexual y el dolor es una sola manifestación sin línea divisoria precisa entre las actitudes pasiva y activa.

En las obras del Marqués de Sade se comete estupro, se azota, se tortura, se atormenta, se insulta, se humilla sistemáticamente. En el fondo, hay un rasgo fundamental común a la multiplicidad de perversiones: el desprecio o desvalorización de la pareja amorosa. El sádico impone una relación sexual en la que es dueño y señor del otro. Su pareja tine que ser objeto de sus caprichos y deseos, tiene que convertirse en esclavo y súbdito. Cuanto más inerte y sin voluntad se muestre el «objeto», tanto más triunfante se siente el sádico, que quisiera realizar en el amor su idea fija de la «semejanza con Dios». Para este fin utiliza todos los medios posibles: manipulaciones, seducciones, violaciones... Se trata de consumir placer sin entregarse.

Las obras de Valle Inclán abundan en escenas y personajes que enfocan la soledad del sádico. Tula Varona, del cuento del mismo nombre, es una criolla que juega, bebe y fuma, y es una gran espadachina. Ella y su pretendiente entablan un simulacro de duelo con floretes abotonados. Él le da un botonazo en el pecho y aprovechando el momento en que ella se vuelve, rodea con el brazo su talle y la besa furtivamente. Tula «experimentaba un placer cruel al rechazarle tras haberle tentado ... placíale despertar deseo que no compartía. Pérfida y desenamorada, hería con el áspid del deseo, como hiere el indio sanguinario para probar las puntas de sus flechas».[184]

184 «Tula Varona», *Femeninas*, 76. Véase el artículo de Manuel Durán, «Del Marqués de Sade a Valle Inclán», *Asomante*, 2, 1954, 40-7.

Este pequeño sadismo que consiste en aguijonar el deseo sin satisfacerlo para dominar a la pareja, aparece varias veces en la obra de Valle Inclán. En «Augusta» a veces es Augusta y a veces es Attilio quienes de esta manera logran un dominio absoluto de la situación y gozan indiferentes de la entrega del amante. Ante los avances eróticos de Augusta, Attilio duda un momento: «Aquella pregunta, rica de voluptusidades, perfumada de locura ardiente deparábale ocasión donde mostrarse cruel y desdeñoso ... Placer amargo más grato que todas las dulzuras del amor».[185]

El sádico no está en el mismo plano que su compañero sexual. Quiere disfrutar de los encantos del afán de dominio y permanecer separado y aislado. El sadismo es una expresión de soledad interior y también del deseo de ella. Tula Varona, con la cabeza alta, erguida, con los ojos brillantes, azota con el florete el rostro a su amante, sintiendo «esa alegría depravada de las mujeres malas, cuando cierran la puerta al querido que se muere de amor y celos».[186] Sola,

> Sus ojos brillaban, sus labios sonreían, hasta sus dientecillos blancos y menudos parecían burlarse alineados en el rojo y perfumado nido de su boca y sentía en su sangre el cosquilleo nervioso de una risa alegre y sin fin que, sin asomar a los labios deshacíase en la garganta y se extendía en el terciopelo de su carne como un largo beso. Todo en aquella mujer cantaba el diabólico poder de su hermosura triunfante.[187]

La descripción física de Tula corrobora la impresión de crueldad. El brillo de sus ojos, el filo de sus dientes y el rojo de su boca que evoca la sangre. La caracterización termina con una risa cruel similar a la de aquella marquesa Eulalia de Rubén Darío que reía y reía mientras destrozaba una simbólica flor.

La Condesa de Cela, otro personaje de Valle Inclán, también posee rasgos similares. Mujer de múltiples aventuras amorosas. gusta de conservar la amistad de sus antiguos amantes, para degustar el singular calor de extrañas afecciones, cuyo origen vedado le deleita. Al romper con su amante, «no se vio libre de ese sentimiento femenino, que trueca la caricia en arañazo; esa crueldad, de que aun las mujeres más piadosas suelen dar muestras en los rompimien-

185   «Augusta», *Corte de amor*, 283.
186   «Tula Varona», *Femeninas*, 76.
187   *Ibíd.*, 77.

tos amorosos».[188] Hería a su amante con cada palabra de sus labios «llenos de dulzura para el placer, hojas de rosa al besar la carne, y amargos como la hiel, duros y fríos como los de una estatua, para aquel triste corazón».[189] La mezcla de placer y dolor le produce «promesas de nuevos y desconocidos transportes pasionales; de un convulso languidecer, epiléptico como el del león y suave como el de la tórtola».[190]

Triunfa, sin embargo su compañero, más sádico que ella, que le revela la vida amorosa de su madre:

> La condesa, medio enloquecida, se arrojó del lecho; pero él no sintió compasión ni aun viéndola en medio de la estancia; los rubios cabellos destrenzados, lívidas las mejillas que humedecía el llanto; recogiendo con expresión de suprema angustia la camisa sobre los senos desnudos. Aquiles sentía esa cólera brutal, que en algunos hombres se despierta ante las desnudeces femeninas. Con clarividencia satánica, veía cuál era la parte más dolorosa de la infeliz mujer, y allí, hería sin piedad con sañudo sarcasmo (... La halló todavía desnuda, gimiendo monótonamente, con la cara entre las manos.[191]

Posiblemente es en las sonatas donde Valle Inclán se deleita más morosamente con el sadismo. En la *Sonata de estío,* surgen visiones de animales crueles y feroces desgarrando a sus víctimas, asesinatos a cuchillo y una naturaleza tropical que es espejo del mal. Allí, la Niña Chole tortura a los hombres. Por su belleza sangrienta un negro es devorado por los tiburones. La reacción del marqués es singular:

> Yo debía estar más pálido que la muerte, pero como ella fijaba en mí sus hermosos ojos y sonreía, vencióme el encanto de los sentidos y mis labios, aún trémulos, pagaron aquella sonrisa de reina antigua con la sonrisa del esclavo que aprueba cuanto hace su señor. La crueldad de la criolla me horrorizaba y me atraía. Nunca como entonces me pareciera tentadora y bella. Del mar oscuro y misterioso subían murmullos y aromas. La blanca luna les prestaba no sé qué rara voluptuosidad. La trágica muerte de aquel coloso negro, el mudo espanto que se pintaba aun en todos los rostros, un violín que lloraba en la cámara, todo en aque-

---

188 «La Condesa de Cela», *Corte de amor,* 299.
189 *Ibíd.,* 301.
190 *Ibíd.,* 305.
191 *Ibíd.,* 307.

lla noche, bajo aquella luna, era para mí objeto de voluptuosidad depravada y sutil.[192]

El sadismo de Valle Inclán es también patente en las numerosas víctimas inocentes de sus historias.[193] En muchos casos son doncellas, indefensas ante la lujuria, blanco de actos despiadadamente crueles. Beatriz, en el cuento del mismo nombre, es víctima de un confesor. Está poseída por el demonio, y contra él luchan el canónigo y la saludadora. El exorcismo es cruel: «A mí me daba espanto oírla gritar, verla retorcerse como una salamandra en el fuego.» La niña, «con los ojos extraviados y con el cabello destrenzándose sobre los hombros, se retorcía. Su rubia y magdalénica cabeza golpeaba contra el entarimado y de la frente yerta y angustiada manaba un hilo de sangre».[194] La vida de Beatriz ha quedado arruinada, «Por el terror y la fuerza han abusado de ella»,[195] éste es el porqué del odio a las cosas santas que la doncella sentía. Adega, en *Flor de santidad,* es también trágica víctima de la lujuria del peregrino.

En el cuento «Rosarito» tiene lugar un sádico crimen sexual. Rosarito, una dulce niña, pasa sus días en un pazo gallego bordando, orando y leyendo relatos religiosos. Don Juan Manuel de Montenegro, verdadera encarnación del demonio, será el victimario. Un grito rasga el silencio de la noche y se descubre el cadáver de la joven, aún con lágrimas en el rostro y con un hilo de sangre que corre por el blanco corpiño. El rasgo más sádico puntualiza el bárbaro crimen. El alfilerón de oro que momentos antes sujetaba la rubia cabellera, está clavado en su pecho.

La insistencia de Valle Inclán en esta temática lo aproxima al Marqués de Sade. Como él, pinta personajes que se complacen en seducir y violar vírgenes. El deseo de Bradomín, como el de Sade, se estimula con la virginidad, y ello da un sentido más cerebral a su sadismo, el placer de ver que sus acciones destruyen esa última barrera. A Bradomín lo excita la pureza de María Rosario. La imagina con una paloma — alegórica de la castidad — posada sobre el hombro, la compara con madonas de cuadros primitivos que

---

192   *Sonata de estío,* 75.
193   Véase Ildefonso Manuel Gil, «Las víctimas inocentes en Valle Inclán», *Cuadernos Hispanoamericanos. Homenaje a Ramón del Valle Inclán,* julio-agosto, 1966, 303-15.
194   «Beatriz», *Jardín Umbrío,* 555.
195   *Ibíd.,* 554.

exhalan «no sé qué aroma de flor y de doncella».[196] Es como una de «aquellas santas, hijas de príncipes y reyes, doncellas de soberana hermosura, que con sus manos delicadas curaban a los leprosos. El alma de aquella niña encendíase con el mismo anhelo de santidad».[197] La castidad actúa como provocación para el marqués:

> Yo quise varias veces acercarme a María Rosario. Todo fue inútil. Ella adivinaba mis intenciones, y alejábase cautelosa, sin ruido, con la vista baja y las manos cruzadas sobre el escapulario del hábito monjil que conservaba puesto. Viéndola a tal extremo temerosa, yo sentía halagado mi orgullo donjuanesco, y algunas veces, sólo para turbarla, cruzaba de un lado a otro.[198]

Ante su pureza, Bradomín confiesa que siente una emoción voluptuosa «como si cayese sobre mi corazón rocío de lágrimas purísimas». Pero le advierte: «Vos me pertenecéis, hasta la celda del convento os seguirá mi culto mundano.»[199] Actitud similar a la de Sade, quien consideraba que las barreras que se deben romper y las virtudes que se deben pisotear se convierten en episodios voluptuosos. A Justine le advertía «Tu dulce virtud nos es esencial, pues no es más que de la mezcla de esa cualidad encantadora y de los vicios que nosotros le opondremos de donde debe nacer la más sensual voluptuosidad».[200]

Habiendo señalado algunos pasajes sadistas, hablemos ahora del masoquismo en la obra de Valle Inclán. Antes, sin embargo, es interesante citar la opinión de los médicos acerca de este fenómeno.[201] Según ellos, el masoquismo es una respuesta a la angustia vital, que entraña la elección de un estilo de vida «pasivo» y «dependiente» como medio para evitar angustias e inseguridades. La necesidad de apoyo del masoquista deriva de su falta de aprecio a sí mismo y de un sentimiento de carencia de valores propios. El masoquista no cree en sí mismo, es un ser que ha renunciado a autorrealizarse, quisiera apoyarse en otro más fuerte, para enfrentarse con su ayuda a los peligros de la vida que sobreestima desmesuradamente. Asume cualquier forma de tiranía por lo mismo que ha abandonado toda esperanza de vivir en pie de igualdad con otro. El masoquista tam-

196 *Sonata de primavera*, 27.
197 *Ibíd.*, 25.
198 *Ibíd.*, 35.
199 *Ibíd.*, 56.
200 Cit. Pierre Klossowsky, *Sade mon prochain*, Paris, 1964, 145.
201 Josef Rattner, *Psicología y psicopatología de la vida amorosa*, 76-100.

bién se proyecta en su torturador, participa de la apoteosis de poder descargada sobre él, revela asimismo una cierta codicia de superioridad en el hecho de que ordena a su torturador que lo muerda, le pegue, lo azote.

Hay una relación masoquista entre Víctor y Paca, protagonistas de *La cara de Dios*. Víctor reconoce que Paca le parecía otra desde que le pertenecía por dinero. Hasta entonces había sido una querida apasionada y romántica, ahora se transformaba en una mera prostituta. En cambio, el amor de Víctor había crecido «no ya como un intenso dolor del alma sino como un ulcerante dolor físico». Víctor no amaba, sufría, comprendía su situación con lucidez, comprendía que Paca estaba cansada de él, pero aunque él mismo ya no la amaba como antes, en cambio la deseaba más y más, «como un sediento a quien ninguna agua apaga la sed». Estaba «en una palabra, poseído de ella como del demonio».[202] La vida de vicio de Paca es en gran parte lo que le atrae. La compara con su novia Soledad: «La una tomó a sus ojos las proporciones simbólicamente monstruosas del vicio, mientras que la otra adquiría la áurea glorificación de la virtud.»[203] En el fondo del masoquismo de Víctor hay un fracaso de autorrealización. Es también expresión de desesperanza y de renuncia al orgullo y al sentimiento de la propia dignidad. Vemos pronto cómo pasa de la sensación de carencia de valor al sentimiento de culpabilidad y angustia, que a su vez frena toda energía vital. Víctor se vuelve cada vez más culpable, desamparado e inactivo.

Se puede encontrar sadismo y masoquismo en la misma persona. Lo común a ambas actitudes es la adoración de la fuerza que engloba al verdugo y a la víctima. Augusta, en el cuento que lleva su nombre, tiene pequeños detalles de sadismo, pero a la vez, «muestra ese instinto de las hembras que quieren ser brutalizadas cada vez que son poseídas. Era una bacante que adoraba el placer con la epopeya primitiva de la violación y de la fuerza».[204] La Niña Chole, se deleita ante la muerte del negro devorado por los tiburones, pero en otra escena, «era como aquellas princesas que sentían amor al ser ultrajadas y vencidas».[205] En una riña, Bradomín cierra «los ojos y esperé sus lágrimas, sus quejas, sus denuestos,

---

202 *La cara de Dios*, 344.
203 *Ibíd.*, 345.
204 *Sonata de estío*, 72.
205 *Ibíd.*, 76.

pero la noche guardó silencio, y continuó acariciando mis cabellos como una esclava sumisa».[206] Cuando el padre de la Niña Chole le cruza el rostro con el látigo, ella sólo exclama con adoración: «¡Mi rey! ... ¡Mi rey querido!»[207]

Hay masoquismo y sadismo en el cerebral Bradomín que saborea la voluptuosidad de la ciencia «profunda y sádica de un decadente».[208] Confiesa que ama los labios crueles de la Niña Chole, «aquellas palabras tenían el encanto apasionado y perverso que tienen esas bocas rampantes de voluptuosidad que cuando besan, muerden».[209] La escena de la reconciliación con la Niña Chole nos muestra esos sentimientos por demás ambiguos:

> ¡Nunca nos hemos querido así! ¡Nunca! La gran llama de la pasión, envolviéndonos toda temblorosa en su lengua dorada, nos hacía invulnerables al cansancio, y nos daba la noble resistencia que los dioses tienen para el placer. Al contacto de la carne florecían los besos en un mayo de amores. ¡Rosas de Alejandría, yo las deshojaba sobre sus labios! ¡Nardos de Judea, yo los deshojaba sobre sus senos! Y la noche se estremecía en delicioso éxtasis, y sus manos adquirían la divina torpeza de las manos de una virgen. Pobre Niña Chole, después de haber pecado tanto, aún no sabía que el supremo deleite sólo se encuentra tras los abandonos crueles, en las reconciliaciones cobardes. A mí me estaba reservada la gloria de enseñárselo. Yo, que en el fondo de aquellos ojos creía ver siempre el enigma oscuro de su traición, no podía ignorar cuánto cuesta acercarse a los altares de la Venus turbulenta. Desde entonces compadezco a los desgraciados que, engañados por una mujer, se consumen sin volver a besarla. Para ellos será eternamente un misterio la exaltación gloriosa de la carne.[210]

En la necrofilia de Valle Inclán se conjugan sadismo y masoquismo. Concha consiente con agrado a los juegos perversos del marqués, pero al mismo tiempo goza con aguijonear sus celos. Al hablar de Florisel su mirada equívoca provoca en Bradomín el escalofrío de «comprender todas las perversidades».[211] Él la besa y ella muerde sus labios con su boca marchita. A la vez, Concha presenta rasgos masoquistas muy marcados. Goza en evocar los sufri-

206 *Ibíd.*, 107.
207 *Ibíd.*, 108.
208 *Ibíd.*, 116.
209 *Ibíd.*, 117.
210 *Ibíd.*
211 *Ibíd.*, 140.

mientos que su amante le ha causado, se somete a él gustosa, y confiesa que nunca, como ahora, enferma y a punto de morir, se había sentido tan feliz. Ese sufrimiento es para ella un sentimiento casi místico. Y esta palabra es, en efecto, apropiada para hablar de masoquismo. Según Deleuze, el masoquismo busca sus valores históricos y culturales en las pruebas de iniciación místico-idealistas.[212] En una escena de *La Femme divorcée* de Sacher Masoch, Julio, al ver a su amada desnuda siente después del primer deseo sensual, un sentimiento religioso.

A menudo Concha se apiada de sí misma, rasgo típico del masoquista. Queda hundida en el sufrimiento y la humillación, pero inconscientemente disfruta por estar soportándolo y obtiene con ello una aureola de santidad y paciencia, que, en cierta forma, la exime de su culpa. Está en la línea del sufrimiento vicario, doctrina popular por aquellos años, que subrayaba la estrecha relación entre pecador y santo. Acompaña así a muchos otros personajes de obras de la época, como los de los dramas de Claudel. Con este sentido se exaltó a La Salette sobre Lourdes porque aquélla era la inmaculada concepción, pero estigmatizada, sangrante, desolada.[213] Por entonces Emilio Carrere escribía:

> Jesús, vierte tus óleos sobre el torvo dolor
> de mi cuerpo, poseso del pecado mortal;
> la paloma de Psiquis da un vuelo hacia tu amor,
> sobre la podredumbre de la carne sensual.[214]

212   Giles Deleuze, *Présentation de Sacher-Masoch*, Paris, 1967, 21. En 1907 C. Bernaldo de Quirós tradujo *La Venus en pieles* de L. Sacher-Masoch. Se publicó ese año en Madrid precedida de un «Estudio Preliminar acerca de Sacher-Masoch y el masoquismo» por Bernaldo de Quiros. El mismo autor publicó «Sacher-Masoch y el masoquismo» en *Archivos de Psiquiatría y Criminología*, noviembre-diciembre, 1907. *Nuestro tiempo* reproduce parcialmente este trabajo en 110, febrero, 1908, 248-50.

213   La doctrina del sufrimiento vicario vino como violenta reacción contra los descreídos y contra quienes practicaban la religión con tibieza. Se exaltaban las formas más extremas del catolicismo, la humildad y el sufrimiento y rebajamiento físico. Entre los más notables ejemplos de adhesión a la doctrina están Huysmans y Adolphe Retté. El misterio de la Salette fue en gran parte responsable de estas ideas. Mélaine misma había revelado su intención de hacer de la montaña de la Salette un nuevo calvario de expiación, penitencia y devoción para el mundo entero. Ver R. Griffiths, *The Reactionary Revolution*, 149-222; Albert Béguin, *Léon Bloy; mystique de la douleur*, Paris, 1948; William Bush, *Souffrance et expiation dans la pensée de Bernanos*, Paris, 1962; J. Calvet, *Le Renouveau catholique dans la littérature contemporaine*, Paris, 1927.

214   *Nocturnos de otoño*, Madrid, s.f., 121.

Indudablemente, como indica Manuel Durán, el modernismo de Valle Inclán permite la plena incorporación de la boga sadomasoquista dentro de un marco estético.[215] Para el Bradomín de las sonatas, «el horror es bello»,[216] ama «la púrpura gloriosa de la sangre y el saqueo de los pueblos, y a los viejos soldados crueles, y a los que violan doncellas y a los que incendian mieses...».[217] Se jacta, «Yo he preferido siempre ser el Marqués de Bradomín a ser ese divino Marqués de Sade».[218] Pero hay además de ello un intento de llegar al límite físico del ser humano. Pudiera ser el *«Aller au fond de l'inconnu pour trouver du nouveau»*. Recordemos a propósito las palabras de Sade. Según él, sólo sacrificando todo por el placer, ese desafortunado ser, llamado hombre, perdido en este mundo triste, puede recoger algunas rosas entre las espinas de la vida.

Valle Inclán nos muestra la extraña pareja formada por el placer y el dolor. Nos da una filosofía y una estética, ya que no una psicología ni una fisiología de esa interdependencia. Es una nueva escala de valores, que, en palabras de Octavio Paz, lleva «más allá de la sensualidad».[219] El placer bordea la zona del dolor y cambia nuevamente de signo. Se recupera la totalidad de los cuerpos que enlazan y desgarran, unen y cortan, acarician y hieren.

---

215 Manuel Durán, «Del Marqués de Sade a Bradomín», 41.
216 *Sonata de invierno,* 228.
217 *Ibíd.*
218 *Sonata de otoño,* 143.
219 «El más allá erótico», *Los signos en rotación y otros ensayos,* 192.

VI

Los frutos verdes

Entre las reminiscencias librescas que se encuentran en Bradomín están la de Don Juan y la de Casanova. El héroe de las sonatas es un hombre sensual y ardiente. Sus amores, aunque apasionados, son, por encima de todo, aventuras sexuales mediante las cuales
afirma su personalidad.[220] En la *Sonata de invierno*, Bradomín y
María Antonieta hacen un recuento de sus infidelidades, y el duelo
amoroso subsiguiente termina en un triunfo para Bradomín: «María
Antonieta fue exigente como una dogaresa, pero yo fui sabio como
un viejo cardenal que hubiera aprendido las artes del amor en el
confesionario y en una corte del Renacimiento.»[221]

El marqués alude allí al Aretino, de quien hereda su pericia en
materias eróticas. También menciona a Ovidio: «Su voz era queda,
salmodiada y dulce, voz de sacerdotisa y de princesa. Yo, después
de haberla contemplado intensamente, me incliné: Viejas artes de
enamorar aprendidas en el viejo Ovidio.»[222] Y en la sonata mexicana:

> Yo la tenía en mis brazos, y las palabras más bellas y mu-
> sicales las besaba sin comprenderlas, sobre sus labios. Después
> fue nuestro numen Pedro Aretino, y como oraciones, pude reci-
> tar en italiano siete sonetos, gloria del Renacimiento. Uno dis-
> tinto para cada sacrificio. El último lo repetí dos veces: Era aquel
> divino soneto que evoca la figura de un centauro, sin cuerpo
> de corcel y con dos cabezas. Después nos dormimos.[223]

El Aretino asoma en la *Sonata de otoño:* «Sobre sus labios perfumados por los rezos, mis labios cantaron los primeros triunfos del

220 Sobre este tema, A. Zamora Vicente, *Las sonatas de Valle Inclán*, 25-
31; G. Díaz Plaja, *Las estéticas de Valle Inclán*, 175-89; Raquel Sajón de
Cuello, «Para una interpretación del tema del donjuanismo en Don Ramón José
María del Valle Inclán», *Estudios reunidos en conmemoración del centenario
1866-1966*, 394-413. Fernando de Toro-Garland, «La última derrota de Bradomín», *Cuadernos Hispanoamericanos, Homenaje a Ramón del Valle Inclán*, 537-
44; G. Cox Flynn, «Casanova and Bradomín», *Hispanic Review*, XXX, 1962,
133-41.
221 *Sonata de invierno*, 203-4.
222 *Sonata de estío*, 77.
223 *Ibíd.*, 101-2.

amor y su gloriosa exaltación. Yo tuve que enseñarle toda la lira: Verso por verso, los treinta y dos sonetos de Pietro Aretino. Aquel capullo blanco de niña desposada apenas sabía murmurar el primero.»[224] También aparece en la sonata invernal: «Un lecho antiguo de lustroso nogal, tálamo clásico donde los hidalgos matrimonios navarros dormían hasta llegar a viejos, castos, sencillos, cristianos, ignorantes de aquella ciencia voluptuosa que divertía al ingenio maligno y un poco teológico de mi maestro el Aretino.»[225]

Otro personae de Valle Inclán, Miguel de Montenegro, sirve a Díaz Plaja para establecer un contraste con Bradomín. Encuentra en este otro personaje mayor parecido con el Burlador que el de Bradomín. Pero el marqués tiene también ciertos rasgos de Don Juan. Ambos tienen un pobre concepto de las mujeres: «Siempre he creído que la bondad de las mujeres es todavía más efímera que su hermosura.»[226] Como Don Juan, es fanfarrón, y se complace en narrar sus aventuras. Pero el rasgo que más acerca a Bradomín de Don Juan es su afición por las jóvenes vírgenes. Muchas de las obras de nuestro escritor se centran en la victoria sobre la virginidad: así la *Sonata de primavera*, la de invierno, *Flor de santidad* e incontables cuentos.

La pureza y la inocencia se cotizaban alto en la época que estudiamos. Se veía a las niñas como ángeles purísimos. Kate Greenaway, popular en España, pintaba acuarelas de chicas angelicales que aparecían con frecuencia en publicaciones modernistas españolas.[227] La niña virgen se convirtió en una de las figuras más tópicas del fin de siglo. Ese culto, muy idealizado, se puede ver en la obra de Proust o en la de Juan Ramón Jiménez, o en la propia vida de Ruskin. En su forma más aceptable tenemos el espectáculo de la niña esposa. En su extremo más opuesto, el de la niña violada y asesinada como es el caso de la Rosarito del cuento de Valle Inclán.

El porqué de esta fijación es vario. De hecho, el fin de siglo, que convirtió la leyenda de Don Juan[228] en un problema clínico, aducía como razones la inhabilidad de lograr una relación adulta

---

224 *Sonata de otoño*, 143.
225 *Sonata de invierno*, 203.
226 *Sonata de primavera*, 11.
227 Nace en 1846 y muere en 1901. Fue discípula de la escuela de bellas Artes de South Kensington. Ilustraba cuentos y novelas de Mme. d'Aulnoy. En España era bastante popular. Por ejemplo, el poema de Verdaguer, «Mort de l'escolà», aparece al lado de la necrología de esta grabadora escrita por Utrillo, *Pèl & Ploma*, 1901, 185.
228 En 1886 Hayem inventó la palabra donjuanismo. Más tarde Freud

o la nostalgia de la infancia. Lo que sí es cierto, es que en aquella época la veneración de la inmadurez se disfrazó de respetabilidad, prefiriéndose ignorar lo morboso que escondía esta adoración por las «Lolitas». La niña debía mostrar su próxima transfiguración en mujer, como se ve en las figuras de Hermoso Martínez, elogiadas porque están en «esa edad encantadora en que, a través de la alegría juguetona de la niña, principia a apuntar la picardía de la mujer. Aquellas ocho caras que sonreían, unas con ingenuidad, otras con incipiente coquetería, otras aun con bastante dosis de inocencia».[229] *Hojas Selectas* presenta en su sección de fotografía artística, una adolescente recostada en una pose similar a la de Mme. Recamier.[230] Dentro del mismo tono de aparente respetabilidad están «Pintura», cuento de César Nieto con ilustraciones de Carlos Vásquez,[231] y *La Virgencita* de Alejandro Larrubieta.[232] *Joventut* presenta la prosa «Esflorament», de Xavier Viura,[233] con sugestivo título. «Infantina», del mismo autor glosa la inocencia y la belleza de una niña convertida en flor que todos pueden besar.[234] *Blanco y Negro* publicó un poema de Salvador Rueda, acompañado de un provocador dibujo de Blanco Coris:

> Todo está por formarse en tu figura
> como ahora están los brotes replegados;
> son tus labios dos pétalos cerrados
> donde no entró del sol la llama pura.
> Del sagrario que encierra en su clausura
> tu manantial de afectos delicados,
> no hinchó el amor los cálices sagrados
> llenándolos de juego y de ternura.
> Tus trece abriles, virgen inocente,
> aún no ciñen el arco de tu frente
> las rosas del rubor de las doncellas.
> Las flores del almendro son tus flores
> y arrojan en tus sienes resplandores
> como un círculo espléndido de estrellas.[235]

analiza este tipo sospechando que es una fijación maternal impuesta al subconsciente como ideal inalcanzable de feminidad.

229 E. H. del V. y J. G. B., «La exposición en Madrid y el Salón de París», *Hojas Selectas*, 1905, 771-81.
230 *Ibíd.*, 1905, 444.
231 *Ibíd.*, 1905, 320-23.
232 Prologada por Jacinto Octavio Picón, Barcelona, 1899.
233 *Joventut*, 308, 4 enero, 1906.
234 *Ibíd.*, 113, 10 abril, 1906.
235 *Blanco y Negro*, 478, 1 julio, 1900.

Vida Galante, en «Capullos de mujer», confiesa más abiertamente que las niñas son «promesas engalanadas con el seductor atavío de una ilusión». En sus cuerpos de columbina pureza «empiezan a bocetearse los lujuriantes contornos».[236]

No falta este tipo de descripciones en la obra de Valle Inclán. Ya hemos mencionado varias veces la terminología empleada en la descripción de María Rosario, de la *Sonata de primavera.* Acompañan a esta heroína otras jovencitas similares. Adega, de *Flor de santidad:* «aquella zagala parecía la zagala de las leyendas piadosas: tenía la frente dorada como la miel y la sonrisa cándida. Las cejas eran rubias y delicadas, y los ojos, donde temblaba una violeta azul, místicos y ardientes como preces».[237] Beatriz, de rubia cabellera y blanco seno incipiente, marcado por la huella negra de los labios de Lucifer.[238] Rosarito, una niña «pensativa y blanca» parecida a las madonas primitivas que ante la mirada del viejo libertino Don Miguel de Montenegro:

> «Sentíase presa de confusión extraña, pronta a llorar, no sabía si de ansiedad o de pena, si de ternura; conmovida hasta lo más hondo de su ser por conmoción oscura, hasta entonces ni gustaba ni presentida. El fuego del rubor quemábale las mejillas, el corazón quería saltársele del pecho, un nudo de divina angustia oprimía su garganta, escalofríos misteriosos recorrían su carne. Temblorosa, con el temblor que la proximidad del hombre infunde a las vírgenes.»[239]

Inclusive cuando la heroína de alguna novela es un poco mayor, Valle Inclán subraya su inocencia en cuestiones amorosas: Concha, aunque casada, había permitido a Bradomín ser «maestro en todo. Aquella niña casada con un viejo, tenía la cándida torpeza de las

236 *La Vida Galante,* 2, 13 noviembre, 1898. Véase también, Juan del Keiro, «La gardenia», *ibíd.,* 246, 1903; Manuel Rodríguez, «Virginidad», *ibíd.,* 236, 1903, con ilustraciones de V. Tur; el poema de F. Díaz y lonso, «Flores de almendro», *ibíd.,* 326, 1905; Pere Prat Jaballi, «Lluyta ideal», *Joventut,* 126, 10 julio, 1902, y el dibujo del *Almanaque de Blanco y Negro,* 1897, de Méndez Bringa. Algunas novelas que se vendían sin nombre de autor y a 50 céntimos glosaban estos temas: *Fruta verde; La noche de mi boda; Aficiones peligrosas.* Eran editadas por La Vida Galante. También se vendían cuadros con estos temas a 15 céntimos como *El ramo de azahar.*

237 *Flor de santidad,* 464.

238 «Beatriz», *Jardín Umbrío,* 555.

239 *Rosarito, ibíd.,* 614.

vírgenes. Hay tálamos fríos como los sepulcros, y maridos que duermen como las estatuas yacentes de granito».[240]

Debemos mencionar la variación de este prototipo que nació con la popularidad que adquirieron las novelas de Claudine. Se trataba de la colegiala de cabellos cortos que anunciaba el tipo de belleza del nuevo siglo: esbelta, de formas frágiles, ágil y graciosa. En París, la actriz que representó a Claudine en la obra teatral fue Emilie Marie Bouchard. Tenía trece años de edad y se la conoció como Polaire. Ella «polarizaba» una alta tensión sensual hacia lo equívoco. A partir de 1900, en seguimiento de Claudine, proliferó una literatura muy condicionada que giraba en torno a colegialas huérfanas y pensionistas púberes.

La clase media aceptaba complacida esa farsa. La virginidad quedaba como valor supremo, y si una niña no era todo lo angelical que debía, le esperaba la tumba, como a la «Florecita» de Juan Ramón Jiménez, o a la Rosarito de Valle Inclán. Y siendo la virginidad tan altamente apreciada, había, en la vida real, ingeniosas restauraciones para cuando se perdía: plantas astringentes, vidrio roto, sanguijuelas o esponjas empapadas en sangre. Porque en la vida real los hechos eran más crueles; los prostíbulos explotaban esta afición muy lucrativamente. Corría entonces por Europa la leyenda de que la impotencia y las enfermedades venéreas se curaban desflorando a una virgen. Para los muchos clientes con tales aficiones eróticas, los burdeles debían reclutar muy pronto a sus pupilas. En España, la edad de consentimiento era de catorce años,[241] pero como la clase trabajadora mandaba muchas veces a sus hijas a la calle en vez de dejarlas morir de hambre, había que buscarlas aún más jóvenes. El tráfico de vírgenes se había extendido en aquellos años. El centro de la prostitución de jóvenes era Bruselas, como lo describió J. Butler, y en algunas casas de allí se encerraba a pequeñas niñas traídas de diversos países que contaban entre once y quince años. La *Pall Mall Gazette* imprimió como panfleto *The Maiden Tribute of Modern Babylon*,[242] aludiendo al minotauro y a su cuota de vírgenes sacrificadas. *La España Moderna* daba noticias también sobre la trata de menores.[243]

240 *Sonata de otoño*, 143.
241 E. Zamacois, *Memorias de una cortesana*, Barcelona, 1903.
242 Londres, 1898.
243 A. Martínez Olmedilla, «La trata de blancas», *La España Moderna,* 1904, 76-110.

VII

La mujer fatal

Hemos visto dos arquetipos femeninos que existen también en la obra de Valle Inclán. Por una parte, tenemos personajes de inmaculada pureza y gracia prerrafaelita como María Rosario. Por otra, hay personificaciones de la mujer fatal, como la Niña Chole, que sirve de punto de partida para perversiones y anomalías eróticas.

Oscilaba la moda entre ambos ideales. Vestidos de satin y muselina Liberty en colores brillantes para heroínas satánicas, o túnicas flotantes de tintes pastel para las prerrafaelitas. Los grandes modistos impusieron en aquella época una influencia tiránica. Algunos, como Lesca, pretendían armonizar la silueta con el pensamiento y se inspiraban en Baudelaire o en Moreau. Así, las mujeres de aquella época se disfrazaban de heroínas suntuosas, misteriosas, fatales y complejas.

Del Boticellismo, que podemos ver en la Odette de Proust o en las heroínas de nuestro escritor, se pasaba al otro extremo: Herodías, Cleopatra, Salomé. Ambos tipos se sobreponían a veces: «No era Cleopatra, era un personaje alegórico y místicamente ideal de las pinturas italianas, un primitivo envuelto en mantos, con la cabellera trenzada con joyas y flores. La Primavera del fresco de Florencia, una Herodías de Luini.» [244] En palabras de Zamacois:

> Era un cuerpo soberbio, lleno de casta hermosura, en la cual la morbidez provocativa de la carne estaba discretamente velada por el cendal blanquísimo ... Era una cabeza diabólica, en que resplandecían los atractivos de la belleza que arrastraba al abismo; con su frente pequeñita de gozadora; sus ojos grandes, entornados, bajo cuyas pestañas brillaban las pupilas con el fuego de una pasión voraz, inextinguible, su nariz corta, dilatada por una aspiración de deseo no saciado ... labios carnosos, entreabiertos, formulando un deseo eterno, encendida esa sensualidad que puso el pincel de Botticelli en las bocas de sus mujeres.[245]

244 Jean Lorrain, *Femmes de 1900*, Paris, 1895, 90.
245 «El ideal», *La Vida Galante*, 9, 1 enero, 1899, 99-101.

Resplandecen en la alta costura los escarlata brillantes y los derroches de pedrería. Las túnicas de Fortuny, tan admiradas en los primeros años del siglo, se inspiran en la Venecia del Renacimiento,[246] recordada por Valle Inclán al atribuir a la Niña Chole el porte de una dogaresa. Se evocan las princesas despiadadamente perversas, Salomé, Helena, Yanthis, Yeldis, Melisanda, Cleopatra, Salambó, Broncelianda, Armida. Jean Lorrain considera que «Nunca como ahora las mujeres han tenido tan acusado aspecto de largas flores en sus tallos, o de maravillosas serpientes erguidas».[247]

Esta figura aparece desde los primeros cuentos de Valle Inclán. Tula Varona es la *allumeuse,* seguidora de Rosalba la púdica de D'Aurevilly, de la Princesse d'est de Péladan o de la Hérodias de Mallarmé. Casta, se desnuda a solas para contemplar su purísima belleza triunfante, después de desdeñar cruelmente a su amante.[248]

La Niña Chole es aún más característica. Tiene rasgos bastante precisos. Uno de ellos es el exotismo que la relaciona con las criaturas de Flaubert y Gautier. Ello le permite afirmar el mundo de los sentidos, transfiriendo la realización del deseo a un país lejano y extraño. En la *Sonata de estío,* la Niña Chole aparece rodeada por un marco exótico y legendario:

> En aquellas ruinas de palacios, de pirámides, y de templos gigantes donde crecen polvorientos sicomoros y anidan verdes reptiles, he visto por primera vez una singular mujer a quien sus criados indios, casi estoy por decir sus siervos, llaman dulcemente la Niña Chole. Me pareció la Salambó de aquellos palacios. Venía de camino hacia San Juan de Tuxtlán y descansaba a la sombra de una pirámide, entre el cortejo de sus servidores. Era una belleza bronceada, exótica, con esa gracia extraña y ondulante de las razas nómadas, una figura hierática y serpentina, cuya contemplación evocaba el recuerdo de aquellas princesas hijas del sol, que en los poemas indios resplandecen con el doble encanto sacerdotal y voluptuoso. Vestía como las criollas yucatecas, albo hipil recamado de sedas de colores, vestidura indígena semejante a una tunicela antigua, y zagalejo andaluz, que en aquellas tierras ayer españolas llaman todavía con el castizo y jacaresco nombre de fustán. El negro cabello caíale suelto, el hipil jugaba sobre el clásico seno. Por desgracia yo solamente

---

246   Se conoce el gusto de la Albertine de Proust por esas túnicas, *A la recherche du temps perdu,* Paris, 1959, III, 395.
247   Jean Lorrain, *Femmes de 1900,* 102.
248   «Tula Varona», *Femeninas,* 78.

podía verle el rostro aquellas raras veces que hacia mí lo tornaba, y la Niña Chole tenía esas bellas actitudes de ídolo, esa quietud extática y sagrada de la raza maya, raza tan antigua, tan noble y misteriosa, que parece haber emigrado del fondo de la asiria. Pero a cambio del rostro, desquitábame en aquello que no alcanzaba a velar el rebocillo, admirando cómo se mecía la tornátil morbidez de los hombros y el contorno del cuello. ¡Válgame Dios! Me parecía que de aquel cuerpo bruñido por el ardiente sol de México, se exhalaban lánguidos efluvios, y que yo los aspiraba, los bebía, que me embriagaba en ellos ... Un criado indio trae del diestro el palafrén de aquella Salambó, que le habla en su vieja lengua y cabalga sonriendo. Entonces al verla de frente, el corazón me dio un vuelco. Tenía la misma sonrisa de Lili. Aquella Lili, no sé si amada, si aborrecida.[249]

Este párrafo merece que nos detengamos un momento a analizarlo. Es de notarse, desde un principio, los elementos exóticos que forman el telón de fondo para este personaje: ruinas de palacios, pirámides, templos gigantes. Todo ello apunta a los restos de una civilización antigua y gloriosa. Precisamente a la sombra de una pirámide que puede a la vez evocar América o alguna civilización oriental, descansa la Niña Chole atendida, como una reina, por un cortejo de servidores. Desde las primeras frases Valle Inclán subraya el dominio que esa mujer ejerce; tiene criados que son casi siervos, irán sin pestañear a la muerte si ella lo ordena, como se ve más adelante en el episodio de los tiburones. También, desde un principio es identificada con la Salambó de Flaubert, y queda inmóvil, fija, como figura «hierática y serpentina», similar a las de Moreau. Su encanto «sacerdotal» alude nuevamente a Salambó, y se termina por equivaler el escenario maya con la cultura asiria. Muchas frases imparten a la Niña Chole el prestigio de una antigüedad legendaria; la referencia a arcaísmos, al vestuario antiguo y a la misma vetustez de la lengua y de la raza. Así se transforma la mujer en un ídolo eterno, con eterna belleza y eterna y enigmática sonrisa, la de Lili, nombre evocador de Lilith; el genio femenino del mal.

Este personaje surge siempre en un contexto exótico-erótico:

> Por mi memoria desfilan las tierras de Veracruz, los bosques de Campeche, las arenas de Yucatán, los palacios de Palenque, las palmeras de Tuxtla y Laguna ... Y siempre, siempre unido al recuerdo de aquel hermoso país lejano, el recuerdo de la Niña

---

Chole, tal como la vi por vez primera entre el cortejo de sus servidores, descansando a la sombra de una pirámide, suelto el cabello y vestido el blanco hipil de las antiguas sacerdotisas mayas.[250]

En esta impresión el personaje está integrado a sonoros y extraños nombres, a magníficas ciudades, a una naturaleza exhuberante. La Niña Chole destrenza su cabello, lugar común del fetichismo erótico de la época. Otra vez: «Quise primero que la Niña Chole se destrenzase el cabello, y vestido el blanco hipil me hablase en su vieja lengua, como una princesa prisionera a un capitán conquistador.»[251]

Ensamblar lo exótico y lo erótico era corriente en el modernismo. Rubén Darío puebla su poesía de mujeres extranjeras en quienes busca lo raro, lo singular, lo voluptuoso, como vemos en «Divagación»

Los amores exóticos acaso ...
Como rosas de Oriente me fascinan
me deleitan la seda, el oro, el raso
Gautier adoraba a las princesas chinas.
. . .

Ámame en chino, en el sonoro chino
de Litai Pe. Yo igualaré a los sabios
poetas que interpretan el destino;
madrigalizaré junto a tus labios
. . .

Ámame, japonesa, japonesa
antigua, que no sepa de naciones
occidentales; tal una princesa
con las pupilas llenas de visiones,
. . .

Con amor hindú que alza sus llamas
en la visión suprema de los mitos
y hace temblar en misteriosas bramas
la iniciación de los sagrados ritos.
. . .

O negra, negra como la que canta
en su Jerusalén al rey hermoso;
negra que haga brotar bajo su planta
la rosa y la cicuta del reposo ...[252]

250 *Ibíd.,* 99-100.
251 *Ibíd.,* 101.
252 *Prosas Profanas, OC,* V, 768-73.

Insiste Valle en que la Niña Chole es como Salambó, es una
princesa maya, tiene voz de sacerdotisa, es una reina antigua, tiene
«la gracia inquietante de una egipcia, de una turania». Esas descripciones la eternizan, impartiéndole algo «misterioso, de quimé-
rico y lejano, algo que hace recordar las antiguas y nobles razas, que
en remotas edades fundaron grandes imperios en los países del sol».[253]
Le recuerda lecturas medio históricas medio novelescas «donde figuran mujeres como la Niña Chole, ardientes y morenas, símbolo de
la pasión».[254] Esa mitificación abunda en la literatura modernista.
Ilustra el mito de la mujer que domina al hombre con su poder
erótico. Salinas discierne bien que Darío no captura diversas mujeres en sus poemas exotistas, pero cree que es una falla lo que en
realidad es un acierto del nicaragüense, el buscar, no la representación de una mujer real, sino la de la esencia de lo femenino.[255]

El mito de lo eterno femenino se unía irremisiblemente a la maldad. El fin de siglo se sometió a la fascinación de grandes cortesanas, crueles reinas o famosas pecadoras.[256] Flaubert sigue a Gautier
en su culto por Cleopatra, que también inspira a Manuel Machado.
Está la Clara de *Le Jardin des suplices* de Mirbeau, que muestra
a su amante el terrible espectáculo de una prisión china antes de
entregarse a él en un burdel. En esa novela como en *Forse che si,*
y como en la primera escena de la *Sonata de estío,* el hombre siente
horror y atracción por la mujer. Una figura similar a la Niña Chole,
se convierte en un ídolo sediento de sangre en los *Poems and Ballads*
de Swinburne o en obras como «Reina» de Enrique Bayona.[257] Más
fuertemente matizada de pecado la pinta Valle Inclán en su poema
«Rosa de Túrbulos», de *El pasajero,* inspirado indudablemente en
los mismos motivos que la sonata mexicana:

> Rojos claveles prende en la rolla,
> rojos corales al cuerpo enrolla,
> rojo pecado sus labios son.

253 *Sonata de estío,* 70.
254 *Ibíd.,* 71.
255 Pedro Salinas, *La poesía de Rubén Darío,* Buenos Aires, 1957, 132-3.
Véase también Alberto J. Carlos, «Divagación. La geografía erótica de Rubén
Darío», *Revista Iberoamericana. Homenaje a Rubén Darío,* julio-diciembre, 1967,
293-313.
256 Véase Ernesto Mejía Sánchez, «Hércules y Onfalia, motivo modernista», *El modernismo,* ed. L. Litvak, Madrid, 1975, 185-202. También el capítulo «La belle Damme sans merci», en Mario Praz, *The Romantic Agony,*
y E. Zamacois, *Tik-Nay,* 147.
257 *La Vida Galante,* 15, 13 febrero, 1899.

Y sus caderas, el anagrama
de la serpiente. Con roja llama
pintó su boca la tentación.[258]

Esta figura está inspirada en los prerrafaelitas, especialmente en Morris y Rossetti, el segundo de los cuales coloca, al lado de su Beatriz, criaturas como Sister Helen. Rossetti admiraba la concepción medieval del martirio por amor, ilustrada en algunos de sus sonetos como «Willowwood», muy cercano a la algolagnia finisecular.

Todas estas influencias confluyen en la *Sonata de estío*, y a ellas se une la evocación del Renacimiento, manchado de crímenes y sensualidad que Valle Inclán menciona, el nihilismo de Sade y la implacable doctrina del antiguo testamento. Recordemos que la Niña Chole «estaba maldita como Mirra y Salomé».[259]

Originalmente Walter Pater apuntó el mito de la mujer fatal con una eterna sonrisa de Monalisa.[260] Este gesto se popularizó y aparecen incontables Giocondas en la literatura de Arsène Houssaye,[261] en *Le Vice suprème* de Péladan,[262] «La sonrisa de la Gioconda» de Benavente,[263] la *Gioconda* de D'Annunzio,[264] «Nieves», de Pérez de Ayala,[265] y en poemas de Rubén Darío. Valle Inclán la evoca al hablar de la Niña Chole, y al describir a Nelly, en «Augusta»: «Nelly permaneció silenciosa. Sus ojos verdes, de un misterio doloroso y trágico, se fijaban con extravío en el rostro de Augusta, ... La sonrisa de la Gioconda agonizaba dolorida sobre los castos labios de la niña.» El cinismo sano y pagano de Augusta, la madre, se convierte en promesa de sensualidad equívoca en la hija: «Sus mejillas, antes tan pálidas, tenían ahora esmaltes de rosa. Se alegraba el misterio de sus ojos, y su sonrisa de Gioconda adquiría expresión tan sensual y tentadora que parecía reflejo de aquella otra sonrisa que jugaba en la boca de Augusta.»[266]

---

258 *Obras Escogidas*, 1261.
259 *Sonata de estío*, 89.
260 W. Gaunt, *The Aesthetic Adventure*, Londres, 1945, 54.
261 Los libros de Houssaye eran traducidos al castellano y editados por la colección Regente.
262 Paris, 1884.
263 *El Cuento Semanal*, Madrid, 1907.
264 Milán, 1898. Véase el comentario a esta obra por Celeste Galcerán «La Gioconda de D'Annunzio», *Joventut*, 38, noviembre, 1900, 595-601. Fue traducida al castellano por F. Villaespesa, Madrid, 1906.
265 *Alma Española*, V, 1903, 140.
266 «Augusta», *Corte de amor*, 289.

D'Annunzio tiene la primacía en el tema de la mujer fatal que engloba en ella toda la experiencia sensual del mundo. Así la encontramos en «Invernal», de Darío,[267] y en varias poesías de Manuel Machado. También cuando Valle Inclán describe a Augusta:

> Como el calor de un vino añejo, así corría por su sangre aquel amor de matrona lozana y ardiente, amor voluptuoso y robusto como los flancos de una Venus, amor pagano, limpio de rebeldías castas, impoluto de los escrúpulos cristianos que entristecen la sensualidad sin domeñarla. Amaba con la pasión olímpica y potente de las diosas desnudas, de blanca realeza, que cumplía la ley divina del sexo. Soberana y triunfante como los leones y las panteras en los bosques de Tierra caliente ... Como una princesa del Renacimiento se le ofreció desnuda. Deseaba entregarse y se entregó.[268]

Con Oscar Wilde el mito sufre una transformación. En *The Sphinx*[269] se convierte en criatura híbrida: mitad mujer, mitad animal. A ella se une toda la secuela de esfinges, harpías, sibilas, de aquella literatura intoxicada de prerrafaelismo y simbolismo rosacruciano. La vemos en obras de Pahissa, Claudi Mas i Fouret y Sawa,[270] así como en las acuarelas de Antonio Fabrés.[271] Valle Inclán asocia a ellas a la Niña Chole: «Bajo sus pestañas parecía mecerse y dormitar la visión maravillosa del tiempo antiguo con las serpientes dóciles al mandato de las sibilas.» Se refiere a «la gracia serpentina y el mirar sibilino y las caderas ondulosas, la sonrisa inquietante, los pies de niña, los hombros desnudos»,[272] de la Niña Chole. En su poema «Cortesana de Alejandría», la radicaliza hacia lo monstruoso:

> ¡Sierpe! ¡Rosa! ¡Fuego! Tal es tu armonía:
> gracia de tres formas es tu gracia inquieta;
> tu esencia de monstruo en la alegoría.[273]

---

267   *Azul, OC*, V, 735-9.

268   «Augusta», *Corte de amor*, 282.

269   Londres, 1894. Decoraciones de Carlos Ricketts en la encuadernación de lujo.

270   Véase Claudi Mas i Fouret, «Somni de una nit de tardor», *Joventut*, 196, 12 noviembre, 1903, 742-4; Alejandro Sawa, «Ante el misterio», *Alma Española*, 18, 13 marzo, 1904, 13-4; «Ite missa est» y «Palabras de la satiresa» de Darío; Pahisa, «A unes mans blanques», *Pèl & Ploma*, 1901, 92; Eugeni D'Ors, «A Madona Blanca Maria», *ibíd.*, 1901, 79.

271   Véase la reproducción de la acuarela *La pitonisa*, en *La Ilustración Artística*, 942, 1 enero, 1900, 44.

272   *Sonata de estío*, 69.

273   *El pasajero*, 1265.

148   *Erotismo fin de siglo*

Esa figura expresaba la belleza satánica, tal como la captó Moreau en sus pinturas, comprendidas y popularizadas por Pedro González Blanco y otros modernistas.[274] Se popularizó la danza de los siete velos, que encontramos en poemas de Symons, Machado, Leandro Rivera, Carrere, en la prosa de Zamacois y Leonardo Sherif.[275] Y cuyos ecos aparecen en el siguiente pasaje de Valle Inclán:

> Yo veía danzar entre las lenguas de la llama una sombra femenil indecisa y desnuda. La veía, aun cerrando los ojos, con la fuerza quimérica y angustiosa que tienen los sueños de la fiebre. ¡Cuitado de mí! Era una de esas visiones místicas y carnales con que el diablo tentaba en otro tiempo a los santos ermitaños. Yo creía haber roto para siempre las redes amorosas del pecado, y el cielo castigaba tanta arrogancia dejándome en abandono. Aquella mujer desnuda, velada por las llamas, era la Niña Chole.[276]

El mito de la mujer fatal materializó en las grandes cortesanas de aquellos años. Es la época de Cléo De Mérode, de la bella Otero, de Liana de Pougy,[277] que se personifican en la literatura de Joan Oliva Bridgman, de Alberto Carrasco,[278] y en la plástica del

274 Pedro González Blanco, «Alberto Samain», *Helios*, VIII, 1903, 64-9.
275 Véase Manuel Machado, «Una estrella», *Alma*, Paris, s.f., 183-4; Emilio Carrere, «Gitanería», *Nocturno de otoño*, 55-6; Leandro Rivera, «La danza», *La Vida Galante*, 343, 3 marzo, 1905; R. Blanco Fombona, «Las modernas danzas viejas», *Helios*, 1900, 230-4; R. Casellas, «Salomé en els retaules de Catalunya», *La Veu de Catalunya*, 10 febrero, 1910, 3; Arnau Martínez y Seriña, «La coupletista», *Joventut*, 55, 29 diciembre, 1904, 854; la reseña que Luis Gabaldón hace de la danza de Loie Füller, *Blanco y Negro*, 208, 27 abril, 1895; Leonardo Sherif, «Un músico español», *Revista Latina*, 1, sept., 1907, 41.
276 *Sonata de estío*, 112.
277 Véase la reseña de la presentación de Cléo de Mérode ante el público madrileño en el Teatro de la Zarzuela en *Hojas Selectas*, 1905, 271. También la portada y artículo sobre la bella Otero en *La Vida Galante*, 6 noviembre, 1898, dice: «Es una mujer terrible que atrae como el más siniestro de los remolinos: es imposible tratarla y no quererla, y dado ese primer paso es imposible no seguir amándola porque su belleza tiene algo de diabólico que escandece la cara como si fuese un veneno.» También véase «Joyas y atavíos», *Hojas Selectas*, 1905, 977-986; «Cómo se acuestan nuestras actrices», *La Vida Galante*, 42, 20 agosto, 1899; «Revista de revistas», *La España Moderna*, 1902, 205, cita los sueldos de esas actrices. Francisco Bueno editó la revista *Demi Monde* dirigida por Luis Paris, donde colaboraban Luis Taboada, Eduardo Palacio, Eduardo Zamacois. Sólo hemos visto dos números de 1900; en ellos se da mucha información sobre estas mujeres de moda.
278 Véase Alberto Carrasco, «Alma virgen», *La Vida Galante*, 63, 14 enero, 1900; Joan Oliva Bridgman, «Oda a Frine», *Joventut*, 11, 26 abril, 1900, 169; «Antífona», de Manuel Machado, *Alma*, 23-5.

pintor español Torrent.[279] Son mujeres que venden el placer y que nunca se enamoran, que aparecen en carteles de Ramon Casas,[280] en los dibujos de Cheret o de Viktor Schufinsky. Recuerdos de la bella Otero asoman en la Rosita Zegri de Valle Inclán,[281] y este autor nos dice que Paca la Galana es «la mujer fatal, la que se ve una vez y se recuerda siempre. Esas mujeres son desastres de los cuales quedan siempre vestigios en el cuerpo y en el alma. Hay hombres que se matan por ellas, otros que se extravían».[282]

Europa entera estaba pendiente de los caprichos de esas mujeres que sentaban las bases de la moda. Se perfumaban con opoponax y corylopsis. Consumían perfumes de Pivert Azurea, trébol encarnado o violeta preciosa de Pinaud. Fueron las primeras que utilizaron aparatos higiénicos como el bidet y la *douche a jet rotatif marval*.[283] Las mujeres que querían parecerse a Liana de Pougy o a Cléo de Mérode que eran altas y esbeltas, tomaban para adelgazar la tiroidina Bouty. Otras que preferían emular a la bella Otero, se esforzaban por aumentar el tamaño de sus pechos tomando píldoras orientales o Mamilario Royal. En cuanto a los hombres, para poder responder apropiadamente a tan desbordadas pasiones, se aprovisionaban con Píldoras Urania, Perlas de oro, Granulados virilina o cinturones magnéticos Herculex y Electrovigor.[284]

279 Véase la crónica del salón de otoño en París en 1904, por J. Pérez Jorba, «Crónica de arte», *La Revista Blanca*, 15 octubre, 1904, 258-64.

280 E. Jardí, *Història dels 4 gats*, Barcelona, 1972, 55.

281 *Corte de amor*, 262.

282 *La cara de Dios*, 273.

283 Comtesse de Pauge, *Comment j'ai vu 1900*, Paris, 1963.

284 En los anuncios de estos productos se daban direcciones de donde poder adquirir estos productos, la Farmacia Gayoso en Arenal, 2, en Madrid, y la Farmacia Moderna en Hospital, 2, en Barcelona.

VIII

Pervertidos y refinados

El fin de siglo cultivó las formas eróticas complicadas y cerebrales. Se popularizó el gusto por el vicio chic, la homosexualidad, las drogas, formándose la moda del nihilismo amoral. Se mezcla también en ello el snobismo de la vulgaridad, la afectación de hablar en argot y de frecuentar la bohemia artística, gitanos y bailarinas de flamenco.

La nueva moda rehabilitó ciertos espectáculos y se prefirieron las experiencias perversas y singulares. En esa actitud se conjugan los acontecimientos más disímiles. Ejemplo de ello es el éxito de *Quo Vadis* en España y en Europa. Nos muestra el renovado gusto por la antigüedad, pero también la fascinación por las orgías romanas, por el espectáculo de las vírgenes ofrecidas a los leones. En la misma línea está el poema «Histérica» de Villaespesa:

> Enferma de nostalgia, la ardiente cortesana,
> al rojizo crepúsculo que encendía el aposento
> su anhelo lanza al aire, como un halcón hambriento,
> tras la ideal paloma de una Thule lejana.
>
> Sueña con las ergástulas de la Roma pagana;
> caer desnuda al Coso, con el cabello al viento,
> y embriagarse de amores en el Circo sangriento
> con el vino púrpura de la vendimia humana
>
> Sueña ... Un león celoso veloz salta a la arena,
> ensangrentado el oro de la rubia melena,
> Abre las rojas fauces ... A la bacante mira,
>
> salta sobre sus pechos, a su cuerpo se abraza ...
> Y ella, mientras la fiera sus carnes despedaza,
> los párpados entorna ... y sonriendo expira.[285]

Moreau, el pintor que mejor representa la época, tiene como característica la ambigüedad. Es difícil distinguir en sus pinturas cuál

---

285 «Histérica», *La Vida Galante*, 129, 19 abril, 1901. Véase también de Alfonso García del Busto, «Alma doble», *ibíd.*, 286, 1904.

de los dos amantes es el hombre y cuál es la mujer. Tienen aire de familia, como si fuesen hermanos a pesar de ser amantes. Hombres con rostros de vírgenes y vírgenes que parecen efebos. Se exalta subliminalmente el incesto, el andrógino, la esterilidad. Y es justamente en esas pinturas asexuadas y lascivas donde se manifiesta más claramente la erótica finisecular.

El modernismo se dedicó a la explotación erudita de todas las sensaciones y placeres posibles. Se entusiasmó por lo monstruoso y lo paradójico. La excesiva cerebralidad buscaba las más raras experiencias. Se divulgaron en España las narraciones de Mendès, Rachilde, Raoul de Vérande. Pero el héroe más clásico fue Dorian Gray, el hedonista hermoso y perverso.[286] La sensibilidad fatigada y *blasé* contribuyó al éxito de *Pélleas et Mélisande*, el «protoplasma musical» de Debussy .

Uno de los temas favorecido por esos cerebrales fue el incesto, dada su naturaleza ambivalente que ata a víctima y victimario en redes tan estrechas y trágicas de miedo y fascinación, atracción y repulsión a la vez.

Freud, en su *Interpretación de los sueños* (1900), explicó el incesto como un impulso natural al formular su teoría del complejo de Edipo. En general, la antropología del siglo xix se interesó en las raíces, desarrollo histórico y naturaleza del incesto. A principios de siglo las objeciones a las uniones incestuosas eran principalmente sociales y religiosas, pero con el transcurso del siglo, los argumentos biológicos se consolidaron. De Maistre, Dugard, Morgan, Westermarck, hablaron sobre los efectos negativos de la reproducción incestuosa. Durkheim explicaba ese tabú como un vestigio totémico. También tuvieron importancia entonces las teorías de Frazer y las de Smith.[287]

Los escritores finiseculares encontraban dramático e incluso poético este tema. Entre quienes los trataron están Proust, Ibsen, Rachilde y muchos más.[288] En *Les Hors natures* de Rachilde, dos hermanos se aman con monstruosa pasión. Uno matará al otro y se suicidará después quemando la casa.[289] Eduardo Zamacois escribió la novela

---

286   Véase Lisa Davis, «Oscar Wilde in Spain», *Comparative Literature*, XXV, Spring, 1973, 136-52.

287   Sobre este tema, Herbert Maisch, *Incest*, Nueva York, 1972.

288   Véase Peter L. Thorsley, «Incest as a Romantic Symbol», *Comparative Literature Studies*, II, 1, 1965, 41-58, y L. Thrilling, «The Last Lover», *Encounter*, XI, octubre, 1958, 9-19.

289   Paris, 1903.

Incesto sobre una relación de este tipo, pero subconsciente, entre padre e hia.[290] Ramón Pérez de Ayala en «Artemisa»[291] glosó el tema de Rachilde.

El incesto aparece de manera conspicua en las obras de Valle Inclán: entre padre e hija en la *Sonata de estío;* un casi incesto en la *Sonata de invierno;* hijastra y padrastro en «Augusta»; y lo rozan las relaciones entre Bradomín y Concha que son primos, criados como hermanos. No es pues un tema simplemente accidental, sino que colorea las relaciones de sus personajes, evoca tensiones y conflictos muy propios y llega a tener una función literaria y dramática muy determinada.

Considerado como crimen desde los más remotos tiempos cristianos, los dioses griegos, por el contrario, cometían incesto con bastante frecuencia. Es obvio que Valle Inclán encuentra en este pecado una especie de divinidad maldita y algo pagana que lo sitúa más allá del bien y del mal. En *Sonata de estío* lo describe como «el magnífico pecado de las tragedias antiguas».[292]

Además de su valor sensacionalista, el incesto proporciona a nuestro escritor un medio para convertir el amor en maldito, y para aislar a su héroe de una sociedad y de una moral que desprecia. En *Sonata de invierno* introduce también en la trama un elemento de capricho irracional en el orden de las cosas, que transforma un amor en maldito. En esa obra se presenta un incesto inconsciente justamente cuando circulaban las teorías freudianas al respecto. Bradomín ignora que la novicia es su hija y sólo lo sabe al final. En este episodio el marqués queda en un principio anonadado para luego refugiarse en un cinismo *blasé:*

> Las palabras de la monja, repetidas incesantemente, parecían caer sobre mí como gotas de un metal ardiente:
> — Lo sabía usted.
> Yo guardaba un silencio sombrío. Hacía mentalmente examen de conciencia, queriendo castigar mi alma con el cilicio del remordimiento, y este consuelo de los pecadores arrepentidos también huyó de mí. Pensé que no podía compararse mi culpa con la culpa de nuestro origen, y aun lamenté con Jacobo Casanova que los padres no pudiesen hacer en todos los tiempos la felicidad de sus hijos.[293]

290   Barcelona, 1900.
291   *El Cuento Semanal,* 28, 12 julio, 1907.
292   *Sonata de estío,* 89.
293   *Snata de invierno,* 235.

A pesar de no haber consumado el incesto, es un acto que atenta no sólo contra ese tabú, sino también contra la iglesia, pues la hija de Bradomín es novicia. Además, la cínica actitud del marqués marca al episodio como un claro desafío a las leyes morales y religiosas. No es éste el único incesto. Otros hay completamente conscientes, como el de la *Sonata de estío*, o como el de «Augusta». En este cuento, de los más equívocos, Augusta piensa casar a su amante con su hija Nelly para poder conservarlo. Attilio accede al matrimonio, aparentemente con condescencia, pero en realidad pensando en el aliciente de poder poseer a ambas, madre e hija, «todo ello le parecía un poema libertino y sensual».[294]

Se considera a Gustave Moreau el artista más representativo de la atmósfera moral de su tiempo. Una de sus figuras más populares fue Herodías. Mallarmé tomó ese tema y su poema fue muy leído por la élite intelectual. Hay en el poema más que horror ante la decapitación de San Juan Bautista, que presenta una figura sintética de la época: la virgen narcisista. Expresa la angustia de la esterilidad y de la soledad:

> *inviolée, sentir la chair inutile*
> *le froid scintillement de pâle clarté*
> *toi qui te meurs, toi qui brûles de chasteté,*
> *nuit blanche de glaçons et de neige cruelle.*[295]

Esa imagen era popular en la iconografía del fin de siglo. Riquer describe en «Crisantemes» a «la imagen viviente del vicio refinado ... la estéril decadente de fin de siglo».[296] Temas similares trataron Bassegoda y Pau Berga. Xavier Viura, en «Hivern», describe a una joven muy similar a la Herodías del poeta francés que se desnuda sola, frente a un espejo y admira su inviolada castidad.[297] Es el mismo tema de «Taisi» de Luis de Terán[298] y del «Jardín del amor» de Llanas Aguilaniedo.[299]

Toca Valle Inclán el tema en la *Sonata de estío*: «No quería que yo la tocase. Ella sola, lenta, muy lentamente, desabrochó los botones de su corpiño y destrenzó el cabello ante el espejo donde se

294 «Augusta», *Corte de amor*, 291.
295 Stéphane Mallarmé, *Noces d'Hérodiade*, Paris, 1959, 69.
296 Cit. A. Cirici Pellicer, *El arte modernista catalán*, 58.
297 *Joventut*, 1901, 253-5.
298 *Helios*, IX, 1903, 199.
299 Emilia Pardo Bazán, «La nueva generación de novelistas y cuentistas en España», *Helios*, XII, marzo, 1904.

contempló sonriendo. Parecía olvidada de mí. Cuando se halló desnuda, tornó a sonreír y a contemplarse. Semejante a una princesa oriental.»[300] Pero es en «Tula Varona» donde mejor traduce la esencia del personaje. Tula, después de rechazar con un golpe de florete a su pretendiente, queda a solas:

> Insensiblemente empezó a desnudarse ante el espejo, recreándose largamente en la contemplación de los encantos que descubría; experimentaba una languidez sensual al pasar la mano sobre la piel fina y nacarada del cuerpo. Habíansele encendido las mejillas y suspiraba voluptuosamente, entornando los ojos, enamorada de su propia blancura, blancura de diosa, tentadora y esquiva ...
> Diana cazadora la llamara el duquesito, bien ajeno al símbolo de aquel nombre.[301]

Continuará Valle Inclán desarrollando este tema, ahora con resonancias neoplatónicas:

> ¡Qué linda es la dueña! ¡Qué airoso gracejo!
> ¡Cómo se divierte, sola, ante el espejo!
> La mosca que vuela busca, en el reflejo
> del cristal, la mano puesta en circunflejo.
>
> Atentos, los verdes ojos de adivina,
> suspensa en el aire la mano felina,
> lo que atrás queda, delante imagina.
> Viéndola, se entiende mejor la doctrina
>
> de Platón. La bella busca en las figuras,
> falsas de la luz, claridades puras.
> Ciencia cabalística dicta sus posturas.
>
> Quieta y sibilina, mirando al cristal,
> la mano suspensa para obrar el mal,
> sobre la consola invoca a Belial.[302]

La idea de esterilidad, de inutilidad tiñe la concepción del amor. Y en el colmo del cerebralismo, la cumbre de la voluptuosidad parece encontrarse en la castidad. Huysmans lo percibe al hablar de las obras de Félicien Rops; otro pintor que, junto con Moreau, compartía la popularidad del momento: «En el fondo ... Tan sólo es

---

300   *Sonata de estío*, 116.
301   «Tula Varona», *Femeninas*, 78.
302   «Asterisco», *El pasajero*, 1265-6.

realmente obscena la gente casta. Hablo exclusivamente del espíritu de Lujuria, de ideas eróticas aisladas, sin correspondencia material, sin necesidad de una secuencia animal que las apacigüe.»[303]

La exaltación de la homosexualidad no estuvo ausente de la *belle époque*. El término fue introducido por primera vez en 1869, y entre 1898 y 1908 se publicaron más de 100 obras relacionadas. Havelock Ellis considera que por aquella época había entre un dos y un cinco por ciento de homosexuales en la población masculina de Europa.[304] La legislación era totalmente represiva, pero aun así la homosexualidad masculina acrecentaba. Desde luego, el acontecimiento que más llamó la atención fue el caso de Oscar Wilde en 1895.[305]

Hubo algunos intentos en Europa por hacer respetable la homosexualidad, y había un gran número de libros escritos por homosexuales que pensaban que un cambio de terminología traería consigo el milagro. Entre los denominativos que se intentaron adoptar estaban «amor homosexual», «contrasexualidad», «homoerotismo», «similsexualismo», «uranismo», «inversión sexual», «intersexualidad», «el tercer sexo»... Uranismo fue un concepto introducido por Carl Heinrich Ulrich y reflejaba el tener un alma femenina en un cuerpo masculino.

El homosexualismo era considerado muchas veces como un *art de vivre* particularmente refinado.[306] Además se estaba en la compañía de grandes nombres: Rimbaud, Verlaine, Montesquiou, Lorrain, Wagner, Whitman. Darío se proclama con Hugo fuerte y con Verlaine ambiguo. Se discuten las costumbres de Wagner y un artículo sostiene que sus relaciones con Luis II era un ejemplo perfecto de homosexualidad intelectual y que Parsifal era un bello héroe de tendencias pederásticas.

En la pederastia importaba tanto la sensualidad como el esteticismo. El erotismo conducía aquí a una búsqueda refinada y adonisíaca, en un marco de exotismo griego, bizantino o veneciano. Así lo retrata «El licenciado», cuento de Campoosorio, publicado en la inocente revista *Blanco y Negro*.[307] La pederastia se convirtió en

303 Joris Karl Huysmans, *Certains*, Paris, 1889, 78.
304 Ronald Pearsall, *The Worm in the Bud*, 448.
305 Véase al respecto, *Vida Nueva*, 21, 30 octubre, 1898.
306 El lesbianismo también se puso de moda. Renée Vivien y Natalie Clifford Barnes lo hacen coincidir con un helenismo renaciente. Zamacois trata este tema en su novela *Idilio sáfico*, Barcelona, 1900. También S. Bari Bracons, «Les dues verges», *Joventut*, 315, 22 febrero, 1906, 116.
307 1904, 2; también L. Taboada, «Mascaritas», *Blanco y Negro*, 250, 1891.

signo de distinción, que equivalía a poseer un espíritu superior que no se satisface con una sexualidad ordinaria, asqueado por la fornicación grotesca con el sexo opuesto. Se inspiraba en el rechazo de las formas comunes del erotismo, en un culto a la belleza apolínea. Se heredó el mensaje de Wilde y se exaltó a los efebos, las viñas, las túnicas griegas. Se rodeó al homosexualismo de un erotismo mediterráneo y pagano. Valle Inclán adopta ese tono:

> — Niña, olvidas que puede sacrificarse a Hebe y a Ganímedes ... Y repentinamente entristecido, incliné la cabeza sobre el pecho. No quise ver más, y medité, porque tengo amado a los clásicos casi tanto como a las mujeres. Es la educación recibida en el colegio de Nobles. Leyendo a ese amable Petronio, he suspirado más de una vez lamentando que los siglos hayan hecho un pecado desconocido de las divinas fiestas voluptuosas. Hoy, solamente en el sagrado misterio vagan las sombras de algunos escogidos que hacen renacer el tiempo antiguo de griegos y romanos, cuando los efebos coronados de rosas sacrificaban en los altares de Afrodita. Felices y aborrecidas sombras: me llaman y no puedo seguirlas. Aquel bello pecado, regalo de los dioses y tentación de los poetas, es para mí un fruto hermético. El cielo, siempre enemigo, dispuso que sólo las rosas de Venus floreciesen en mi alma y, a medida que envejezco, eso me desconsuela más. Presiento que debe ser grato, cuando la vida declina, poder penetrar en el jardín de los amores perversos. A mí, desgraciadamente, ni aun me queda la esperanza ... Sólo dos cosas han permanecido siempre arcanas para mí. El amor del efebo y la música de ese teutón que llaman Wagner.[308]

La descripción que hace Valle Inclán de Paca la gallarda en *La cara de Dios* nos llama la atención hacia una figura tipificada del fin de siglo: el hermafrodita. Valle nos dice que Paca «no era bonita, solamente era extraña», su atractivo estaba en su rostro «que no tenía la expresión común a la belleza femenina; antes bien, tenía como un sello masculino. Era un mixto de hombre y mujer, poseyendo toda la gracia de ésta, toda la varonil decisión de aquél».[309] El hermafrodita fue exaltado como la perfecta fusión que combina los dos principios, el femenino y el masculino, que equilibran y unen la inteligencia y la estética.

308 *Sonata de estío*, 98.
309 *La cara de Dios*, 324.

DE LA RESURRECCIÓN DE LA CARNE

Introducción

Juan Ramón Jiménez intenta alcanzar el absoluto mediante el rechazo del sexo. Valle Inclán muestra la faz perversa de eros. Felipe Trigo, un escritor muy inferior, literalmente hablando, a los dos que hemos visto, aborda la problemática social del erotismo e intenta reconciliar el impulso sexual con la vida.

Las mismas preocupaciones, los mismos temas, aun los mismos símbolos que aparecen en los otros dos escritores, se reconocen aquí, pero abordados de manera diferente. Torna la discusión sobre la abstinencia, y también ambos arquetipos femeninos. La «novia de nieve» aparece ahora bajo la denominación peyorativa de la «ingenua» mientras que la mujer serpiente, o mujer fatal, es para este tercer escritor, la mujer eróticamente madura, liberada social, económica y sexualmente. Con Trigo se abordan por primera vez en este estudio algunas de las más tempranas y avanzadas ideas sobre la emancipación de las mujeres.

Para comprender bien estas ideas, debemos considerar el panorama de la época. Para la clase media, el sexo era un tema tenebroso e intocable. El deseo sexual, que Trigo exalta, era para el burgués de entonces algo reprimido y relegado a lo más oscuro de la mente. Como médico, Trigo pretende basar en la ciencia observaciones sobre el sexo. Su posición avanzada, sin embargo, no era común a todos sus colegas, que a menudo eran muy conservadores. La clase media acudía a ellos para encontrar cánones de un comportamiento sexual «decente». Era deber de los médicos el atemorizar a quienes se desviasen de esas normas con amenazas de cáncer o muerte prematura. Respaldados por la iglesia, establecieron un rígido código de comportamiento sexual que acarreaba represiones cuando se seguía o sentimientos de culpa cuando no se acataba. Las mujeres sufrían más que los hombres, y la histeria, la neurastenia, la clorosis, el complejo de ansiedad, eran afecciones comunes a la clase media. Las mujeres casadas tenían prohibido gozar del sexo y se tornaban máquinas reproductoras, mientras sus maridos hacían uso del vasto ejército de prostitutas que había entonces en Madrid.

Las prostitutas tenían a su cargo el placer de los hombres de todas clases y condiciones. Su presencia por las calles era constante promesa de placeres prohibidos para el hombre y constante amenaza para las mujeres honestas. Por medio de sus especialidades francesas y la tentadora decoración de sus establecimientos atraían a maridos felizmente casados y aburridos de su vida sexual doméstica. El contrato matrimonial excluía implícitamente todo goce sexual; la esposa cuidaba de la familia, la prostituta vendía placer. Bajo una aparente respetabilidad, la vida sexual del fin de siglo desarrolló una trama subterránea, prohibida, torcida. Un hombre perfectamente respetable, podía exigir a una prostituta las actividades más de moda en su profesión. Una heterogénea fantasía sexual se desplegaba abierta o subterráneamente en cafés, fondas, posadas, restaurantes, burdeles, *music halls*. Las «damas de placer» deambulaban también por calles y avenidas armadas de un repertorio de frases de bienvenida o esperaban en establecimientos sórdidos o lujosamente decorados con los últimos bibelots del libertinismo; espejos sobre la cama, pinturas obscenas y libros pornográficos.

Trigo exalta entusiasmado el amor erótico. Lo integra como fundamento de un sistema filosófico, social y moral, coherente y adecuado para el hombre moderno. Además, celebra el erotismo como medio para lograr una unión mística, donde lo divino puede realizarse en términos humanos. Rechaza una sociedad — la suya — que reprime lo erótico, que intenta controlar y denigrar el espíritu sexual con las cadenas de la monogamia. Crea, por fin, una utopía erótica, constituyendo ésta el más consciente y deliberado intento en la España de su tiempo para encontrar una fórmula de salvación personal y social através del eros.

I

La mujer y la moda

Nunca como en la *belle époque* las mujeres acataron más servilmente los dictámenes de la moda. *La Moda Elegante, Blanco y Negro, La Ilustración, Hojas Selectas,* daban noticias de las grandes casas parisinas y reproducían fotografías de las últimas creaciones.[1] Se leía con avidez *Le Courrier de la Mode, Costumes de France, La Vie Parisienne.* La elegancia era título de nobleza. El vestido podía transformar diariamente el rostro y la personalidad. Había modelos para mujeres suntuosas y misteriosas, fatales y complejas. También influyó la inspiración prerrafaelita y se imitaba el atuendo del *quatroccento.* Más tarde, en los primeros años del siglo, se popularizó el atuendo deportivo, relacionado con el tenis, el golf, la bicicleta...[2]

Muselinas Liberty, encajes de Brujas o de Irlanda, sedas, brocados, satines, terciopelos, colaboraban fastuosamente. Gómez Carillo cuenta una anécdota: Un día Bernhardt leía una página de Flaubert, era una descripción de Salambó vestida con una tela «desconocida». La actriz, al instante exigió una tela similar, y al cabo de unas semanas ésta existía. Sarah la había creado, metamorfoseando un terciopelo color hortensia marchita con reflejos azulados, haciendo macerar a martillazos una pieza de terciopelo de Venecia color rosa auroral. Luego lo sometió a fumigaciones de azufre y azafrán, para darle un tinte nunca visto. Por fin, un dibujante trazó arabescos y flores de ensueño, animales heráldicos y sombras perversas con un vaporizador especial. Las lecciones de Loie Füller, completa Carillo, también dieron nuevas ideas, nuevos deseos, nuevos horizontes. Se desearon telas como cabelleras, como metales, como raudales de pedrería.[3]

1 Véanse los artículos de «El figurín del día», *Blanco y Negro,* 700, 10 octubre, 1904; 701, 8 octubre, 1904; 703, 15 octubre, 1904; 704, 29 octubre, 1904; 705, 5 noviembre, 1904, y 708, 26 noviembre, 1904.

2 *Nozière,* A. Fagel, «La Mode d'Aujourd'hui», *L'Illustration,* 10 febrero, 1906; M. Prevost, «La mode de la maigreur», *Le Figaro,* 14 noviembre, 1909; *Foemina,* «La mode», *Le Gaulois,* 1 enero, 1900.

3 Enrique Gómez Carrillo, *La mujer y la moda, OC,* XX, Madrid, s.f., 62-3.

Para completar el atuendo: las joyas. Y nada comparable al lirismo de esas creaciones, regidas por las leyes de la armonía sinuosa de la época. Ondulaciones de oleajes, cascadas de náyades, cabezas de gorgona asomadas bajo gemas, cabelleras de ninfas cuajadas de flores, racimos de gemas que chispean entre piedras esmaltadas o pedazos de vidrio.[4] Las *demimondaines* que se exhibían en el Apolo o en Fornos lucían modelos de Lalique o Masriera. Las heroínas de Trigo adornan sus dedos con raras sortijas y lucen fulgurantes zafiros en el pecho. Algunas mujeres revivían las joyas antiguas de Nefertiti, Salomé o Semíramis. Otras llevaban ajorcas en los tobillos. En palabras de Gómez Carrillo «esas joyas son objetos vivaces que se mueven, que palpitan, que se insinúan». Obras mágicas con algo de diabólico en sus irisaciones, gemas misteriosas y enigmáticas, cuyo tono «diríase robado a un cielo de aquelarre que iluminase una intensa luna».[5]

La fragancia de los perfumes también aroma las páginas de Trigo: «Su traje de granadina celeste, que de lazos y tules despedía el violeta de su perfume.»[6] En los escaparates de los almacenes de la calle de Sevilla o de la Carrera de San Jerónimo, se alineaban las últimas novedades de París. Se exhibían frascos cincelados, esmaltados o labrados en estuches de seda con nombres tentadores: «Secreto de amor», «Efluvios de la pagoda», «El beso del emir», «El último tango», «Desmayos de voluptuosidad oriental».[7] Otras veces había que acudir a establecimientos especializados para encargar los productos directamente de París.[8]

Finalmente, el maquillaje. La toilette de la mujer hermosa era larga y complicada. «Es por la mañana, y más calmosamente que nunca, fue dedicada a una de aquellas largas toilettes de la gentil rubia, que empezaban en el baño con *Florida* y concluían en el tallado de las uñas de las manos, luego de pasar horas largas en

4   «Joyas y atavíos», *Hojas Selectas*, 1905, 977-86; Henri Davervai, «Bijoux d'ujour'hui», *Je sais tout*, 15 mayo, 1905, 15-7.

5   Enrique Gómez Carrillo, *La mujer y la moda*, 74-5.

6   Felipe Trigo, *Las ingenuas*, Madrid, 1920, I, 137-8.

7   Enrique Gómez Carrillo, «El alma de los perfumes», *En el reino de la frivolidad*, Madrid, 1923, 137; J. Boyer y C. Terrer, «La esencia de las flores en las redomas del perfumista», *Hojas Selectas*, 1906, 25-31. Este artículo explica cómo los métodos modernos en esa industria han permitido el aprovechamiento de perfumes de flores antes imposibles de obtener. También menciona ciertos perfumes artificiales.

8   En Madrid la Perfumería Moderna, en Arenal, 16.

pulirse y perfumarse de la cabeza a los pies.» [9] Las mujeres de la época podían usar el jabón de agua de Lubin para suavizar el cutis, una careta de goma para blanquear y purificar la tez, una ruedecilla neumática para hacer masaje al rostro. Un rectificador de nariz podía corregir su forma «reduciéndola a las dimensiones de una bonita nariz griega». Los globos ventosos cautchuc desarrollaban el pecho, aunque para ello también se usaban las píldoras circasianas del doctor Ferd Brun, aunciadas por «su gran éxito en Alemania». El mismo fin tenían las «píldoras orientales» «únicas que en dos meses dan graciosa lozanía al busto de la mujer sin perjudicar su salud ni ensanchar la cintura». La crema icilma suprimía el vello de la piel femenina. Los polvos Calliflore en cuatro tonos, daban «una blancura perfecta y un aterciopelado incomparable». La tintura de G. Bernet, devolvía «a los cabellos su color primitivo», y las tirillas hacían desaparecer las arrugas durante la noche. Había una «Preparación americana» para esmaltar el rostro y borrar las arrugas. Se vendían libros de belleza como el de Tosmae, a tres pesetas, donde se enseñaba cómo eliminar puntos negros, ronchas, irritaciones, cómo quitar arrugas, y aumentar la dureza y ondulación de los pechos y modificar la forma de la nariz. Para limpiar la dentadura se utilizaba el jabón de brea marca La Giralda, y el petróleo Gal fortalecía la raíz del cabello y eliminaba la caspa. En realidad, gran parte de este tipo de artículos eran nocivos, por estar fabricados a base de óxido de bismuto, oxalatos de zinc, blancos de plomo, cinabrios mercuriales y sulfuros. Pero, ¿qué podía importar aquello? Baudelaire ya había hablado con entusiasmo del arte de pintarse los ojos, las mejillas y los labios, y el maquillaje lograba el efecto buscado por Oscar Wilde: no imitar la naturaleza, sino embellecerla.

Naturalmente, la motivación de esa moda era erótica. La mujer fin de siglo, vestida, cubierta de pieles, enguantada, escondida bajo múltiples espesores suaves y aterciopelados o rígidos y duros, simulaba misteriosa crisálida en inextrincable capullo. Nada era visible, puesto que las únicas partes del cuerpo que sería lícito contemplar, el rostro y las manos, desaparecían bajo el velo del sombrero y el manguillo o los guantes. La mujer se revelaba por la estela de su perfume, por el frufru de su paso producido por el roce de tafeta y seda Liberty. Ese estudiado pudor hacía que la fantasía corriera, y a veces se extraviara. La mujer no se veía, se adivinaba por su porte,

9   Felipe Trigo, *Las ingenuas*, II, 11.

por su talle, por las dimensiones del pie prisionero en la botita que
apenas se vislumbraba.

Trigo presta especial atención a la ropa, adivinando bajo ella
el cuerpo sensual de la mujer. Flora, en *Las ingenuas,* camina frente
a Luciano, mientras él «miraba ... la espalda flexible de la joven,
donde la seda se plegaba leve a cada vaivén de los hombros en el
paso menudo y firme».[10] Una detallada descripción de la ropa revela un cuerpo y una personalidad:

> Amaba con el adorno lo vaporoso y artísticamente difícil. Al
> cuello un zafiro que se dispersaba en bandas entrelazadas con
> encajes sobre el pecho, anudándose a un lado del talle, bajo el
> cinturón que recogía la blusa floja verde cielo, y solapas cuaja-
> das de botoncillos blancos; la falda, color de plomo, era sesgada
> y lisa, pero amplia — siendo imposible seguir los contornos del
> cuerpo bajo las ropas que volaban y se plegaban con la gallar-
> día del cendal de las diosas púdicas ... Su espalda, ancha por los
> hombros, hacía suponer un seno alto y firme; pero jamás un ceñi-
> do traje lo revelaba, lo mismo que escondía la línea de sus brazos
> hasta la muñeca entre rizados y pulseras, y que dejaba caer el
> borde de sus vestidos hasta el suelo. Una concomitancia más, sin
> duda, de sus gustos y su carácter, afán de hurtar la gentil figura
> entre las nieblas de gasa a la ajena admiración, como hurtaba
> su espíritu, su gran espíritu quizá, entre las nubes impenetra-
> bles de su pasividad y su pereza. Y no cabía mayor atractivo
> que la vaguedad de su presencia, y de su charla cortada; sentía
> Luciano en ellas el placer de lo equívoco, la fascinación a veces
> del misterio en lo falazmente sencillo, y el deseo irresistible de
> descubrirlo, de desnudarlo de una vez y del todo.[11]

Luciano, el personaje central de *Las ingenuas,* siente una pasión por los vestidos rayana en el fetichismo. Él peinaría a Flora,
le cambiaría cada día de traje poniéndole vestidos de todas las épo-
cas, de todas las razas, de todas las clases; desde el tul de las amantes de Alejandría hasta el mantón de la chula de Lavapiés.[12] La
prolija descripción del atuendo no esconde más que un deseo, el
de desnudar a la mujer que cubre. Luciano, con los ojos clavados
en el retrato de Flora, evocaba «imaginarias visiones de desnudeces
seductoras, su talle fino, sus anchas caderas firmes de tacto de cristal
tibio y derribadas hacia los muslos, cuya macicez mórbida podía

10 *Ibíd.,* I, 31.
11 *Ibíd.,* 48.
12 *Ibíd.,* 163.

adivinar por la dureza elástica y la seda de la pantorrilla que él conocía».[13]

A ratos Trigo elimina la misma presencia femenina considerando suficiente afrodisíaco la simple descripción de la ropa regada por la alcoba. El amante de Flora entra al cuarto de la muchacha:

> imponente de amorosos misterios en su reposo de templo (...) vivo el aire con los perfumes de ella robados por el agua del baño a su piel desnuda en un beso a todo el cuerpo, y sacudido de su cabello, entre vapores húmedos de los jabones y esencias de tocador. Conocía bien el predilecto cajón de la cómoda y lo abrió temblando con el miedo y la codicia de un ladrón: fue una oleada de cintas y de encajes lo que tuvo delante: un corsé negro, pequeño, corto, arrollado en los cordones de seda azul pálido; camisas dobladas de batista con los canesús rizados sobre trasparentes rojos de papel; brazaletes y pendientes en sus estuches de felpa ... Se desprendía el olor a Flora, a su carne, a la velutina.[14]

Examinemos ciertas prendas del guardarropa de aquellos años. Ya hemos visto que en el fin de siglo el pie se convierte en una nueva zona erógena. Ésta no deja de ser explotada por Trigo:

> La gentil rubia que tenía ocupada con la sombrilla una mano, sin querer aceptar la que el joven le tendía, se alzó con la otra la falda, de más quizás por miedo de enlodarse, vacilante mientras buscaba el paso en unos medios ladrillos inseguros sobre el barro. Su cuñado pudo ver el tobillo, a que ceñía calada media ... Y ella lo notó y se puso como la grana.[15]

El autor describe en repetidas ocasiones el calzado, las medias o las ligas: «Y como no pudo verla aquella mañana sus medias de seda con flechas de cielo y las ligas que llevó puestas, fue por ellas y se las enseñó, con sinceridad confiada y serena de chicuela que luce sus juguetes. Extraña mujer. ¡Qué mezcla de candor y de malicia!»[16]

Por aquel entonces, la disminución del largo del corsé, hizo nacer nuevos afrodisíacos: Las ligas y el liguero. Las medias blancas y lisas de años anteriores fueron sustituidas en los años noventa

---

13 *Ibíd.*, II, 135.
14 *Ibíd.*, 98-9.
15 *Ibíd.*, I, 25-6.
16 *Ibíd.*, II, 150.

por largas medias negras. El liguero hizo de los muslos una área erógena de fuerte impacto, especialmente para los hombres cautivados por las bailarinas de cancan. Trigo menciona esas prendas:

> Entonces quiso el maestro ver más de la estatua, y, doblada la rodilla, tiraba ella de la camisa un pellizco, para no mostrar más que la liga ... otro adorno, y apareció azul (color de las rubias que prefería ella siempre, quebrada en tonos verdes y cenizos, que había combinado en su desnudez primorosa de amante artista) sobre la media, ceñida al muslo, cuya carne de nieve se mostró como un arete de luna en aquellos cielos. Rápido había besado Luciano la suave piel, con un arrebato que desconcertó la fácil coquetería a que se lanzara ella.[17]

Arriba, los brazos, enfundados en guantes o manguillos, eran también tentadores. Octave Uzanne se extasía ante los manguillos, verdaderos nidos tibios, evocadores de manos acurrucadas y dedos entrelazados fuera del alcance de la vista. Proporciona largos catálogos descriptivos: El manguillo Nido, en satín blanco, con aplicaciones de encaje; el manguillo Flor, el manguillo Watteau con ronda de amorcillos pintados sobre satín blanco. El manguillo Fígaro en terciopelo negro ... Algunos eran verdaderas almohaditas perfumadas de heliotropo, rosa, gardenia, verbena, violeta, o estaban empolvados en su interior con iris o polvo de la Maréchale.[18]

Había también listas interminables de estilos de guantes; en seda china, castor, suede, cabritilla, tul, encaje; tipo mosquetero, colombina, España... Las crónicas galantes cuentan hasta treinta y dos botones en guantes que vestían el brazo hasta el hombro. Para quitarlos, el febril amante requería ciencia y paciencia para sesenta y cuatro maniobras. Podía, claro, espaciarlas con besos colocados en el fragmento de piel apenas desnudada. Sabios desvestimientos cuya lentitud aguzaba el deseo. Trigo describe esas prendas que por momentos dejan vislumbrar una fracción del brazo, del antebrazo, del puño, de la mano.

El guante y el zapato definen la forma del miembro, el sombrero, por el contrario, prolonga el cuerpo ampliándolo y poetizándolo al coronarlo de jardines, de cascadas de tul y encaje. Trigo describe bellísimas y misteriosas heroínas «haciendo sonar con aleteo misterioso, en torno a su cabeza, el agremán de abalorios blan-

---

17 *Ibíd.*, 167.
18 Octave Uzanne, *Les Ornements de la femme*, Paris, 1892, 53.

cos de su gran sombrero de paja».[19] La cara oculta bajo la sombra del canotier con flores carmín que «remata deliciosamente la madeja de pelo rubio oscuro».[20]

La sombrerería alcanzó alturas insospechadas, así como los precios de esos artículos. Al ver *Le Figaro Graphique, La Vie Parisienne, La Nouvelle Mode, L'Illustration, Le Gaulois du Dimanche* (pues los sombreros debían venir de París), entre 1890 y 1910, se puede ver hasta qué grado se complicó y estilizó esa industria. *Pleureuses* o *aigrettes colonel*, aves del paraíso, plumas de avestruz, de pavorreal, pedrería, flores, tules, se combinaban en fantásticos arreglos sobre una base de paja de Italia, de terciopelo o de seda. Y esos oleajes de plumas, tules, telas esponjosas se remataban con un enorme alfiler de obvias asociaciones fálicas. Los había en forma de pera, en concha nácar, formados por enormes perlas barrocas o por libélulas, mariposas o escarabajos.[21]

Bajo el sombrero venía el velo, cuya trama transparente tan sólo permitía vislumbrar el brillo de unos ojos. La trama, a menudo con *mouchette* o irregularmente engrosada a fracciones con motivos más oscuros, daba al rostro un aspecto indeciso y cambiante. Exactamente en los años que estudiamos, el velillo cambia; hasta entonces es había adornado con motivos florales en chantilly bastante grueso. En el fin de siglo se impone el velo con grandes espacios libres, tramado en hexágonos tejidos en fondo claro, y en el tul se insertan graciosos ramajes que revelan poco a poco el rostro.[22]

«Sa majesté le jupon», exclamó Armand Lanoux, y podemos hojear *Le Dessous Élégant* de octubre de 1901 para comprender esta frase.[23] Hoy, nos dice M. de Mirecour, la mujer elegante no se contenta con la lencería de seda o lino bordado, necesita que toda su ropa interior combine y armonice con el vestido.[24] Las revistas españolas detallaban también la ropa interior femenina: ca-

19 Felipe Trigo, *Las Ingenuas*, I, 137-8.
20 *Ibíd.*, 23.
21 Véase la siguiente descripción: «Se cotizan ciertos modelos cuyas ramificaciones parten de una piedra grande colocada en el centro que se agranda en racimos de pedrería, y que recuerda a las graciosas umbelíferas. Jeanne Tournier, «La Mode», *Le Gaulois du Dimanche*, 14, 15 mayo, 1910.
22 *Castagnette*, «Chronique», *Monsieur et Madame*, 19 octubre, 1905, 37. Estaba de moda también el tejido llamado «araña», imitado de grabados renacentistas. Ver también Felipe Trigo, *Las Ingenuas*, I, 23.
23 Armand Lanoux, *Le Dessous Elégant*, octubre, 1901.
24 *La Vie Parisienne*, 14 enero, 1899, 128.

misas y pantaloncillos con entredós de guipur, rematados de encaje, o bordados al realce. Enaguas de lino adornadas con encaje al bolillo y aplicaciones. Enaguas de nansú con dobles y triples volantes de bordado de punto inglés. Todo ello formaba tibia y perfumada nube bajo el misterio del vestido.[25]

También en el fin de siglo cambiaron las modas en la ropa interior. La evolución del pantaloncillo se lleva a cabo en la última parte del siglo xix. Anteriormente, el usar esa prenda era considerado una inmoralidad, pues tenía implicaciones tanto morales como sanitarias. El autor desconocido de *The Mysteries of Verbena House* o *Miss Bellasis Birched for Thieving*, aparecida en 1882, una de las más conocidas sagas de flagelación, declaraba que el gran enemigo de la castidad de la mujer era justamente el pantaloncillo.[26] Los más tempranos eran dos tubos para las piernas, atados a la cintura. En la época de la crinolina llegaban hasta el tobillo, eran blancos y bordeados de encaje. En el fin de siglo, se acortaron y se les adicionó calados, trencillas, encajes, bordados y dobladillos.[27]

Felipe Trigo se deleita en la descripción de esas prendas que salen del misterio de las cómodas, que se ciñen voluptuosas a la piel. Evoca el tacto de la seda y de la fina batista de la camisa. Es, nos dice, «una elegancia de ropas interiores singularísima. Confusa ella misma por la ola de encajes que le desbordaba el canesú por los hombros, surgiendo del corsé como la corola picoteada y blanca de un clavel».[28] Sobre el negro corsé rebosan «los encajes de que emergían los brazos y el cuello de rosada blancura». Luciano ordena a Flora cómo debe vestirse: «Tú, muchos lazos, muchos encajes.»[29] La mujer se convierte en una flor cuyos pétalos, las blancas enaguas adornadas de encaje envuelven el doble pistilo de las piernas. Veamos el siguiente pasaje de *En la carrera:*

25   María Fernanda, «Gaceta de la mujer», *Hojas Selectas*, 1906, 67-71. También Svelt, *La Vie Parisienne*, 14 enero, 1899, 179-81.

26   Parece que el autor de esta obra era el conocido periodista inglés A. G. Sals. Debemos mencionar también el Bloomer, tan relacionado a las ideas emancipacionistas. Era una especie de pantaloncillo interior hasta la rodilla, que originó en 1851 el «Bloomer Mouvement». Esta prenda, inventada en América y no en París, estaba de antemano condenada al fracaso.

27   Sobre el pantaloncillo véase «Gaceta de la mujer. Un primoroso equipo de novia», *Hojas Selectas*, 1904, 316-320.

28   Felipe Trigo, *Las Ingenuas*, II, 122.

29   *Ibíd.*, 123.

Leía el poeta a Nínive, Barca de amor. Esteban le escuchaba pálido, admirando lo que puede una mujer con cada fuerza de su cuerpo cuando no quiere una cosa. Aquellas sedas del vestido y aquellas batistas y encajes de la enagua, quedaban como atados: por único triunfo dejábanle a la punta de los dedos un corto trecho de media sobre la bota imperial. Cansado de no recorrer sino aquel segmento de tersuras estallantes, le confió a su otra mano una diplomática misión: la sacó a la luz, sacó un lápiz del bolsillo, y escribió en el margen de un Heraldo: «No seas tonta ... He de quitarte una liga» ... Deslizando, deslizando, siempre deslizando y tomando lenta posición de lo ganado, acariciaba más ampliamente cada vez la hermosa curva tibia y tersa de la media; luego llegó por la altura a otros encajes que debían de ser del pantalón, pero tan ceñidos con los mismos de la enagua, que sus dedos se perdieron ..., — y no sabían últimamente si se habían insinuado por encima o por debajo ... ¡Oh, sí, por encima! no era piel lo que tanto iba costándole, ya pasada la rodilla, se aplicó a inquirir el borde de la media. Encontraba lazos y escudetes de metal y cintas, sin saber lo que fuesen; en cambio no encontraba por su sitio el relieve de broche alguno de la liga. Todo redondo, todo suave. Todo en fuego como un horno, según trasponían sus dedos, siempre en busca de una liga, hacia la parte interior. Pero de pronto juntáronse otra vez poderosamente las rodillas; y una indagadora ascensión ligerísima debió de hacerle temer a Renata designios de profundidades; y los dedos, la mano torpe, quedó inmóvil otra vez como por una blanda tenaza de horno de la gloria entre el principio de sus muslos.[30]

En la tentadora suavidad de esos vaporosos nidos, se escondía un elemento duro; una coraza casi agresiva y amenazadora: el corsé. Prenda significativa, no sólo por los suplicios que santamente soportaban sus devotas, sino por el matiz erótico que llegó a adquirir. Trigo describe:

quedaba con los hombros al aire, sin falda luego, caída alrededor de los pies mientras soltábale las cintas y broches al corsé, con los codos en alto, lo cual hacía subir casi a las corvas el borde de la camisa pequeña y coquetona de figurín francés, de amplio escote y tan fina que parecía de gasa.

— Oh, qué elegantísima vienes.

— ¿Eh? ¡El corsé que tú viste! — murmuró ella sonriente.[31]

30 Felipe Trigo, *En la carrera*, Madrid, 1909, 2.ª ed., 122-3.
31 Felipe Trigo, *Las ingenuas*, II, 158.

En otra parte acurrucada «mostrando el mal oculto corsé negro y la espuma de encajes».[32] En *En la carrera*, una hermosa mujer recibe a su enamorado en vaporoso matiné, flojo y diáfano, bajo el cual se ve su silueta presa en un corsé color limón.[33]

Había infinidad de modelos; Phryne, Perséfona, Joysane, Huri, Mystère, Ophelia, corsé à la sirene, y otros tantos ofrecidos por casas españolas o las afamadas casas francesas Delmirotte, Picard et Minier, Claverie, Pemjean, Guendre o Leoty. *Le Dessous Elégant* los describe:

> corsé en lazos o pechera de encaje sostenido ligeramente en los hombros por lazos de satín; corsé bolero en satín petrin malva y blanco o corsé en satín cardenal, adornado con el chal de muselina enlazado en el centro como elegante corbata; corsé en tafeta rosa ibis con guirnaldas de rosetas en chantilly negro y muselina rosa trasparente.[34]

Un catálogo de la casa Caplin de Inglaterra anuncia el corsé higiénico, el corporiforme, el corsé ajustable para mujeres obesas con la espina curva, corsé juvenil, corsé higiénico «Riverso-tractor». El corsé, señala Mme. Caplin, es como una nueva capa de músculos. Y ominosamente, advierte las consecuencias acarreadas por no usar una de estas deliciosas prendas; las negras africanas, que no lo llevan, tienen «sus pechos colgando hasta las rodillas».[35]

El corsé primitivo había sido verdaderamente bárbaro. Se dice que una de las Medici adquirió una cintura de 13 pulgadas con uno de hierro. A principios del siglo XIX se usaba cuero grueso para su fabricación, pero en 1828 un acontecimiento tecnológico, la invención del ojal de metal, popularizaría el uso de esta prenda. Previamente los agujeros para el cordón estaban reforzados con hilo, y ello limitaba forzosamente la fuerza con que se podía ajustar. En 1873 nació el corsé Cuirasse. El corsé Pompadour, llevado sobre la falda, murió en 1885. En 1889, apareció una variante más excitante, con la forma curva hacia adentro sobre la cintura y hacia afuera sobre la parte baja del estómago. En los años noventa, se usó el corsé con ojales de metal, modelado con vapor y que separaba los senos. Hasta entonces los senos formaban una masa amorfa, ahora estaban separados por un grupo de pequeños huesos

---

32 *Ibíd.*, 157.
33 *En la carrera*, 98.
34 1901.
35 Madame Roxy A. Caplin, *Health and Beauty*, Londres, 1887, 89.

llamados «divorcios». Gómez Carrillo comenta la lucrativa industria de la corsetería y de los altos precios que alcanzaban esos artículos que suprimían pecho o caderas según lo exigía la moda, dando «a la silueta femenina la forma de un cuarto de luna en su menguante o el aspecto de un lirio».[36]

El corsé era como un estuche que encerraba una joya, y el quitarlo era una operación que exigía ciencia y paciencia y que inspiró las fantasías del café concierto y numerosas parodias. En su fascinante *Paris 1900,* Nicole Vedrès menciona una secuencia de actualidades donde el joven M. Chevalier desplegaba talento en esta operación.[37]

El sacrificio de llevar una de estas prendas era aceptado de buena gana ante la perspectiva de lucir un talle fino y una cintura pequeña. Este efecto se aumentaba, además, por las grandes mangas de los vestidos, de moda desde 1890.[38] El corsé además, subía los senos, a veces hasta la exageración; en una época se llegó a tenerlos casi bajo la barbilla. La segunda mitad del siglo xix fue una época orientada hacia el busto grande. Como las piernas eran miembros prohibidos, la atención sexual se centró en los senos. Las bellezas más celebradas de la época eran mujeres de senos amplios, y éstos los debían principalmente a ciertos instrumentos y a la constante presión hacia arriba producida por algunos ejercicios practicados desde antes de la pubertad.

Hubo entonces muchos ataques contra el corsé y se crearon ligas anticorsé. El movimiento empezó promovido por las emancipacionistas,[39] que apoyaban un argumento en experiencias médicas. Esa

36 Gómez Carrillo, *La mujer y la moda,* 18-9.

37 E. Waldberger, *Eros fin de siècle,* Paris, 1956, 48. Véase también Jean Cocteau, *Portraits et souvenirs,* Paris, 1935.

38 Iris Brooks and James Laver, *English Costumes of the 19th Century,* Londres, 1958, 82.

39 En aquellos años la rebelión contra la tiranía de la moda era parte del movimiento de emancipación femenina. Una de las prendas más atacadas era el corsé, cuyas implicaciones sociológicas y aun filosóficas eran obvias. Se convirtió en verdadero símbolo de la batalla entre reformadores y reaccionarios. La joven que se atrevía a abandonar las constricciones del corsé atraía sobre ella toda clase de insultos. La mujer de clase media, que tendía bastante pronto a la gordura, podía aparentar esbeltez haciendo que su marido o su doncella apretase más fuertemente los lazos del corsé. El atacar esta prenda era en cierta forma atentar contra las mismas raíces de la clase media. Justamente el tipo de mujer que Trigo retrata sin corsé es la mujer emancipada. Como lo hace en *La sed de amar,* Madrid, 1920, 77. Sobre las ligas anticorsé véase Enrique Gómez Carrillo, «La muerte del corsé», *En el reino de la frivolidad,* 93-6, y *Cultos Profanos,* Paris, s.f., 137-45.

prenda causaba innumerables males y dolores. Las autopsias confirmaban que a menudo el hígado estaba partido por la mitad a causa del apretado lazo que también producía, a veces, simulacros de histeria y aun podía ocasionar sensaciones eróticas. Las objeciones aumentaban; se alegaba que el corsé estaba cambiando la forma de respiración en las mujeres.[40] Hubo legislaciones contra esta prenda en países como Rusia, Alemania y Rumania, pero la reacción contra ese extravagante distorcionador de la figura femenina sólo empezó a tener efecto hacia 1910, cuando disminuyó de tamaño, haciéndose más bajo y dejando los senos libres para las manipulaciones de una nueva industria: la del corpiño.

Así era la mujer del modernismo, ataviada, armada y protegida para la seducción. Y ésta, cuando tenía lugar, acontecía en la media luz de la alcoba, velada por pesados cortinajes, en divanes o lechos mullidos por suaves cojines. En un claro oscuro impaciente y febril, los héroes modernistas de Trigo esperaban el instante en que por fin descubrirían a la mujer desnuda. Los obstáculos de la ropa habían atizado las llamas de un «erotismo idealista». Y así Luciano se decía mentalmente al tener a Flora por fin entre sus brazos:

> —Es ella. Está aquí. Y abría los ojos sepultados en su cabellera, cuyas hebras le cosquilleaban los párpados al volver a cerrarlos después que las doradas ráfagas de la sedosa cabellera le convencían de que era su rubia idolatrada. Su presencia flotaba además en el aire, con el perfume de violetas, con el aroma de su belleza, con el resplandor de su juventud divina en la habitación de roja claridad discreta encerrada entre las sombras y en el sueño de la casa.
> —Sí, ésta es mi Flora.
> ...Y percibía en el tul el busto admirable, que a través de la tela finísima, en su delgadez elegante, ofrecía tersas rigideces de figurilla de jaspe. Oh, el misterioso cuerpo tan guardado en los pliegues amplios de vestidos como túnicas y en adornos de tul... y como lo sentía en el suyo todo.[41]

---

40   R. Pearsall, *The Worm in the Bud*, 121, y Havelock Ellis, *Man and Woman*, Londres, 1894, 78.
41   Felipe Trigo, *Las ingenuas*, II, 160.

II

Fisiología de la mujer

En la *belle époque,* el nacimiento de un niño suponía un gran acontecimiento social y familiar. Se brindaba, se festejaba, se celebraba, y desde luego, si el bebé era varón, la alegría se justificaba doblemente. En cuanto a la madre, los peligros que corría al dar a luz, hasta cierto punto, habían disminuido. Desde 1847 se usó el clorformo como anestesia en el parto, y algunos médicos podían así hacerlo menos doloroso.[42]

Sin embargo, el dar a luz, continuaba siendo bastante peligroso. El parto tenía lugar en casa, pues allí se estaba más a salvo que en el hospital de los peligros del sobreparto o del puerperio. En tales casos, desgraciadamente, el médico no podía recetar más que píldoras compuestas de un grano de opio y cinco granos de calomel y aplicar sanguijuelas en el abdomen, frecuentemente en lotes de 16 docenas.

La fiebre puerperal aterrorizaba a las jóvenes desposadas. La enciclopedia explica que era producida por los microorganismos de la misma parturienta, o a veces por contagio de la boca del niño. En casos de autoinfección, completa la enciclopedia, la mujer estaba ya enferma de afecciones genitales, urinarias o intestinales.[43] No faltaban especulaciones aún más rotundas. El doctor George Johnston pensaba que esa fiebre era debida a desórdenes constitucionales producidos por la lujuria y el remordimiento. Otros, menos moralistas, consideraban que su causa eran ciertas infecciones relacionadas con el tifo. Sólo los más avanzados sospechaban que los mismos doctores eran los responsables al transmitir bacterias de cuerpos muertos a las parturientas.

Como vemos, las mujeres estaban a merced de las especulaciones morales de la profesión médica. La fisiología femenina era prácti-

---

42 El doctor James Young Simpson fue el primero en usar cloroformo como anestésico en 17 enero de 1847 en Londres. En 1877 se empezaron a usar los fórceps para partos difíciles, a practicar ovarictomías y a mejorar las condiciones higiénicas.

43 *Enciclopedia universal ilustrada europeo-americana,* Barcelona, 1922, XLVIII, 284-8.

camente desconocida y vista con desconfianza. Aun en el parto, que supuestamente santificaba a la mujer al convertirla en madre, ésta era víctima de la escala de valores hipócrita que regía aquella sociedad.

Para los especialistas médicos, el interior de la mujer era un lugar misterioso. Entre los más reaccionarios, aún subsistían mitos de la antigua Grecia. Aretaeus, que data de los años 100, era considerado como fuente de conocimientos científicos y sus obras se continuaban editando. Su descripción del útero es digna de mencionarse: «el útero se parece mucho a un animal. Se mueve hacia diversas partes del cuerpo, a veces llega hacia arriba hasta la garganta, después hacia los lados, causando opresión en los pulmones, el corazón, el diafragma, el hígado y los intestinos».[44] Además de lo pintoresco de esta descripción es digna de considerarse por estar el útero tan relacionado con la etiología de la histeria. Las relaciones que se encontraban entre el sexo y la histeria, el nerviosismo, la ansiedad, o la hipocondria, hicieron que se diera un paso atrás en el tratamiento de estos desórdenes.

Al tratar las enfermedades del sistema reproductor femenino, a menudo había un cambio de perspectiva, y el doctor se convertía en predicador y moralista. Con frecuencia adoptaba un aire de indignación moral ante el descubrimiento de cáncer en la vagina. El doctor F. W. Scanzoni declaró que: «el coito inmoderado y la excesiva excitación sexual tienen mucha importancia en la etiología del cáncer, siendo lo más dañino, no la frecuencia, sino la excitación moral que lo acompaña...». Es fácil imaginar la indignación de los médicos ante la ninfomanía bajo sus diversos nombres: *furor uterinus*, metromanía, andromanía, erotomanía, clitorimanía o lypatia; recomendando curas más simbólicas que eficaces: uso de un colchón de paja, lavado de los genitales, dietas especiales.

La descarga del fluido blanco de la vagina llevaba a la perplejidad. Se le llamaba *fluers blanches* (flores blancas; flores era una de las designaciones coloquiales de la menstruación). Los médicos consideraban que su causa eran las lecturas eróticas, una pubertad temprana o difícil, la masturbación, y la «concentración de sentimientos, pensamientos y objetos que hacen que los órganos genitales estén en un estado de permanente turgencia y excitación». O si no, era producida por el mal tiempo, las regiones pantanosas, tomar demasiado café, los calentadores de pies... Las inflamaciones de la

44   R. Pearsall, *The Worm in the Bud*, 199.

vagina eran supuestamente debidas a la masturbación, coito, abstinencia, mantecados, té, alcohol, corsés demasiado apretados o leer novelas francesas.

Uno de los mitos más perjudiciales para la mujer en el campo laboral y profesional fue el forjado en torno a la menstruación. Se le conocía con docenas de eufemismos: las flores, la enfermedad, la regla, la visita... Era motivo de asombro y repugnancia. Muchos creían que tenía que ver con las fases de la luna y le atribuían significaciones cósmicas. Havelock Ellis consideraba simbólica esa «herida periódica» en la parte más vulnerable del organismo femenino.[45]

Las mujeres se avergonzaban de hablar sobre este tema a sus hijas. Cuando la primera menstruación coincidía con el descubrimiento del sexo o posiblemente con actividades autoeróticas, la alarma llegaba a crear verdaderas neurosis. Las emancipacionistas encontraban en la menstruación un escollo difícil de pasar. Algunas de ellas, por su parte, preferían creer que de una u otra manera, la menstruación era debida a la brutalidad del hombre.

La teoría de que la menstruación depende de la ovulación fue expuesta por primera vez en los años cuarenta, y completada en 1863, por el doctor Pfluger. En 1896 el doctor Knauer encontró que el extirpar los ovarios abolía la menstruación y el trasplante la restablecía. Ello debía haber cesado con las especulaciones al respecto, pero no fue así y había cantidad de hipótesis. Una de las no menos populares, simplemente tachaba a la menstruación de acto inmoral, otra suponía que era para la mujer el equivalente de la erección masculina.

Las menstruaciones dolorosas eran, para los médicos, consecuencia de una constitución irritable o de hábitos indolentes. El tratamiento de la amenorrea o menstruación suprimida, era similar al de la anemia: laxantes, diez gotas de tintura de yodo, estimulación del apetito con quina, aceite de hígado de bacalao o carne dos veces al día y un par de copas de porto o jerez. Si se consideraba como problema moral, lo mejor era un colchón de paja y un baño hirviente. Los efectos psicológicos de la menstruación sólo se mencionaban en los libros de enfermedades mentales, en donde se relacionaba con la locura.

Por los años de fin de siglo empezó a desarrollarse la industria de las mantillas higiénicas, que llegaron a España bastante más tarde. Los principales fabricantes fueron ingleses, Southall Brothers

45 *Man and Woman*, 89.

y Barclay de Birmigham, y a menudo seleccionaban lugares extraños para su propaganda para no herir sensibilidades delicadas. Se anunciaban como artículos de viaje para damas.[46] La servilleta desechable reemplazó a la mantilla mensual hecha de tela que todavía continuó en efecto en España hasta bien entrado nuestro siglo.

Es fácil suponer las leyendas y mitos que en aquellos años se tejieron en torno al acto sexual y sobre todo en lo que respecta al papel que en él tenía la mujer. En ninguna parte como en ello se puede ver mejor la hipocresía imperante en esa sociedad. La esposa debía ser pasiva, fría, y aceptar con resignación ciertos deberes repugnantes impuestos por el matrimonio. La amante o la prostituta, por el contrario, se adornaba de una legendaria lubricidad, y debía conocer las actividades más novedosas importadas de París. Se especulaba sobre el placer sexual de las mujeres, y uno de los grandes debates de la época era si experimentaban orgasmos como los hombres y si eran o no tan lascivas como ellos.

Había masas de datos para sostener ambas teorías. En 1891, Harry Campbell en sus *Differences in the Nervous Organization of Man and Woman*, investigó a cincuenta y dos mujeres de la clase trabajadora.[47] Antes del matrimonio, doce tenían instintos sexuales, cuarenta no. De esas cuarenta, trece decían que nunca lo habían adquirido. Eso parecía confirmar lo que el doctor Lawson había escrito ese mismo año en el *Provincial Medical Journal:* «Las mujeres tienen su apetito sexual mucho menos desarrollado que los hombres.»[48] Sin embargo, cinco años antes, el especialista alemán E. H. Kisch, mantuvo que la excitación sexual en la mujer era una de las condiciones necesarias para impregnarla.[49] Otros, como Lombroso, afirmaban que la mujer era básicamente frígida y que aquellas que respondían a la excitación claramente poseían un defecto psicológico o un temperamento sexual nocivo, producido por una vida ociosa, inactiva, demasiado tiempo en la cama, un lecho suave, una dieta demasiado suculenta, aromática, salada o alcohólica, amigos sospechosos o literatura pornográfica.[50]

46　En revistas como *La Familia* (Madrid), *La Ilustración de la mujer* (Barcelona), *Las Mujeres en la intimidad,* Barcelona, 1908.

47　Londres, 1891.

48　R. Pearsall, *The Worm in the Bud,* 232.

49　E. Kisch, *Die Fettleibigkeit der Frauen in ihrem Zusammenhange mit den Krankenheit der Sexualorgane,* Praga, 1873, traducido al español como *La vida sexual de la mujer,* Madrid, 1910.

50　*La donna delinquente, la prostituta e la donna normale,* Turín, 1893.

La actitud de Felipe Trigo en este debate es interesante. Se basa en sus propias observaciones médicas, y es notable su avanzado criterio. Protesta por la ignorancia que la ciencia tiene del ser humano, pues deja en el error o en el misterio el estudio del hombre como ser orgánico y social. Se queja particularmente de las investigaciones erradas sobre la emotividad sensual femenina que tan constantemente se han llevado a cabo, y de la continua malevolencia con que se discuten las realciones sexuales y la parte que en ellas atañe a la mujer.

Explica que ha procurado informarse, desinteresada e impasiblemente, entre las clientas de toda clase y condición que han acudido a su consulta por espacio de muchos años. Sus investigaciones lo condujeron a la siguiente conclusión: De cien mujeres casadas, treinta y dos eran y habían sido siempre absolutamente insensibles en el acto sexual con sus maridos; cinco experimentaban dolor y repugnancia, cuarenta y siete mostrábanse casi indiferentes en la mayoría de las ocasiones y sentían placer muy raras veces, y de las dieciséis restantes, que parecían corresponder de un modo normal, aunque no constante a la sensación, sólo una, según testimonio corroborado por el marido, confesaba experimentar placer, hasta el punto de ser ella quien tomaba muchas veces la iniciativa conyugal. Otro experimento que realizó entre prostitutas, le reveló que de diecinueve interrogadas, once confesaron que jamás habían sentido el menor placer en el acto sexual.[51]

Trigo estaba al tanto de la literatura científica o pseudocientífica sobre el tema. Comenta negativamente las observaciones de Gall: «los deseos sexuales del hombre son más fuertes e imperiosos que en la mujer».[52] No concuerda con Tait: «La mujer tiene apetitos sexuales menos desarrollados que el hombre».[53] Ni con Lombroso: «La mujer es natural y orgánicamente frígida».[54] Se opone también a Fehling: «La aparición del sexualismo en el amor de una mujer joven es patológica».[55] Ataca también las teorías de Lowenfeld sobre la frigidez de las mujeres alemanas casadas.[56] Tam-

51 Felipe Trigo, *El amor en la vida y en los libros*, 1.ª ed., Madrid, 1907, citamos de la edición de Madrid, 1920, 99-103.
52 Trigo cita de Gall, F. J., *Anatomie et physiologie du système nerveux*, Paris, 1819.
53 Cita de Robert Lawson Tait, *Diseases of Woman*, Edinburgh, 1877.
54 Cita de Lombroso, *La donna delinquente...*
55 De Herman Fehling, *Lehrbuch des Frauenkrankheiten*, Stuttgart, 1893.
56 De L. Lowenfeld, *Sexuelleben und Nerveusleiden*, Wiesbaden, 1899.

bién se opone a las de Blackel: «Aunque muchas mujeres son insensibles, existen algunas que se excitan tan violentamente en el paroxismo, que se desmayan o permanecen después de algunas horas en el estado cataléptico».[57] Conoce las investigaciones de Harry Campbell: «De ciento veinticinco mujeres casadas, sólo doce manifestaban instinto sexual desde antes del matrimonio, cuarenta no mostraban ningún instinto sexual, y en las demás éste era, por lo general, muy débil».[58] También comenta las observaciones de Pfister, quien estudió ciento dieciséis mujeres casadas. De éstas, trece manifestaban deseo sexual, dos sentían repugnancia, doce dudaban y en las demás, en efecto existía, y tan exacerbado en dos o tres casos, que rayaba en la ninfomanía.[59] Por último cita las observaciones de Havelock Ellis: de treinta y cinco mujeres, cinco carecían de instinto sexual, en dieciocho se podía considerar como muy fuerte, en tres débil y despertaba con dificultad, en nueve muy moderado.[60] Considera importante el hecho de que en esta serie, las mujeres más inteligentes y enérgicas fuesen las que experimentaron las más fuertes sensaciones sexuales.

Después de pasar revista a toda esta literatura, Trigo asegura que la mujer no carece de instinto sexual. Aquellas estadísticas lo único que indican es que la mayoría de las mujeres están atrofiadas por las presiones morales, sociales y educativas. De ninguna manera significan que orgánicamente están menos propensas a sentir con igual intensidad que el hombre las sensaciones eróticas.

En aquellos años, cuando aún no estaba bien enunciado el concepto de zonas erógenas, Felipe Trigo cita como tales a ciertas partes del cuerpo femenino. Los senos, «unos delicados órganos nerviosos capaces de suavísimas y ampliadas avanzadas del centro sexual orgánico», son «expansiones delicadísimas del aparato genital y en relación sensitiva con el mismo, establecida por múltiples arcos reflejos».[61] Por la existencia de tales zonas, así como por la constitución orgánica femenina, las mujeres son más eróticas que el hombre. Parece que Trigo se basa en los conceptos de Michael Ryan quien ya en su *Philosophy of Marriage*, publicado en 1837, había mantenido que el goce sexual era más delicioso y prolongado en la mujer

57   T. Blackel, *The Human Element in Sex*, Londres, 1899.
58   Ver nota 47.
59   De A. Pfister, *Die Wirkingen der astration auf den weiblichen Organismus*, Zurich, 1898.
60   De *Sexual Impulse in Women*, Londres, 1902.
61   Felipe Trigo, *El amor en la vida y en los libros*, 98.

que en el hombre, debido a cuatro razones básicas: «*a*) un sistema nervioso más sensitivo; *b*) una piel más fina y delicada; *c*) sentidos más finos, y *d*) una relación mística entre los senos y la vagina».[62]

Según Trigo, la fisiología demuestra que la mujer está orgánicamente mejor constituida para la sensualidad que el hombre. El sentido del tacto es más agudo y delicado en la mujer por la mayor finura de su piel, debido al menor espesor de su epidermis y a la carencia de vello hombruno, y en cuanto al aparato genital externo es, en el hombre, «apenas una pequeña extensión terminal revestida de mucosa; en la mujer sus órganos de íntimo contacto erótico apenas tienen piel; todo es mucosa, desde el borde mismo vestibular hasta el fondo de la vagina. La mucosa, en orden a tejidos sensibles, es la forma de organización más perfecta».[63] Todo ello tiende a confirmar su creencia de que la mujer orgánicamente aventaja al hombre en la sensualidad.

Por esa causa Trigo, en sus novelas, retrata formidables voluptuosas, y quiere probar que la mujer puede superar al hombre en sentir placer, como en la siguiente escena de *La sed de amar:*

> Pero cuando bajó la cabeza para reclinarla en el hombro, ella rodó la suya en el almohadón, ganosa de aire, con los brazos abiertos, blanda, inerte, trémula de gemidos, convulso el pecho, sacudido de llorar, de lanzar hondos lamentos que la mataban … En la oscuridad sintió él cómo Marta llevábase al cuello las manos, cómo otra vez de pronto se volvía toda rígida … los gritos y sollozos rompieron al fin en tal tumulto que Jorge creyó que podrían despertar a los criados … parecía un accidente. Se alarmó…
> … ¿Y de qué te dan los ataques
> — Vaya, de qué … Pues … de ti.
> — ¿Sufres mucho?
> — ¡Sufrir! … ¡qué tonto eres![64]

Son de interés los pasajes donde Trigo describe el orgasmo. En *Las ingenuas*, Flora, la virgen, después de su primera noche de amor con su cuñado, queda recostada junto a él, «perdida en la sensación de que le había sucedido algo sin remedio y de que había abrazado

62 Londres, 1837, traducido al español, *La filosofía del matrimonio*, Barcelona, 1888.

63 Felipe Trigo, *El amor en la vida y en los libros*, 99-100.

64 Felipe Trigo, *La sed de amar*, cit. en *El amor en la vida y en los libros*, 101-2.

su vida en un gozo que no había sospechado jamás; sin desear separarse ya nunca de aquel refugio de su seno y de aquella caricia de sus miradas».[65] El placer físico la hace olvidar completamente las convenciones sociales y morales entregándose plenamente a las relaciones adúlteras con su cuñado. El placer la deja con un perfecto conocimiento de su cuerpo, saboreándolo con franqueza. Había sido «como el dolor que hace gritar y temer por la vida... pero que pasa y no puede explicarse después, ni siquiera recordarse... era como el espanto, que suspende y concentra la existencia... el espanto del placer y la alegría, no podía decirse más».[66]

El vocabulario empleado en estos pasajes es significativo. Lo podemos ver en la siguiente escena de *Las ingenuas:*

> Desvanecida de amor, sumisa a la volutad dulce del amante, sus labios volvían a deslizar, como por la mañana, incoherentes súplicas y apagadas frases de protesta... Era el rubor derrotado y escapando en suspiros, cerrándole en los ojos, entre la grana vivísima del rostro... — y se sentía bien de Luciano esta vez, en un deliquio de sollozos y lágrimas, de estremecimientos y pequeños gemidos que extinguía él en su boca a besos de pasión tan profunda como apacible, sin dejar de mirar esta frente comba, de blancura mate, ... Y empezó entonces la hora letal, interminable — una hora henchida de sofocaciones del deseo sobre ausencias absolutas de lo que no fuese aquel presente alcanzado, eterno como la posesión de una divinidad maravillosa; una hora en que la virgen ganada al fin para la gloria de los amores, y en ella perdida, encontró en un éxtasis sublime la mirada aquella larga, inmensa y estrábica de felicidad con que entregar el ser a Luciano... el ser todo, con el ansia de compenetrarse más, de fundirse a él y existir para siempre en el mismo, recogiendo también toda el alma del poeta cuya frente noble al lado de la suya descansaba en la almohada o en la nube — no sabía ella —, enlazado en sus brazos, susurrándole al oído trémulas delicias... Era el beso magno de la vida entera.

La descripción del orgasmo es peculiar: Flora «se creyó de pronto desbaratada en sollozos, desprendida y rodando desde donde no sabía, con espanto de insufrible deleite, para quedar un momento enajenada, sin conciencia, arrancada de la vida de una vez en todas sus entrañas...y resucitando llena de sorpresas y reposo en esta

---

65 Felipe Trigo, *Las ingenuas,* II, 163.
66 *Ibíd.,* 165.

habitación blanca, sobre esta cama azul, más lejos de Luciano, como náufragos blandamente dejados en la arena por alguna ola formidable...».[67]

Puede verse en esta descripción el lenguaje poético usado por Trigo. El orgasmo es la forma de unión más completa entre los dos amantes, la llave que alarga hasta la eternidad un solo instante, el momento de la más plena y espiritual posesión de los sentidos. Ese léxico nos muestra hasta qué punto se aleja del naturalismo y entra en el idealismo más modernista. Véanse ciertas expresiones, el placer es un «éxtasis sublime», de una «divinidad maravillosa»; la almohada se convierte en una nube, el acto sexual es el «beso magno de la vida».

Es admirable que en aquella época Trigo retratara a sus heroínas de manera tan moderna; entregándose al placer sexual y olvidándose de las restricciones sociales y morales. Una vez iniciadas por un amante sabio, inteligente y discreto, las mujeres de esas novelas gozan tan plenamente del amor como los hombres y muchas toman ellas la iniciativa. Trigo contrasta elogiosamente a las mujeres sexualmente satisfechas de las jovencitas, víctimas de neurosis, ansiedad e histeria producidas por la deformación de los instintos sexuales naturales. Está al tanto de la literatura científica sobre represiones sexuales; histerias de origen sexual, hábitos masturbatorios...[68] Un curioso libreto de la época *Fat and Blood* detalla un ataque de histeria suprimida, y ésta, la clorosis, la astenia, el insomnio, las migrañas, parecían males comunes a las señoritas de clase media. Trigo los atribuye a la represión sexual. Sus colegas recetaban para su tratamiento opio, grageas de Gélis, Corteza de naranja, Agua Léchella o Bogveau Laffecteur, además de vigilar a las jóvenes para impedir que despertase en ellas un temperamento sensual.[69]

La actitud de Trigo es doblemente interesante pues entonces aún se debatía si hacer el amor a la luz del día era inmoral o no, y hasta en las lecturas pornográficas se hablaba del órgano sexual masculino más como instrumento de tortura que de placer. Una mujer que hallaba placer en el acto sexual corría el riesgo de ser considerada aun por su propio esposo o amante como prostituta o ninfomaníaca.

67 *Ibíd.*, 161-3.

68 C. S. Féré, *The Sexual Instinct*, Londres, 1904; Havelock Ellis, *The Psychology of Sex*, Londres, 1901-10.

69 *Fat and Blood*, S. Weir Mitchell, Londres, 1887, 16. Véase también «Ciencia y arte, ciencia y socialismo», por Dr. Boudin, *La Revista Blanca*, 31, 1 septiembre, 1898, 198-200.

La Condesa de Campo Alange pinta el ambiente: «El espíritu de la época divide a la mujer en dos grupos antagónicos: el de las que deben ignorar su cuerpo y el de las que se ven obligadas a explotarlo. Para la mujer honesta, mientras permanezca virgen, su cuerpo es un misterio y a veces seguirá siéndolo aun en el matrimonio, ya que el marido comparte muchas veces con ella sus propios escrúpulos».[70] Una mujer que sintiese placer en el acto sexual era motivo de desorbitadas leyendas. Se tomaban como ejemplos a personajes históricos. Se decía que Cleopatra había tenido veinticinco amantes en veinticuatro horas, Mesalina ciento seis cada noche, y había «ninfomaníacas» contemporáneas para provocar las especulaciones más descabelladas.[71]

Por esa época, y entre entendidos, también se popularizó la cuestión de las posiciones. Los conocedores se pasaban las recientes traducciones inglesas o francesas del *Kamasutra* y otras obras similares. Ciertas teorías provenientes de Francia popularizaron en aquellos años la teoría de que la copulación «a posteriori» era la manera natural. La esposa, nos dice Max Dessoir, no debía, por supuesto, estar al tanto de esas novedades.[72] Sin embargo, según Dessoir, la variedad de activdades sexuales entre las prostitutas era muy variada y frecuentemente se les exigía *felatio* y *cunnilingus*.

Ante estas actitudes, es más admirable la de Trigo. Cuanto más satisfechas sexualmente están las heroínas de sus historias, se muestran más llenas de vigor, de belleza física, de salud, de optimismo. Gabriela de *Alma en los labios* sentía que el sexo «despertaba vidas nuevas de ella misma». Ella era «la voluptuosa perfecta que se desnuda frente al marido para excitarlo»,[73] que siente necesidad de relaciones sexuales, que de no satisfacerlas se convertirían en un «estado patológico para la observación del analista». Ama el placer como una mujer totalmente liberada sexualmente, pues nota en sí como «una sed, no localizada en parte alguna, la sed de amor, la erótica sed de aquella sensualidad terrible».[74]

---

70 Cit. por Lidia Falcón, *Mujer y sociedad. Análisis de un fenómeno reaccionario*, Barcelona, 1969, 171.
71 Sobre este tema véase W. A. Hammond, *Sexual Impotence*, Londres, 1887; A. Guyert, *Bréviaire de l'amour experimental*, Paris, 1899, da recetas de afrodisíacos y antiafrodisíacos, entre éstos el opio y el gengibre, entre aquéllos el ancanfor y té de hojas de lechuga.
72 R. Pearsall, *The Worm in the Bud*, 226.
73 Felipe Trigo, *Alma en los labios*, Madrid, 1920, 166.
74 *Ibíd.*, 195.

Soltera, nos dice Trigo, no hubiera jamás podido determinar la inquietud de esa perenne nerviosidad, pero ahora, casada, amante sabia y exquisita, sabía lo que necesitaba para «su armónico equilibrio y sabía que era mentira el pensar que la sensualidad era enemiga de la inteligencia y la salud. Ella nunca se advertía más ágil de pensamiento y más clara de inspiración que tras el profundo descanso de sus noches pasionales. Alegría de la vida satisfecha y predispuesta al bien, a la generosidad, a las grandes emociones altruistas».

En una aventura rápida, brutal — una noche pasada en Lisboa con un desconocido — Gabriela se siente abrumada de vergüenza y asco, pero aun así, «tuvo la sorpresa de advertir que la sensibilidad de su carne resurgía en no importaba cuál profundidad de las entrañas más profundas, que revivía, que crecía...que excitábase e invadíala nuevamente toda entera..., que estallaba por último en una nueva tormenta de gozo más honda y larga, como arrancada más honda».[75] Trigo, junto con su heroína Gabriela, termina preguntándose si la inferioridad erótica impuesta a la mujer con respecto al hombre no es causa directa de su inferioridad social. Los hombres, desde su mocedad, se sacían en incontables aventurillas. Las mujeres, terminan «insensibles, atrofiadas», víctimas de una «moral e intelectual degeneración insensible, impuesta por influjo de una lenta burla a la vida».[76]

75 *Ibíd.*, 203-4.
76 *Ibíd.*, 196.

III

La mujer en su casa

1. LAS INGENUAS

De todos los logros del siglo pasado, de todos los descubrimientos e invenciones que han transformado la vida del hombre y alterado hasta el significado del tiempo y del espacio, ninguno ha sido tan profundamente significativo, y a la larga tan beneficioso, como la emancipación de la mujer.[77] Estas palabras son de Charles E. Raven, y las siguientes son de la condesa de Campo Alange: «Nuestro feminismo no llegó nunca a formar lo que se llama un movimiento y tuvo siempre un carácter vergonzante. La resignación fue el rasgo dominante de nuestras mujeres».[78] Ambas citas son apropiada introducción a este capítulo sobre Felipe Trigo, pues uno de los aspectos más interesantes de su obra es su feminismo. A la vanguardia del emancipacionismo en España, aboga por una liberalización social de la mujer, fundada en la liberalización erótica.

Por aquellos años, Europa estaba plenamente comprometida en la lucha feminista. En 1878 Léon Richer había organizado en París el primer congreso feminista internacional donde, sin embargo, no fue abordada la cuestión del sufragio femenino. Este tema no se debatió en público sino hasta 1883, fecha del segundo congreso. En 1899 el Congreso Internacional de la Mujeres se reunió nuevamente en Londres, pero hasta 1900 no se había conquistado el derecho al sufragio en ningún país. En 1903 nace una nueva sociedad sufragista que adoptó la acción directa para conquistar el voto. Se llamaba «Women's Social and Political Union» y estaba dirigida por Mrs. Pankhurst.[79]

77 Canon Charles E. Raven, *Fellowship Mazagine*, 1951, cit. por Vera Brittain, *Lady into Woman. A History of Women from Victoria to Elisabeth II*, Nueva York, 1953, 2.

78 Cit. Lidia Falcón, *Mujer y sociedad*, 170. En 1920 se crearon asociaciones femeninas en España. «La mujer del porvenir», «Liga española para el progreso de la mujer» y la «Sociedad Concepción Arenal», esta última en Valencia, la «Asociación Nacional de Mujeres españolas» (Madrid), y la «Progresiva Femenina» (Barcelona). El voto femenino fue obtenido en España en 1931.

79 En la Exposición de 1878 Léon Richer organizó en París el primer congreso feminista internacional, él fue presidente y Marie Deraismes la coor-

Sin embargo, mientras las sufragistas inglesas y norteamericanas, italianas y francesas ponían al servicio de la causa feminista todo su esfuerzo, en España había pocos o nulos esfuerzos para unirse a la lucha y las noticias sobre el movimiento se reseñaban, aun en las publicaciones más vanguardistas de la época, con una especie de condescendencia burlona. La actitud de Trigo es doblemente interesante pues busca la emancipación de la mujer, sin tener como meta la imitación del hombre, sino el encuentro de la personalidad femenina — y esto, cuando las mismas emancipacionistas, con un sentido de inferioridad inducido, confundían el éxito humano con el masculino.

Trigo se revela contra la concepción de la mujer como criatura frágil y más o menos tonta, cuya virtud debe ser resguardada por el macho, y cuya esfera se restringe al hogar y al cuidado de los hijos. Su posición era extremadamente revolucionaria para su época. Varios de los muchos dichos españoles como «La mujer en casa y con la pata rota», eran tomados más textual y menos críticamente por la generación del fin de siglo que por nosotros. La mujer de aquellos años vivía regida por preceptos dictados por un esclerotizado prejuicio, enraizados en cánones morales y religiosos de abrumadora severidad.

Nuestro autor muestra el dominio emocional que ejercen los padres sobre las hijas, el estrecho concepto del lugar que debe ocupar la mujer en la familia y el miedo a «lo inmoral». Todo combinaba en una tendencia social para destituir a la mujer de su personalidad y a relegar a la joven casadera a una clase con características comunes, sin individulidad ni deseos propios.

Trigo, al asociar la emancipación social y política de la mujer

---

dinadora general. La cuestión del sufragio femenino no fue abordada. Hubertine Auclerc, por el contrario, en 1876 fundó la sociedad «Le Droit des Femmes», denominada en 1883 «Le Suffrage des Femmes». Esta organiación reclamaba con urgencia el voto femenino. En 1882 surge otra organiación femenina alentada por Léon Richer, la «Ligue Française pour le Droit des Femmes», cuya presidencia honoraria se otorgó a Victor Hugo. Se unieron las organizaciones feministas existentes para organizar el segundo congreso internacional femenino. Los intelectuales franceses como Victor Hugo y Alejandro Dumas tomaron la defensa de la liga, las asociaciones femeninas se multiplicaron sin que se les concediera el voto. Hasta 1900 las mujeres diplomadas en leyes no fueron admitidas en el ejercicio de la abogacía y hasta esa fecha el congreso internacional no planteó claramente los derechos políticos de la mujer. Por fin en 1901 se presentó el primer proyecto de la ley del voto femenino.

a su liberalización erótica, se adelanta a la revolución sexual y al *women's lib* de nuestros días. No es erróneo el conjugar ambos aspectos. Muchos escritores, como Winifred Holtby en su *Women and a Changing Civilization*,[80] mostraron hasta qué punto esa actitud de temor y exagerada reverencia por la mujer está íntimamente relacionada con tabús primitivos referentes a las funciones sexuales. Se asociaban, ya lo hemos visto, absurdas supersticiones al embarazo, imponiéndose restricciones a las mujeres. La menstruación, que se consideraba como una enfermedad femenina, era excusa para excluirlas de ciertos trabajos. Extrañamente, no lo era para que la fregona trabajara fatigosamente de rodillas, para explotar a la campesina o malpagar a la obrera de los talleres.

Uno de los problemas principales que Trigo considera es la educación impartida a las jóvenes. La muestra en novelas como *Las ingenuas, En la carrera, Del frío al fuego*. Los valores enseñados a estas señoritas tienden a confundir lo trivial con lo importante, y el acatamiento a la severa moralidad burguesa que condenaba rotundamente cualquier «delito» sexual, era considerado como un comportamiento cristiano apropiado. Mientras las sufragistas europeas y norteamericanas luchaban por el feminismo, en España escribía la Condesa de Barrantes un librito intitulado *Plan nuevo de educación completa para una señorita al salir del colegio*. Allí decía:

> Se guardará muy bien de ser altiva y orgullosa; pero si alguno, por necia costumbre, censura a las mujeres en general, mejor sería hacer como que no lo oye; pero si se viera en la precisión de contestar, entonces le diría que una mujer fue el origen de la especie humana, que a la madre debemos nuestra existencia, que su vida ha sido expuesta y sacrificada para proteger la nuestra, que mujer es la Virgen María.

María del Pilar Sinués de Marco, escritora de temas femeninos creía que: «La mujer ha de ser como el sándalo, que perfuma el hacha que lo corta».[81]

Para las jóvenes solteras de clase media, tal como se ve en las obras de Trigo, la cultura y la elegibilidad para el matrimonio eran términos que se excluían el uno al otro. La educación y las costumbres sociales se centraban en una carrera hacia el matrimonio, aunque no se les enseñara ni las más mínimas nociones de educación

---

80 Londres, 1934, 16.
81 Cit. por Lidia Falcón, *Mujer y sociedad*, 171.

sexual ni de maternidad. La joven de aquellos días estudiaba música, francés, algo de dibujo... Todo como adorno de su personalidad y para atraer al futuro marido.[82] Flora, en *Las ingenuas*, recibe este barniz de educación social, junto con una severa instrucción religiosa en un convento. Ya fuera de él, adopta una vida de ocio y banalidad. Su actividad cotidiana consiste en levantarse a las once, hacer una o dos visitas, cantar un poco acompañada al piano, ir a la iglesia e ir de compras.

Hay que tener en cuenta la absoluta ignorancia en materias sexuales de estas jóvenes de la clase media. Entre las clases pobres, era imposible evitar esos conocimientos, revelados de manera escabrosa y repulsiva, pero para la joven de clase media, una atmósfera de inquietante misterio rodeaba toda alusión al sexo. Flora, que las ejemplifica, no tiene la menor idea de cómo se conciben los hijos, creía que un beso apasionado de su amante la dejaría encinta. Antonia, de *En la carrera*, tampoco sabe lo que puede suceder en los apasionados encuentros con su novio.

[82] Es interesante conocer algunas opiniones. Unamuno, al comentar un libro de Bunge sobre la educación de la mujer, declara: «yo no sé qué sino me persigue, que nadie ha logrado aún interesarme por eso del feminismo, ni logro verlo como problema sustantivo y propio, sino como corolario de otros problemas. Paréceme que desde que se han atravesado escritoras en la cuestión, rara vez se coloca ésta en su verdadero punto, en el que lo colocan, v. gr. los profesores Pattrick Geddes y J. A. Thompson *(The Evolution of Sex)* o Havelock Ellis *(Man and Woman)*. Podrá parecer ello muy superficial y grosero, pero para mí todo el feminismo tiene que arrancar del principio de que la mujer gesta, pare y lacta, y está organizada para gestar, parir y lactar, y el hombre no. Y el gestar, parir y lactar llevan consigo una predominancia de la vida vegetativa y del sistema linfático y, con ellos, del sentido común y práctico. «La educación», *La España Moderna*, 1902, 55. Fernando Araujo, en su comentario a un artículo de Paula Lombroso, *La España Moderna*, 1902, 163, opina que la mujer no tiene la superioridad mental, ésta pertenece al hombre, pero a la mujer le queda, en cambio, una superioridad orgánica, y que si «el hombre ha inventado y dado forma a la vida civil y social, la mujer ha encontrado, por su parte, la fórmula de la vida doméstica: la casa, la medicina, el arte de hilar, de tejer, de coser, de cocinar, de teñir, son invenciones de la mujer». Éstas «son las verdaderas y positivas excelencias de la mujer que valen mucho más en su favor que las pretendidas conquistas de virtudes y cualidades varoniles que los feministas se afanan por atribuirla: poseer una virtud innata para proteger a sus hijos de la herencia morbosa, para atenuar todos los gérmenes de la degeneración, y haber dado origen a la vida doméstica, a la casa, a la cocina, a la industria textil, a la agricultura, y a la domesticación de los animales». Había algunas pioneras en la educación femenina, como Carmen Rojo Herraiz, directora de la Central de Maestros de Madrid que trataba de implantar una educación moderna para las niñas. Véase al respecto *Blanco y Negro*, 726, 1 abril, 1905.

La joven bien educada debía dirigir todas sus energías a conseguir marido. El concepto de la mujer era entendido sólo como esposa y madre. La literatura y la moral de la época la condicionaban para que no pudiera sentir de ninguna otra manera sin sentirse culpable. Concepción Arenal, la que sería primera penalista española, consiguiendo que en su país fuese representada la nueva corriente inspirada por Beccaria, se vio precisada a estudiar la carrera vestida de hombre. La maternidad era un concepto sagrado y definía un modo total de existencia; el matrimonio, los hijos, el cuidado del marido y de la casa. El cumplir con las obligaciones sexuales al casarse se veía como una cruz más o menos siniestra, que había que soportar santamente.

Sin embargo, el panorama del casamiento no parecía tan malo a Flora. Sus ideas se asemejan al estereotipo atacado por feministas modernas:

> Imaginaba las bateas y bordados y ropas de un ajuar; la casa nueva puesta, flamante, lujosa, si, como esta vez, los novios eran ricos; la sala de damasco llena de trastecillos preciosos, la esbelta cama imperial con sus marquesitas y sus armarios de luna a los pies; y en alguna habitación, de bazar improvisada, los regalos mil: los trajes de gro, las sombrillas de nácar, los jarrones, la platería, los aderezos y pulseras de brillantes... — todo curioseado por una procesión de gente, inspeccionada y envidiado por las amigas.[83]

Para llegar al matrimonio debía seguirse un ritual rígido. Cortejar a una chica era un procedimiento formalizado, apadrinado por la bien intencionada madre que empujaba a la hija al matrimonio. Mientras los jóvenes planeaban sus carreras, no querían casarse demasiado pronto; entonces el noviazgo duraba a veces hasta cinco o más años. Los manuales de cortejo de la época se obedecían como si fuesen las sagradas escrituras. Se vivía tratando de evitar la maledicencia y los malentendidos. Una unión espontánea era imposible. Podemos ver en *En la carrera* los incidentes de esa rutina artificial que funcionaba como preludio biológico al matrimonio.

Según Trigo, la joven de clase media, educada en la más absoluta castidad y la más completa ignorancia, veía, por otra parte, constantemente afectada o excitada su sensibilidad por los chistes de las criadas, por las insinuaciones de los caballeros o las apasiona-

83 Felipe Trigo, *Las ingenuas*, II, 143.

das palabras del novio tras la reja. Después de sus citas con el novio, pasa a la soledad de la cama virginal en un estado de excitación nerviosa que no la deja dormir. Mientras tanto el novio, con bastante menos preocupaciones, se distrae más eficazmente en el burdel. Como médico, opina que ello afecta la salud de las jóvenes. Se lo prueban las madres que le traen sus hijas a la consulta, y lo expone en *Del frío al fuego*. El largo cortejeo frente a la reja, privado de satisfacción sexual, desencadena toda clase de fantasías morbosas. Silvia en *La sed de amar*, despliega una audacia sin límites y habla hasta el amanecer con el novio. A veces, en la reja, para que él la viese, «se quedaba desnuda... porque eso sí, no se dejaba tocar... de pie, dentro, lejos... la contemplación, su táctica...».[84]

Esos noviazgos son nocivos para la salud. Más de una casta novia «se resecaba... se consumía, en estas caras héticas de princesas tristes. Él iba matando, consumiendo en la reja a su novia con el fuego lento *sin amor* de los amores, con la excitación permanentemente insaciada. Iba cambiándola de hermosísima chiquilla que fue en bella modernista que no podía soportar un beso sin desmayo». El mal de moda, la neurastenia, era el resultado y «saltaba de aquellas músicas y de aquel bullicio... en los vapores de lascivia con que reventaba el amor prisionero en los corsés como estalla en la desolación la fuerza de la dinamita».[85]

Una sociedad basada en ese exagerado culto a la virginidad lleva a los padres a ridículos extremos de inflexible severidad. La madre de Pura en *Jarrapellejos*, la hace siempre llevar ropa interior sucia para evitar que se entregue al novio. La madre de Antonia en *En la carrera* vela tras la reja para oír las palabras que intercambian su hija y Esteban. El absurdo concepto del pudor impide hasta la higiene. «Nadie en Palomas bañaríase por nada del mundo»,[86] pues «las castas señoritas, son juradas enemigas del baño por cristiana tradición de castidad».[87] Lidia Falcón constata que, en efecto, en

---

84 8.ª ed., Madrid, 1920, 121 (primera edición aparece en 1902).

85 *El amor en la vida y en los libros*, 34.

86 La primera edición de esta novela aparece en Madrid en 1912, citamos de la edición de Buenos Aires, 1941, 26.

87 *La Altísima*. Primera edición, Madrid, 1906, citamos de 4.ª ed., Madrid, 1920, 30. Este tema es abordado por Trigo en varias obras. En *Sor Demonio*, 1909, la mujer se baña con la camisa puesta. En *Así paga el diablo*, 1911, un matrimonio no se desnuda a la vez; en *Las Evas del paraíso*, 1910, una chica no consentía ciertas libertades a su novio porque tenía roña en las rodillas. «¡Condición y sostén de la virtud... la roña!», exclama Trigo, Madrid, 1920, 134-5.

aquella época, el baño, como instrumento de práctica higiénica, era prácticamente desconocido. Un inventario judicial de aquellos años explica refiriéndose al bidet: «Instrumento en forma de guitarra de uso desconocido». Se creía en el baño sólo para lavar a los muertos y como antitérmico en caso de tifus o gripe. Sólo las prostitutas «parecen más decididas a emplearlo y ello conduce también a que una mujer decente huya pudorosamente de tal práctica».[88]

La severidad de los padres durante el noviazgo, impide que los jóvenes se entiendan bien antes de la boda. Gloria, en *La clave*,[89] conoce muy superficialmente a Adelardo. Inés en *Mi media naranja*,[90] antes de casarse no había estado ni un momento con el novio sin la presencia de la madre o el cura, ni siquiera ante la reja. La noche de bodas es la primera ocasión en que se encuentra a solas con él. Por ello, las jóvenes pueden sufrir severos traumas al enfrentarse con el sexo, como sucede a Lola y a Marta de *La sed de amar*, que tienen ataques nerviosos de este origen.

Si la madre afloja la vigilancia un instante, la chica caerá en manos del hábil seductor. La pérdida de la virginidad se puede disimular. En *La sed de amar*, alguien pregunta al doctor si la deshonra de una chica se le conocerá en la boda. El médico responde: «una lista se la pega al más listo en la noche de bodas; una tonta pasa también, a menos que se trate de un hombre de verdadera experiencia».[91] Pero en caso de embarazo, entonces la suerte de la chica está echada, pues en esa sociedad donde la virginidad es valor absoluto, nunca será aceptada. Justina en *La sed de amar*, tiene que refugiarse en un convento, Antonia de *En la carrera* acaba en un burdel después de un aborto provocado por la propia madre.

Aun ante el negro porvenir que les espera, y sabiendo lo que su conducta puede acarrearles, con verdadero heroísmo las chicas se entregan a sus seductores, ofrendándoles esa valiente aunque inútil prueba de su amor. El hombre no pierde nada, por el contrario, se jacta de sus conquistas ante sus amigos y destruye la reputación de su víctima.

Trigo bautiza a esas desdichadas muchachas como «las ingenuas», y en la novela así titulada publicada en 1901, explica el significado de ese denominativo. Comentando la novela de Prevost *Les*

88　*Mujer y sociedad*, 171.
89　Madrid, 1910.
90　Madrid, 1914.
91　*La sed de amar*, 244.

Démi vièrges, explica que ese tipo de mujeres francesas son producto de una civilización más avanzada. En España no las hay, lo que hay son las ingenuas; aquellas que quedan prisioneras en la familia y a las cuales «les da lo mismo obedecer al confesor o al papa y casarse con Cristo o con el novio». Son también las muchas que la educación moderna lanza por «las calles y los teatros, llenas aún de su inocencia, para ir dejándosela a jirones en la maldad de los hombres que las pueden cazar». La *démivièrge* francesa es una intelectual maligna que juega a la impudicia con el amor como con un enemigo del matrimonio, guardando aquél y reservando para éste la virginidad material. Las ingenuas, son «confiadísimas creyentes que con la misma ingenuidad van a la vez en pos del amor, ya sea al bien o al mal».[92]

Esta fase del desarrollo psicológico, social y erótico de la mujer española es descrita por Trigo en *Las ingenuas,* novela que plantea el conflicto entre las ideas modernas y revolucionarias de Luciano y las tradicionales del ambiente de Flora. Ella y sus otras compañeras, María, Magda y Nieves, son las ingenuas españolas, llevadas a renunciamientos dolorosos, entregadas por amor a seductores poco escrupulosos, soportando matrimonios sin amor o entregadas a la frivolidad y al vicio.

En *La sed de amar,* publicada en 1903, hay un verdadero desfile de ingenuas: Jorge, una vez despertados sus instintos sexuales por la lascivia de las criadas y los besos sensuales y atrevidos de una tía, experimenta las primeras sensaciones del amor en un burdel. Una noche presencia la deshonra de su joven hermana Lola, quien había confiado en las promesas de un amante que luego la abandona. Jorge se encarga de proteger a su hermana obligándola a llevar una vida de absoluta castidad hasta su casamiento con un general de sesenta años. Pocos días después de la boda, la chica muere.

Los conceptos morales tan severamente impuestos por Jorge a su hermana no los aplica a las demás mujeres. Pasa unos meses en casa de la tía que lo había iniciado en las experiencias eróticas. Completa su educación sexual, pero termina batiéndose a duelo con el marido. Después de la tía aparece Justina, la pobre virgen que, desesperada por la indiferencia de Jorge, le sacrifica su virginidad, ganándose con ello no el matrimonio sino el abandono y el convento. Jorge se enamora sinceramente de la dulce Rosa. Ella vive con una

92 *Las ingenuas,* I, 175.

prima por quien siente espantoso temor. Rosa queda encinta y Jorge se entera por un periódico que la prima, para salvar el honor de Rosa, ha falsificado su sexo, y haciéndose pasar por hombre, se ha casado con ella. Este argumento fue tomado de un caso verdadero. Los personajes femeninos de esta novela forman una verdadera galería de ingenuas. Lola, la pobre mártir que se entrega al novio; Marta, la tía, casada sin amor y buscando distracción con su sobrino y con otro amante; Mercedes, la actriz, la menos atormentada y la más moderna, sensual y alegre; Loreto, la coqueta, que no siente placer y se ofrece al hombre sólo por vanidad; la tímida Rosa, casada con su prima; y la misma prima, que ha convertido su miedo en odio implacable a los hombres.

2. LAS CASADAS

Hemos visto la triste suerte de las ingenuas. La alternativa de las casadas no era mucho mejor. Nos podemos dar una idea de lo que se esperaba de la capacidad intelectual de la mujer casada de aquellos años al hojear algunas revistas de la época en la sección destinada especialmente a la mujer, bajo el nombre de «Gaceta de la mujer», «Revista del hogar», etc... El contenido de la «Gaceta de la mujer» de *Hojas Selectas* durante 1904 es:

1. «Código de belleza» (con 5 fotograbados).
2. «Un equipo de novia» (con 5 fotograbados).
3. «La mujer argentina», por C. Navarro Lamarca, con un dibujo de G. Camps, otro de J. Triadó y 9 fotograbados.[93]

Blanco y Negro, en su sección «Páginas femeninas» de 1905, contiene lo siguiente:

1. «Palabras de una reina al cumplir los sesenta años». (Sobre Carmen de Sylva, reina de Rumania.)
2. «Un problema a medio resolver». (Sobre el velo o el sombrero que las damas deben ponerse para proteger el peinado cuando se ven en la necesidad de ir en automóvil.)
3. «Una gran dama caritativa». (Sobre las acciones de Madame Dussaud para ayudar a los niños sordos y ciegos.)
4. «Miriam Harry». (Breve reseña sobre esta escritora.)
5. «La mujer en Argelia». (Tal vez para que las mujeres españolas se consideren afortunadas.)

93 *Hojas Selectas,* 1904, 17-23; 316-320; 579-84.

6. «Una artista y su retrato». (Sobre una pintora de retratos).

7. «Concurso carnavalesco». (Sobre los disfraces para el carnaval.)

8. «Carmen Rojo Herraiz». (Un sorprendente artículo sobre esta educadora, abogada de la instrucción femenina.)

9. «Una belleza china».

10. «Modas de primavera».

11. «Un abanico artístico».

12. «Grandes damas españolas. La marquesa de Squilache».

13. «Modelo de primavera».

14. «La novia del Kronprinz».

15. «La duquesa de Villahermosa».

16. «Las bellas vencedoras». (Sobre las japonesas y cómo logran sus propósitos gracias a «su belleza candorosa e infantil». El autor de este artículo señala que esas figuritas tan encantadoramente ingenuas, tienen «ese no sé qué de animalillos domésticos que parecen reclamar cariño y protección al par».[94]

La imagen de la mujer según esta lista es la de una criatura frívola, pasiva, poco inteligente, contenta en un mundo centrado en sus hijos, su marido y su casa. Por aquellos años, Havelock Ellis escribió: «Es verdad que las mujeres permanecen más que los hombres, más cercanas al estado infantil.»[95] El concepto de la mujer como niña era tan popular en aquella época que exasperaba a las emancipacionistas más aún, tal vez que el concepto de la mujer como «objeto sexual». Ya hemos visto en los capítulos precedentes hasta qué punto se cotizaba la gracia de la niñita — a la cual contribuía la moda — y la frustración que muchas mujeres casadas empezaban a sentir por ello se expresa en la Nora de *Casa de muñecas*. El razonamiento de Ellis es interesante: «La naturaleza ha hecho a las mujeres similares a los niños para que puedan entenderlos y cuidarlos mejor ... No hay nada similar en la vida masculina que corresponda a este gozo fisiológico».[96]

En España aparecieron por aquellos años varias ediciones de uno de los libros más acentuadamente *mâle chauvinist* de la época.

94 715, 14 enero, 1905; 716, 21 enero, 1905; 717, 28 enero, 1905; 718, 4 febrero, 1905; 719, 11 febrero, 1905; 721, 25 febrero, 1905; 722, 4 marzo, 1905; 726, 1 abril, 1905; 727, 8 abril, 1905; 730, 29 abril, 1905; 732, 13 mayo, 1905; 733, 20 mayo, 1905; 734, 27 mayo, 1905; 735, 9 junio, 1905, y 738, 24 junio, 1905.
95 Havelock Ellis, *Man and Woman*, 72.
96 *Ibíd.*

Se trata de *Of Queen's Gardens* de Ruskin.[97] Aun cuando hubiera algún brote de feminismo en España, las militantes tenían que contar como quintacolumnistas a las mismas mujeres, satisfechas con el estatus. La Condesa de Campo Alange describe a la «mujer de su casa» de aquellos años:

> Poca actividad puede desarrollar la mujer casada aparte de la función fisiológica en la que por cierto arriesga la vida, si tiene un hijo a cada año o dos, si los alumbrmientos alternan con los abortos y las crianzas, si a veces un mal parto la deja doliente para el resto de sus días ... Ella lleva las riendas del hogar y goza del general respeto, pero «la mujer de su casa» rara vez conserva en ella a su esposo, que se pasa el día en el casino, el café o la taberna. Los celos conyugales han hecho de la novia, a veces bonita, una esposa abandonada y poco atractiva. Se siente aburrida y nerviosa, insatisfecha de su vida vacía. A veces busca un director espiritual a quien poder comunicar sus problemas más íntimos.

El código civil español, inspirado en el napoleónico, daba el mando del hogar al marido. No había matrimonio civil, no había divorcio, el artículo 22 declaraba que «la mujer casada debe obedecer al marido». El 58 que «la mujer está obligada a seguir a su marido dondequiera que fije su residencia». El 59 que el marido era el administrador de la sociedad conyugal. El marido era el representante de la mujer y ésta no podía, sin su presencia, comparecer a juicio.[99]

Felipe Trigo pinta una triste visión del matrimonio, como último remedio contra la histeria o la locura o como antídoto a la coquetería. Describe matrimonios por rutina, por dinero, por venganza, para encubrir la pérdida de la virginidad; todos ellos igualmente tristes. Renata, en *En la carrera,* para salir de la aburrida rutina de su matrimonio, se lanza a peligrosos coqueteos en los que llega a las más atrevidas caricias, aunque sin entregarse jamás sexualmente, pues acata ese último tabú. Otras se lanzan por el camino de la ilegalidad. En *La sed de amar,* la mujer casada infiel atrae el escándalo y la ruina. Mientras tanto, el hombre sabe que aun al casarse seguirá gozando de igual libertad que antes.

Para Trigo, el matrimonio no es la cuna, sino la tumba del amor.

---

97 Véase nuestro libro, *A Dream of Arcadia,* 15-8.
98 Cit. Lidia Falcón, *Mujer y sociedad,* 178-9.
99 *Ibíd.,* 299, 302-3.

La personalidad de sus mujeres casadas se desintegra. Amparo, en *Las ingenuas,* no logra encontrar su papel sexual de esposa, se dedica a los quehaceres domésticos y su marido queda libre para su agresiva caza de aventuras amorosas. Hemos visto los artículos dedicados a las mujeres de la casa, mientras que, en aquellos años, la literatura pornográfica importada se dirigía especialmente a los hombres casados, recreándose en explícitas referencias a deseos y expresiones sexuales «prohibidos». Las mujeres casadas se enfrentaban con el sexo sólo bajo el disfraz de consejos médicos o moralistas.

Al casarse, una mujer no quedaba libre de los conceptos tradicionales del honor operantes en la sociedad española. En 1908, Trigo publica *Sor demonio,* un estudio psicológico sobre los celos de un marido que victimiza a su mujer empujándola con ellos al adulterio. En esta novela también señala la cruel diferencia que hay entre la libertad sexual del hombre y la esclavitud de la mujer. Cuando Isabel, enamorada de Honorio, se le entrega antes de la boda, el mismo Honorio, años después, va a reprochárselo y a considerarlo como prueba de que Isabel lo engaña ahora.

El adulterio es abordado por Trigo en *La clave.* Un matrimonio sin amor entre Abelardo y Gloria, lleva a ésta a una relación adúltera con su primo Julio. Queda encinta, aborta para evitar el escándalo y muere. Es una víctima más de la educación: casada, muy jovencita, con un hombre a quien apenas conocía, puede sentir por él respeto, pero no amor. Gloria parece feliz a su manera: sus hijos son maravillosos, su marido es bueno y su suegra una santa. Todo parece ser armonía y felicidad, pero Julio le revela una íntima tristeza y su amor por él la lleva a la muerte. Trigo capta el ambiente que rodeaba el adulterio. A pesar de que muy pocas veces llegaba el caso a los tribunales la mujer tenía un fuerte sentimiento de culpa. Una apasionada aventura amorosa era denigrada por los periódicos más salaces que hacían gala de indignación moral en casos de adulterio.

La perfecta casada era el modelo aún vigente activamente en esa época, y en ese contexto, el mero pensamiento de que la mujer pueda ser infiel es tan aborrecible, que Fray Luis de León evita aun el tocarlo. Así como les es natural a las aves el volar, nos dice, así las casadas han de tener por dote natural el ser buenas y honestas y lo contrario es suceso aborrecible, desventurado y monstruoso, «inimaginable como el fuego frío o la nieve caliente».

En España en aquella época no había divorcio, y sólo era válido el matrimonio canónico. Un artículo en *La España Moderna* se burla del divorcio considerándolo una moda como las crinolinas y los miriñaques, que sólo durará en Europa unos trece años.[100]

Así, la mujer casada, privada de una vida sexual satisfactoria que los maridos buscaban fuera del matrimonio, se dedicaba a monopolizar y a dominar a los hijos que se convertían en la única misión de su vida. La mujer esperaba realizarse como madre. Escuchemos a la Condesa de Campo Alange: «el número de hijos es generalmente de seis a ocho, pero a veces, y con relativa frecuencia, llega a doce, quince, veinte y hasta veintidós. Como la mortalidad crece a medida que aumenta el número de hijos, sobre el dolor de darles la vida, la madre pasa por el dolor de verlos morir. A veces, de veintidós nacidos, sobreviven sólo dos o tres».[101]

Para cerrar este capítulo, debemos decir algo sobre el control de la natalidad en aquellos años. Trigo, aun sin especificar la forma, aboga por una familia reducida a dos o tres hijos solamente. Desde 1876 cuando se publicó el famoso documento *The Fruits of Philosophy* de Knowlton por Annie Besant y Charles Bradlaugh, seguido por el célebre juicio a los dos autores, el tema era de actualidad. No hay ningún panorama concreto sobre el control de la natalidad en el fin de siglo, ni es fácil saber hasta qué punto se usaban las técnicas contraceptivas. Quienes creían en limitar el crecimiento de la población para bien de la nación se basaban en las teorías de Malthus.[102] De ellas salió el eufemismo, «maltusianismo» o «neomaltusianismo», tan extendido en España, donde llegó a publicarse un periódico llamado *El Neomaltusiano*.[103]

---

100 Fernando Araujo, «El krach del divorcio», *La España Moderna*, 1902, 157. Véase también el artículo de Pío Baroja, «Adulterio y divorcio», en *Alma Española*, 10, 10 enero, 1904, 2. A Baroja le parece injusta la actitud de la sociedad ante el adulterio. Éste es «a veces crimen, es a veces delito, es a veces falta, es a veces, en los pueblos en que no existe el divorcio, un derecho, el derecho que todos los hombres tenemos a la felicidad». Para él la única solución humana a esos problemas es establecer el divorcio en España, y más que eso; la unión libre, «la forma más perfecta, más acabada de unión sexual, la más favorable para la selección de la especie y para el bienestar del individuo».

101 Lidia Falcón, *Mujer y sociedad*, 178-9.

102 Malthus en 1798 publicó *Essay on the Principle of Population*. Allí mantenía que hay una tendencia natural de la población a aumentar más rápidamente de lo que aumentan los medios de mantenerla. El hombre debe procurar reducir el índice de natalidad.

103 Hemos visto un solo número, apareció en Madrid en 1901. Sobre el maltusianismo véase R. Ussher, *Neo-Malthusianism*, Londres, 1897.

La propagación del control de la natalidad se acentúa en esos años, dirigida no ya al hombre de mundo, sino al hombre casado. El método más usado era el del ritmo.[104] También eran populares los condones (derivado del nombre del médico inglés que lo inventó), llamados también «cartas francesas» o más prosaicamente «gomas». Los periódicos españoles anunciaban abiertamente «Froufrou, gomas higiénicas. Fotografías alegres, se remiten catálogos enviando sellos. Gato 3, duplicado. Despacho permanente».[105] Esas gomas habían sido fabricadas usando intestino de carnero, y eran, aparentemente, muy seguras. La vulcanización del hule por Goodyear y Hancock en 1843-44 hizo el condón del fin de siglo posible, pero pasaron muchos años antes de que el de hule fuese introducido. Posiblemente llegó a Europa después de la Exposición Mundial de Filadelfia de 1876. Había también otros métodos técnicos, la inyección en la vagina de varias mezclas consideradas contraceptivos, como el vinagre o el alum.

La literatura contraceptiva era abundante. Iniciada en ese siglo posiblemente por *The Principles of Population* de Francis Place.[106] A éste siguieron otros muchos tratados y manuales, algunos de los cuales aconsejaban lavados de vagina después del acto sexual, con soluciones compuestas por alum disuelto en agua, dos cucharadas de sal eratus (bicarbonato de sodio) y cuatro o cinco cucharadas de cloruro de sodio. Había también recomendaciones francamente peligrosas, como el usar una mezcla de estricnina y yodo tomada oralmente.[107] Uno de los manuales más populares, que se vendió hasta bien entrado nuestro siglo, fue el del docor H. A. Albutt, *The Wife's Handbook*, traducido al español como *El consejero de la mujer*. Allí se hablaba sobre el ritmo, haciendo notar que podía fallar en un cinco por ciento de los casos, e incluia los nuevos desarrollos tecnológicos.[108]

104 Véase el entonces popular manual de Ida Ellis, *Essentials of Conception*, Londres, 1891.
105 Felipe Trigo, *El amor en la vida y en los libros*, 14. La definición de la *Enciclopedia universal ilustrada europeo-americana*, XIV, 1101, «Condon, saquito de tripa o de goma que se usa como preservativo de las enfermedades venéreas y sifilíticas. Su destino primitivo era el fraude en las relaciones sexuales para impedir la procreación».
106 Londres, 1822.
107 Charles Knowlton, *The Fruits of Philosophy*, 1836, llegó a su edición número 48 en 1900.
108 Barcelona, 1903. También traía información sobre este tema el manual anónimo *Misterios de la alcoba (Higiene del matrimonio)*, Madrid, 1899.

El *retirage* viene, parece, importado de Francia, y también se inventaron medidas contraceptivas inverosímiles: toser, estornudar, brincar y hacer ejercicio violento inmediatamente después del acto sexual. Desde luego, había quien proclamaba como único método moral las virtudes de la abstinencia, mientras los antimaltusianos como Unamuno clamaban contra todas esas medidas por considerarlas degradantes de las mejores aspiraciones del hombre y la mujer.

En 1899 empiezan a aparecer en Madrid, unos pequeños tomitos de la llamada Biblioteca Científica, relacionada con la vida sexual. Véase al respecto *La Vida Galante*, 14, 15 febrero, 1899.

IV

Las reveladoras

Trigo ha pintado la triste suerte de las mujeres. En el fondo, no es menos trágica la que les espera a los hombres. Éstos cuentan con una libertad sexual que la mujer no tiene, pero su educación en este aspecto es deprimente y sórdida. Son iniciados en el amor por las «reveladoras». Las conocemos bien a través de las novelas de Trigo: las encontramos en *En la carrera, La sed de amar, Camisa rosa,* y en la novela que lleva ese nombre: *Las reveladoras.*[109] Son las criadas, las amigas de la madre y las prostitutas. En *Las reveladoras,* Gloria, la criada, suele contar chistes verdes frente a los niños, e inicia a Rodrigo en atrevidos juegos eróticos. Josefina, la joven amiga de su madre, es aún más audaz, e igual comportamiento tiene Renata con Esteban en *En la carrera.* Tras estas experiencias preliminares vienen las otras reveladoras del amor, con quienes los jóvenes tendrán sus primeras experiencias sexuales: las prostitutas.

Ya hemos mencionado anteriormente la popularidad de los temas relacionados con los bajos fondos. El modernismo los heredó del naturalismo más descarnado, estetizándolos para hacerlos materia de incontables obras literarias y plásticas. En la vida real, la sociedad snob de la época consideraba de buen tono la frecuentación de lugares de mala fama. Los jóvenes viciosos, los señoritos calavera, los jóvenes del *pschut,* siempre en busca de sensaciones nuevas y extrañas, se codeaban con la canalla.

En Madrid, se podía acudir a las prostitutas baratas del barrio de los Tudescos o a las elegantemente ataviadas que se encontraban en las casas de juego, en Fornos o en la Maison Dorée, a la salida del Apolo o del teatro de la Zarzuela. También estaban las cantaoras del Café del Brillante, las elegantes que frecuentaban el Hipódromo o los múltiples burdeles que operaban tras fachadas de perfumerías, peluquerías, pensiones y colmados.

Se desarrolló una literatura basada en estos temas. Los atrevimientos naturalistas se explotaban con curiosidad malsana y este-

---

109 En 1906 salió una primera versión de esta novela en *El Cuento Semanal.* En 1909 apareció como libro junto con *La de los ojos color de uva.*

tizante. La burguesía proyectaba sus frustraciones a través de una literatura que los hacía salir sin peligro de su propio medio. Otras obras, como ciertas novelas de Paul Adam, traducidas en España, eran de tendencia populista y miserabilista. Luis Graner fue el pintor de estos temas, su atmósfera es la de las tabernas, la del dolor y el vicio. Zamacois publica por esos años su *Memorias de una cortesana*, y en «Desde el arroyo», capta el mismo ambiente.[110] Ramón Sempás escribió en 1902 su novela *Esclavas del oro* sobre la trata de blancas.[111] Baroja habla sobre estos temas e*n La mala hierba* y en *La busca*. Los principales poetas del vicio fueron Emilio Carrere y Manuel Machado. Éste habla sobre «las golfas y el aguardiente...y la noche de Madrid, y los rincones impuros y los vicios más oscuros de estos bisnietos del Cid».[112] Poetiza lo sórdido:

> De un amor canalla
> tengo el alma llena,
> de un cantar con notas monótonas, tristes
> de horror y de vergüenza.
>
> de un cantar que habla
> de vicio y de anemia,
> de sangre y de engaño, de miedo y de infamia
> y siempre de penas
>
> De un cantar que dice
> mentiras perversas...
> De pálidas caras, de labios pintados
> y enormes ojeras.[112]

Emilio Carrere exalta a las prostitutas:

> Qué busco yo en los ojos de las tristes rameras
> que cantan en las calles saetas nocturnas
> Por qué amo yo esos rostros de trágicas ojeras
> que son flores monstruosas de mis frondas nocturnas
> Esas bocas que tienen hálitos de hospital
> Son vampiros que absorben con besos macerantes
> y son sus almas vírgenes cisternas inquietantes
> igualmente impasibles ante el Bien y el Mal.[113]

110 *Desde el arroyo*, Madrid, 1903.
111 Publicada en Madrid.
112 Manuel Machado, «Yo poeta decadente», *Alma*, 205-6.
113 Emilio Carrere, «Elogio de las rameras», *Nocturno de otoño*, 170. Véase también la poesía de Manuel Paso, «La media noche», *La Vida Galante*, 23, 18 junio, 1899; «Las cuatro clases de mujeres», sátira burlona publicada

El tema de la trata de blancas fue también motivo de incontables estudios sociológicos. Las agencias de colocaciones de la época camuflaban verdaderos mercados de esclavas. El grueso del ejército lo formaban mujeres contratadas en fábricas y talleres. Se reveló que en Barcelona había un mercado de muchachas italianas. Los establecimientos clandestinos anunciaban curiosas razones sociales: «casa para pupilas», o «se rentan camas». Los anuncios de periódicos, hábilmente desplegados, componían un lenguaje que el iniciado descifraba fácilmente: «Lecciones de francés por Dama que dirigió pensión en París».[114] Los apartamentos reservados a los amores furtivos se encontraban bajo falaces anuncios de «Masajes», «Lingerie francesa», «Fotografías artísticas», «Libros raros», «Estampas japonesas», «Agencias matrimoniales», «Agencias dramáticas», «Peluquería».

Trigo recoge este tema pero no lo poetiza. *En la carrera* es un buen ejemplo de cómo lo desarrolla. Esteban, un joven provinciano, va por vez primera a Madrid para estudiar medicina. El bagaje ético que lleva consigo son las groseras pero verídicas palabras del revisor del tren. Sus instintos sexuales han sido despertados de vulgar manera por criadas y prostitutas: «Oh qué pena que las purísimas chiquillas no pudieran tener nunca sus primeras ilusiones con purísimos chiquillos... Qué cadena de horror contra el amor, contra las espontáneas noblezas de la vida, la que tendíase desde las lumias y criaditas hasta los niños, y de éstos, después, a las novias virginales».[115]

La vida de Esteban en Madrid transcurre más entre burdel y burdel que entre aula y aula. Su madre, otra ingenua, jamás sospecha que su hijo es cliente asiduo de las mancebías de Madrid. Si lo hubiera sabido, ¿habría permitido que se casara con Antonia con quien vivía en la más absoluta felicidad y armonía? No, pues a pesar de ello, Antonia es una deshonrada.

Más desdichada aún es la vida de Antonia. Ingenuamente, ha sacrificado a Esteban su virginidad, y es víctima de la indiscreción del chico y la maledicencia de la gente. Su deshonra atrae a un viejo seductor de jovencitas, Navarro, con quien ella, tras un aborto y empujada por su madre, se une en un concubinato sin amor.

en Madrid, s.f., recogida por G. Díaz Plaja, *La vida española en el siglo XIX*, Madrid, 1952, 26-7. Son interesantes también los cuentos de Emilio Fernández Vaamonde, que narran la vida de las prostitutas madrileñas, así como *Ganarás el pan*, de Pedro Mata, Barcelona, 1904.

114 Felipe Trigo, *El amor en la vida y en los libros*, 68.
115 *En la carrera*, 7.

Después de dejarlo, vive felizmente con Esteban, pero las presiones familiares los separan y termina en un burdel. Allí la encuentra, sifilítica, un amigo de Esteban, a quien cuenta su triste historia que da un giro irónico al título de la novela. Ahora también ella está en la carrera.

A través de esta novela vemos una galería de prostitutas. Muchas empujadas por la pobreza, otras por la sociedad que no perdona la deshonra. Trigo hace ver que la prostitución y la pobreza iban de la mano. Es el límite en que la promiscuidad y la prostitución se combinaban con la apatía. La promiscuidad sexual era un simple corolario de la niñez de la clase trabajadora. Es el ambiente que se ve también en *Fortunata y Jacinta* o en la trilogía barojiana *La lucha por la vida*. Las golfas venían de provincia o empezaban en los barrios de las Injurias, las Cambroneras o Portillo de embajadores. Más tarde, las más atrevidas, llegaban al centro de Madrid, y echadas de los buenos barrios, se refugiaban en los alrededores de la Plaza Mayor, por la calle de Postas, que fue durante muchos años el perímetro de los amores fáciles.

Ciertos autores como Navarro Fernández, que escribió *La prostitución en la villa de Madrid*,[116] muestran el aumento del número de prostitutas por aquellos años del fin de siglo. Radríguez Solís considera: «las mujeres que viven en Madrid de las multiplicadas artes del galanteo resultan 34.000. De ésas ni un tres por ciento sabe leer ni escribir».[117] Concepción Arenal y la Condesa de Campo Alange denunciaron a una administración venal que sacaba de la prostitución una verdadera fuente de ingresos.[118] Las causas de la prostitución según esos autores y cómo lo muestra Trigo, son la miseria y la seducción. La seducida, sobre todo si terminaba encinta, era considerada deshonrada y se le expulsaba de casa. Resultado de ello es que el niño iba a la inclusa y la madre al convento o al burdel.

116   Madrid, 1884.
117   Cit. Lidia Falcón, *Mujer y sociedad*, 118. Ver también Starkenburg, *Miseria sexual de nuestro tiempo*, Barcelona, 1904.
118   Concepción Arenal escribía en la segunda mitad del siglo XIX: «La prostitución en España constituye una fuente de ingresos». En el reglamento de la Sección de Higiene de la prostitución, vigente entonces, el artículo 47 dice: «los derechos de reconocimiento, precio de las cartillas y tercio de las multas forman el fondo de la sección, con el que se satisfacen las atenciones de las mismas; si resultara sobrante, pasará a los fondos de la Secretaría de Gobierno de la provincia».
La condesa de Campo Alange, *La mujer española, 100 años de su histo-*

Fuera de los establecimientos donde las pensionarias estaban sujetas a un régimen más estricto, estaban las de la calle, cuya tarifa variaba según la solvencia del cliente. Esas chicas que se perfumaban con pachuli, clavel marchito y rosa rachel, formaban los batallones del amor venal, retenido por una intendencia que a la vez reclutaba, aprisionaba, sancionaba, llevaba cuentas. Alfonsos, *maquereux, gigolos,* chulos, alcahuetas, entremetidas, celestinas... «Viene un joven sano de corazón y cerebro a Madrid — nos dice Baroja — busca la senda torcida, planes astutamente combinados y vencido o vencedor pierde la idea moral de su clase. Se hace golfo...En la juventud la vida del golfo es más fácil que en la infancia; si es fuerte y jacarandoso tiene un campo vastísimo que explotar: las mujeres».[119]

Una prostituta de moda podía ganar más en una noche que lo que un trabajador ganaba en un mes. Una pobre prostituta de barrio podía ganar en veinte minutos tanto como un obrero en sus doce horas de agotador trabajo. Pero no todo era dinero fácil, existía también la enfermedad, la humillación y el peligro. Las prostitutas caras tenían que acceder a los excéntricos deseos de su clientela, y en ello había ciertos elementos de peligro. En lo más bajo de la escala, las semiprofesionales eran aún más vulnerables. Sin chulos ni protectores, a merced de sádicos o asesinos sexuales, esas mujeres formaban una clase difícil de proteger.

Trigo describe esta existencia; las redadas de la policía, las camas de burdel «por donde iba desfilando todo el que quería...hasta asesinos, si traían unas monedas que tal vez acabasen de robar». Por labios de Antonia cuenta el camino del vicio:

> En el cuarto de junto, un zapatero de viejo que le pegaba a su mujer y los chiquillos; en el otro una peinadora que llevaba hombres de las calles. Porque no trataba con nadie, y porque conservaba un humilde abrigo y velo, llamábanme la señorita. No me importaba. En aquella babel de ruido y basura, yo procuraba la limpieza y el orden de mi cuarto. Bordaba, desde las

ria, dice: «con cargo a los productos del ramo de higiene, se paga el coche celular, teléfono del gobierno y de la Guardia Civil, gastos ordinarios y extraordinarios del carruaje del gobernador, incluso la contribución, sueldo y gratificación de los cocheros, personal y material de la secretaria particular, electricidad y gas del departamento del gobernador, comidas de las detenidas en la Dirección General, limpieza de las oficinas, gratificación del médico y los empleados del gobierno, etc.». Cit. por Lidia Falcón, *Mujer y sociedad,* 108.

119 «Patología del golfo», *Revista Nueva,* I, 1899, 145.

seis de la mañana hasta que se me acababa la luz. Ganaba una peseta, cinco reales; con esto, si no quería ir mermando aquellas doscientas pesetas que eran un depósito sagrado, una garantía contra mi horror de un hospital, tenía que costearlo todo. Seis, siete duros al mes; y uno, pongamos, para luz y para lumbre. Medio aun para jabón, para el agua que no la había, para el hilo y las agujas de bordar... y quedaban tres. Con dos reales diarios comía... si me dejaban ganas de freír un par de huevos o de arreglar una sopa la fatiga y la tristeza. Dos meses pasé así. Lloraba mucho y dormía poco. Una noche tuve frío, y me parecía larguísima y negra como aquella inútil vida mía de tristeza y «honradez»... ¡Oh, qué ironía! ¿verdad?... «Honradamente» no podía ni aspirar siquiera a casarme, en mi modestia, en mi pobreza, ni con el hijo del pobre. ¿A qué entonces una vida de tal esclavitud? ¿Por qué respeto? ¿Por qué cosas de virtud ni de miramientos a nada? ¿No era ya una maldita y deshonrada hasta la excecración de la gente? Sentí además en el dolor físico del frío y del hambre, de la oscuridad también, porque aquella noche llegué tarde al almacén y no tenía dinero..., que mi sacrificio de pobreza a la *honradez* era risible... era tardío y sin ventaja alguna para mí ni para nadie.[120]

Las enfermedades venéreas eran la ruleta rusa del eros fin de siglo. Para los puros, eran motivo de terror; para los licenciosos eran un albur, no más predecible que la lluvia. Otros las veían de manera estética, y algunos hasta divertida, sobre todo si atacaban a otra persona y no a ellos mismos. Para persistir con la metáfora de la ruleta rusa, ese revólver tenía, no una, sino dos balas; sífilis y gonorrea. La segunda se consideraba poco importante. El doctor Grandin decía que no era más peligrosa que un catarro. Pero en realidad esas enfermedades eran responsables de un noventa por ciento de los matrimonios estériles. El comité de la sociedad oftalmológica de Londres investigó cuatro asilos de locos y encontró que el cuarenta y uno por ciento de los pacientes ciegos debían su estado a la gonorrea. En Alemania el cuarenta y nueve por ciento de los pacientes de un asilo tenían gonorrea.

La medicina se mostraba impotente en su lucha contra la sífilis. Las llagas eran tocadas con cáusticos: nitrato de plata y ácido acético. Se recetaba una dieta ligera y se ordenaba evitar el ejercicio violento. El remedio más acostumbrado era el mercurio, que probablemente mató más personas en el siglo XIX que ningún otro

120   *En la carrera*, 389.

medicamento. Se llegaba a dar hasta medio kilo, pues se creía que el peso evitaría el flujo en los intestinos. Las célebres píldoras azules y grises eran preparaciones de mercurio relativamente débiles. Más peligroso era el calomel, un compuesto de mercurio y cloro. La otra combinación de estos elementos era el bicloruro de mercurio, un sublimado corrosivo, donde el porcentaje de cloro era más alto. Se usaba también como contraceptivo.

El terror mórbido a la sífilis estaba tan extendido que dio origen a una palabra, «sifilofobia». Significaba también el temor al envenenamiento con mercurio, que era en realidad una cura terrible; dolían los dientes, el aliento tenía un olor fétido característico y las encías se ponían moradas, además de una abundante salivación. El antídoto era una clara de huevo mezclada con agua, más una dosis de ipecacuana y hacer cosquillas en la garganta con una pluma para provocar el vómito.[123] Muchos creían que los preservativos los salvarían de la sífilis. Éstos eran tan usados que las carteras a menudo tenían un compartimiento especial para guardar uno de ellos. Había otra supuesta cura, el desfloramiento de una virgen.

Con el último estado de sífilis venía la corrosión de los órganos sexuales. El fin de siglo estaba acostumbrado a las desfiguraciones faciales por la viruela, y a veces no se sospechaba la enfermedad. Por esos años se encontró evidencia de que la sífilis producía parálisis. Ésta se desarrollaba aproximadamente diez años después de contraída la infección. La muerte sobrevenía a los tres años del comienzo de los síntomas. Hoy es rara debido al tratamiento de la sífilis con antibióticos, pero consistía en la progresiva destrucción del sistema nervioso, falta de memoria y de coordinación muscular, alucinaciones, vuelta a los hábitos de la niñez, falta de control en las evacuaciones.

Se estimaba que por entonces un 66 % de las prostitutas de Europa occidental tenían sífilis. Es difícil precisar cuántos casos existían en España y cuántos ocasionaron la muerte de tanta gente. Esta enfermedad era el corolario de la prostitución, y muchos la veían como una justa paga por el pecado. Frecuentemente se olvidaba que también los inocentes podían ser víctimas.

El fin de Antonia en la novela de Trigo es el hospital. Eduardo la encuentra, ya atacada por la sífilis, «le preguntó qué era una

---

121 *Ibíd.*, 395.
122 *Ibíd.*, 379.
123 R. Pearsall, *The Worm in the Bud*, 280.

mancha roja que le descubrió en un costado. Eduardo le vio otra en la cadera. Toda la traza de la roséola sifilítica. Al sentarse de nuevo junto a él, hízola Eduardo enseñarle los dientes y la frente buscando la *corona de Venus* y las huellas del mercurio. Nada, limpias la frente y las encías. Sifilítica... le daba igual; él estaba vacunado».[124]

Esa pobre sifilítica es una ingenua víctima de su educación, de los hombres, de la moral y de la sociedad. Eduardo comprende: «Por vez primera se daba cuenta exacta de que *estas muchachas* del placer bestial y de la alegría tan triste, destinadas al recreo inicuo de los hombres, de los estudiantes, de los *hijos de familia* ... eran también *hijas de familia,* hijas de los hombres, hermanas de los hombres ... que por cien despeñaderos de engaños y de injusticia las hacían rodar hasta el último infortunio, para clavarlas con el *inri* de la infamia y con clavos de una ley ... de *orden y gobierno.* Y, todavía, en nombre de las leyes de que esa ley formaba parte, gritaban los que la hicieron o los que la consentían sin su protesta: ¡Moral! ¡Qué sarcasmo!»[125]

124 *En la carrera,* 388.
125 *Ibíd.,* 399-400.

V

La utopía amorosa de Felipe Trigo

1. Organización de la utopía

En *Socialismo individualista*,[126] Trigo considera el impulso erótico individual en el contexto de una existencia colectiva. Con ello
sienta las bases de una utopía de tinte fourierista fundamentada en
la exaltación del erotismo como fuerza bienhechora y todopoderosa
que posibilita una sociedad feliz.

Las ideas utopistas de Trigo están permeadas del pensamiento
de varios autores que ha leído a fondo: Van de Velde, Jaurès, Fourier, Malato *(Philosophie de l'anarchie)*, Tarbouriech *(La cité future.
Essai d'une utopie scientifique)*, Proudhon *(Teoría del movimiento
constitucional)*, Rousseau *(El contrato social)*, Voltaire, Laplace, Ber-
nard, Bichat, Broussais, Malebranche, Pasteur, Ribot *(La psicología
de los sentimientos)*, Janet *(État mental des hystériques)*, Stendhal,
Zola, France, Maupassant, D'Annunzio, con quien se le ha compa-
rado a veces. Admira a Spencer y ve con escepticismo a Darwin.
No aprueba a Malthus, «con sus teorías draconianas contra la vida
exhuberante» a pesar de que habla del control de la natalidad. Cita
a Morris y a Ruskin.[127]

Trigo escribió sus teorías en dos libros de doctrina. Es el primero, *Socialismo individualista. El amor en la vida y en los libros*,
el segundo, ratifica lo dicho anteriormente. En *Socialismo individualista* se puede encontrar una de las fórmulas con que Trigo con-
cretiza lo que considera socialismo.

Trigo enfoca la reforma de aspectos básicos de la sociedad de
su tiempo. Lo que él considera la esclavitud de la mujer y las absurdas libertades del hombre; la educación anticuada y los conceptos medievales del honor y la virtud. También ataca instituciones
fundamentales como la familia. Considera que Marx y Engels se han
concentrado principalmente en el aspecto económico de las transformaciones sociales, olvidando la faceta antropológica. Él se pro-

---

126 Madrid, 1904. Citamos de la quinta edición, Madrid, 1920.
127 *Socialismo individualista*, 112.

pone demostrar que no existen conflictos entre las distintas propensiones fisiológicas del individuo.[128]

Nuestro autor afirma la importancia de la economía. El nuevo mundo que propone se basa en medidas colectivistas reorganizando las riquezas y las costumbres de la economía doméstica e industrial. Sin embargo, considera que las transformaciones socioeconómicas no bastan y se propone recrear también las condiciones morales y psicológicas necesarias para su revolución. Por ello pone de manifiesto un impulso que dirigirá el proceso revolucionario: el erotismo. Esta dimensión dará los cimientos pasionales a su nuevo Estado.

Considerando estas ideas en perspectiva con las de su época, tenemos que recordar que el marxismo ortodoxo rehusaba incorporar el subconsciente. El hombre «concreto» de Marx se ve privado de su carga afectiva y es por ello incompleto. Las ideas expuestas por Trigo parecerían dar una improbable unión entre Marx y Freud, prefigurada tal vez por Fourier. Como el utopista francés, esboza la unión del análisis de las pasiones y las relaciones de trabajo. Llegamos así ante un optimista aspecto del erotismo fin de siglo, en el que se vislumbra la solución y síntesis de dos aspiraciones diferentes: la organización económica y la liberación del deseo.

No concuerda Trigo con la regimentación impuesta por utopistas como Saint Simon, Owen o Fourier, «fantaseadores que creen poder sujetar la vida a su capricho» y nos presentan por ciudad «una especie de gran cuartel o de hospicio limpio e inmenso donde todos se levanten a toque de campana, trabajen a toque de campana y coman y se diviertan a toque de campana con una uniformidad de fantoches».[129] Mejores le parecen los mundos creados por Morris y Schaeffle y aún mejor *La cité future* de Tarbouriech. En su propia utopía, las tierras, las minas, los medios de producción, las empresas industriales, las instituciones de crédito y los medios de transporte y comunicación deben pertenecer a la colectividad. Deja, sin embargo, lugar a la iniciativa privada, pero regulada por el Estado. Así, si se tiene talento, nada impedirá el enriquecimiento del individuo. Su fortuna, sin embargo, morirá con él, pues el único heredero será el Estado. El acicate para dedicarse a amasar fortuna para el bien de los hijos desaparecerá, y éstos recibirán una perfecta educación a cargo del Estado. El concepto del trabajo cambiará, y ahora se hará por placer o por el bien de la comunidad. Para ello,

128 *Ibíd.*, 4.
129 *Ibíd.*, 149-50.

se deberá cambiar su organización. Cada escalafón de cada cuerpo tendrá las mismas jerarquías y las mismas pagas. Cada cual tendrá completa libertad en escoger profesión. No habrá trabajos indignos, y si hay algunos que por su naturaleza no son deseados, tendrán que ser desempeñados por todos y será obligación de cada miembro de esa sociedad el hacerlos durante un par de años. La vida laboral de la mujer será completamente igual a la del hombre. El trabajo la redimirá de la esclavitud en que vive ahora. También le convendrá físicamente pues aumentará su belleza. En los períodos de gestación, parto, menstruación, la mujer seguirá cobrando su sueldo. Gozará de los mismos derechos políticos y civiles que el hombre y de igualdad en el ejercicio de todos los cargos y profesiones.

Lo más importante de la utopía de Trigo es la reforma del hogar, mediante la eliminación de la familia. Sigue ciertas ideas anarquistas, como las expuestas periódicamente en *La Revista Blanca;* descarta toda clase de uniones «forzadas», tanto civiles como religiosas, y se convierte en abogado del amor libre. La joven pareja podrá iniciar su vida en común, «sin otras fórmulas que las impuestas por su voluntad y su dignidad»,[130] formará un hogar sin compromisos religiosos, administrativos o legales, que sólo necesitará para determinarse las tendencias emotivas y las afinidades artísticas e intelectuales. La atracción amorosa determinará la duración de esta unión, que terminaría con la simple separación de los amantes.

Según Trigo, el amor entre los amantes es una obra recíproca, que se conserva por y a través de la circunstancia erótica. Un hombre o una mujer puede multiplicar sus experiencias eróticas, sin por ello dejar de amar a su pareja. La libertad de conducta permite que el afecto subsista y que la unión sea una aventura perpetua. La reserva de sorpresa que hay que enfrentar continuamente, preserva en cada uno lo que es personal y que la unión rutinaria y forzada borraría. ¿Por qué hacer del amor un voto único y eterno? se pregunta Trigo, si rara vez se está unido por la totalidad y menos aún por la eternidad. La fidelidad forzada limita el amor convirtiéndolo en rutina. Las prohibiciones mutilan al individuo privándolo de una fuente de placer.

Lo más deseable según Trigo, es que los jóvenes inicien su vida

---

130 *El amor en la vida y en los libros,* 187. Véanse los artículos de Soledad Gustavo en *La Revista Blanca,* por ejemplo, «De la moral», 1, 1 julio, 1898, 5-6. Véase también en esa misma revista «Del amor en la sociedad del porvenir», por el Dr. F. Baixauli, 15 abril, 1899, 569-70.

en común desde temprano. En la sociedad contemporánea se ven obligados a contener sus necesidades sexuales o a satisfacerlas en burdeles. El hogar debe formarse únicamente por los dos amantes, y los hijos estarán a cargo del Estado. La pareja no se compenetrará en la total intimidad antiestética de la vida cotidiana. Trigo encuentra algo grosero y vulgar en el modo usual de entender la vida en común, con los cónyuges durmiendo en el mismo lecho y usando las mismas habitaciones para sus más íntimas necesidades. Así se pasa de la poesía del noviazgo a la prosa del matrimonio. El continuo hábito de desnudarse y cuidar del aseo en la misma estancia mata el erotismo y la poesía. Aboga por la separación de departamentos. Cada amante tendrá dependencias exclusivas; un cuarto para dormir, otro de aseo y gimnástica, otro de trabajo, otro de recreo artístico.

El resto de la casa está planeado en consideración de un sistema colectivo. El comedor y la cocina serán supérfluos pues se comerá generalmente en los restaurantes del estado. Igualmente innecesarios serán los salones de fiesta que podrán hacerse en centros del estado. Los cuartos de costura, planchado, lavado, serán también redundantes, así como la misma necesidad de coser, planchar y lavar en el domicilio, pues esas labores se harán en los talleres públicos. Restringidas las necesidades domésticas, quedarán simplificadas las faenas de la limpieza y la higiene de un hogar confortable, que son tan abrumadoras y complejas en la sociedad contemporánea y apenas pueden concebirse sin servidumbre. La pareja de amantes disfrutará de un chalet rodeado de jardines o de un amplio edificio donde vivirá con la natural independencia de vecinos. El hombre compartirá con la mujer las labores domésticas sin ningún desdoro.

La libertad sexual eliminará los sórdidos burdeles. Trigo exige la supresión de todas las mancebías o la extensión, a sus frecuentadores masculinos, de las mismas cartillas infamantes que se dan a las prostitutas. También se calificaría de «puerco nacional» a todo paciente de enfermedades venéreas.

La mujer durante el embarazo podrá continuar su vida normal hasta el sexto o séptimo mes. A partir de entonces, en pro del interés social y del suyo propio, estará más bien atendida en una Casa de Maternidad, donde la visitará el marido. Será relevada de todo trabajo profesional desde el sexto mes, sin por ello perder su sueldo. Después del alumbramiento, permanecerá en la Casa durante la primera lactancia. Cuando el niño no necesite más la leche materna, pasará al internado de párvulos, y ella a su vida habitual.

Trigo insiste en la necesidad de separar al niño de sus padres. El pequeño, desde que empieza a ser inteligente hasta que sea hombre y pueda actuar autónomamente, vivirá en colegios públicos por cuenta del Estado. Lo que a primera vista parece un brutal secuestro, es en realidad conveniente: los padres podrán visitar al niño tan a menudo como lo deseen, y la educación del pequeño dependerá de personas más preparadas que sus padres para ello. El niño ya no se verá limitado por la familia que exige un patrón dado de comportamiento, destruyendo los ragos de originalidad de la personalidad.

Sin precisar detalles, nuestro autor establece que debe haber un cierto control de la natalidad. Éste no se encuentra en los férvidos consejos de amor exhuberante que da Zola, ni en las teorías draconianas contra el amor exhuberante de Malthus. En esa sociedad ideal, el equilibrio económico y moral determinaría la justa medida. La mujer del porvenir, liberada de penurias económicas, consciente «de su plena ansia amorosa y de la supremacía del erotismo, deliberadamente restringiría su fertilidad». Según Trigo, el primer abrazo de la virgen, en su deseo ingenuo, sería tal vez un hijo, y más tarde, «cada deliquio sensual, extremado en horas de voluptuosidad insuperable, serían el segundo, el tercero o el cuarto hijo, distanciados por las lejanías del olvido de las molestias de la gestación y limitados por la misma mujer que se preocuparía de que su belleza corporal no deba resentirse demasiado».[131]

A pesar de que Trigo indica muy vagamente las medidas anticonceptivas, al mencionarlas, hace de las relaciones amorosas un fin en sí mismas y no un medio para la reproducción. Insiste además en una libertad erótica en la cual cabe la multiplicidad. Su utopía se basa en una perpetua libertad individual que establece el equilibrio de la nueva sociedad. En su oposición a la familia, no está tan lejos como él mismo cree de Engels, quien establece la filiación de la familia monógama con la aparición de la propiedad privada como detentora de los bienes de producción. También coincide con Engels en considerar que el triunfo de la familia monogámica se funda en el poder del hombre con el fin formal de procrear hijos de una paternidad cierta; y esa paternidad se exige para hacer herederos de los hijos. En *El origen de la familia* Engels había establecido que de ello viene la institución de la fidelidad por parte de la mujer, el adulterio, los celos y el valor otorgado a la virginidad.

131 *El amor en la vida y en los libros*, 207-8.

Así plantea Trigo su ciudad, fundada en el goce amoroso, que solidifica una vida feliz, consagrada al placer, al arte y a la alegría, ya que el trabajo comunal, abreviado y dulcificado por las máquinas, reclamará menos tiempo. Trigo escribió dos novelas donde intenta poner en práctica sus ideas utópicas. En *Las Evas del paraíso*,[132] presenta un microcosmos de esa sociedad futura. Dos matrimonios con absoluta libertad sexual van a vivir a Singapur, lejos de España, entre salvajes que dan ejemplo de su naturalidad sexual. Otro esfuerzo en ese sentido está en una novela posterior, *Sí sé por qué*,[133] donde presenta una colonia agrícola de base socialista fundada en la plena libertad erótica.

2. LA EVA FUTURA

En la utopía de Felipe Trigo, la mujer gana su auténtico sitio en la sociedad: emancipada de la dependencia del hombre, desembarazada de prejuicios y tradiciones, liberada política, social, económica y sexualmente. A pesar de su respeto por Novicow, de quien ha leído *L'Affranchissement de la femme*, nuestro autor sostiene que la condición de la mujer debe transformarse para crear una nueva sociedad: «Y yo digo esto, desde ahora: o la condición de la mujer es tal que pueda su perfección en el tiempo libertarla de frivolidad, de instintos brutos y ardientes, y depravados y desvergonzantes, o se hará imposible todo progreso fundamental en el orden sociológico».[134]

La obra de Trigo sugiere que el antiguo conflicto entre hombre y mujer llegará a una reconciliación en un nuevo orden que ya se vislumbra. Hay en sus novelas algunas mujeres emancipadas: Gabriela en *Alma en los labios*, Aurea, la protagonista de *La bruta*, y otras. Son mujeres que trabajan, y por medio de ellas Trigo aborda el problema laboral femenino, asegurando que una mujer será libre «cuando no necesite que el hombre la mantenga». Las mujeres han trabajado siempre largas horas con menos remuneración y en peores trabajos que los hombres, y aun antes de que la revolución industrial las llevara a las fábricas, habían hecho labores manuales y agrícolas. Ahora, «trabajan y se rebajan en casas de prostitución, en las fábricas o en el río, tejiendo y lavando la ropa de los poetas que

132   Madrid, 1910.
133   Madrid, 1911.
134   *El amor en la vida y en los libros*, 87.

las ensalzan, y, las más dichosas, de "ángeles del hogar" sirviendo de esclavas domésticas al hombre».[135]

Nada encuentra Trigo más doloroso que la vida de la campesina que labra las tierras de sol a sol, de la costurera que se pasa los días enteros en el taller, o de la esposa, prisionera perpetua del hogar. Este asunto, era tema candente en esa época, pero hasta 1900 no se promulgó la primera ley del trabajo de la mujer y del niño, y en ella se señalaba como límite máximo la jornada de doce horas. Concepción Arenal, en *El pauperismo*,[136] dedica un capítulo al trabajo de la mujer denunciando la poca y tardía atención dada a esa problemática.

Trigo se da cuenta de que el condicionamiento educativo conduce al estatus social y sexual de la mujer. Deduce que la mujer es el producto del sistema que la oprime y que la educación que recibe se encarga de perpetuar esta opresión. Las supuestas diferencias entre la mentalidad masculina y la femenina son sólo productos de esa educación. Aboga porque se abran a la mujer las puertas del arte, de la ciencia y de todas las profesiones.

De esta manera, Trigo trata de liberar a la mujer de la identificación con ángeles o con niños y hacerla comprender que puede orgullosamente desarrollar su propia inteligencia, habilidad e intereses. La releva de supersticiones, costumbres, prejuicios, buscándole en su nueva sociedad un lugar igual al del hombre. Las muchachas de hoy, son «gatas de salón, princesas tristes y cloróticas, muchachas histéricas y modernistas de interesante belleza enferma, mañana serán guerreras. Walkyrias (...) tipos de belleza sana y fuerte, creados para la actividad».[137]

La revolución social y económica deberá ser paralela a la revolución erótica. La mujer perderá falsos pudores y se adentrará en un erotismo sabio para gozar de todas las posibilidades del cuerpo y de la carne como deberá gozar de las de la mente. En síntesis, como indica Andrés González Blanco, Trigo pretende que «el sensualismo se hace espiritual y el erotismo trascendental; la lascivia ultrasensible, y ése es su triunfo. Y si no se comprende muy bien esta amalgama de sustantivos y adjetivos, es que aun ni en que estas combinaciones paradojales no choquen, sino que sean perfectamente concebibles».[138] En sus novelas, donde Trigo intenta lograr un nuevo

135 *Ibíd.*, 165.
136 *OC*, XV y XVI, Madrid, 1894-7.
137 *El amor en la vida y en los libros*, 170.
138 «Alma en los labios, por Felipe Trigo», *Nuestro tiempo*, 1905, 456.

género de literatura erótica,[139] quiere indicar «La divinización del amor con su idealismo y su sensualismo; la divinización de la mujer por sus muslos y su frente y todo esto con una plena conciencia de la bella integridad de la vida humana».[140]

Sobre todo en dos novelas nos presenta la experimentación en el nuevo género: *Alma en los labios* y *La altísima.* La primera fue publicada en 1905 y Trigo se refiere varias veces a ella: «Mi primera afirmación después de las negaciones, y, por tanto, anacrónica a la inversa en el orden del porvenir. El tránsito de la mujer perfecta actual a la soñada, la perfecta, vendrá después, en proyección a lo futuro; esta vez me ha importado, nada más, la psicología del cambio: he querido ver si antropológicamente es posible.»[141] Basta narrar su argumento para comprender esos objetivos. Darío, un ingeniero, se enamora de la hija de su director y la lleva a Francia a vivir con él. Además de ingeniero, Darío es un filósofo con modernas ideas sobre el amor. Se propone convertir a la joven virgen en la mujer perfecta del porvenir. Para tal objeto hay que destruir sus pudores y todos los conceptos anticuados del amor y la virtud. Gabriela es una buena alumna, y ambos saben vencer las dificultades que se presentan. El libro termina con la ascensión de los amantes en un globo, donde, por encima de la corrupción del mundo, beben champagne para celebrar el éxito de sus ideas.

Gabriela tiene las características indispensables para el experimento: sensualidad, inteligencia, talento artístico y virginidad de cuerpo y alma. Darío la trata durante los primeros meses con el mayor respeto, ni siquiera la toca. Más tarde, exige que ella misma venga, completamente desnuda, a ofrecerle su virginidad. Procede entonces Darío a la segunda fase del experimento: el sacrificio de la virginidad espiritual. En largas e íntimas conversaciones, la invita

139 Véase la cuarta parte de *El amor en la vida y en los libros,* intitulada «La novela erótica», 269-84. Ante la teoría literaria de Trigo, Unamuno le escribió: «... En el fondo no me enojan sus doctrinas, como usted me dice que le enojan las mías; me apenan. Y me apenan porque las veo compartidas y preveo que ese diluvio de sensualidad pueda incapacitar a nuestro pueblo — si no se corta, como se cortará — para la alta obra de la cultura. Italia, que es un pueblo civil, de temple romano, empieza ya a aborrecer al insoportable *Rapagnetta* (D'Annunzio). La sombra augusta del gran Carducci no le deja crecer». en Alma Taylor Watkins, *Polemics on the Erotic Spanish Novel,* Nueva York, 1954, 21.

140 *Alma en los labios,* Madrid, 1905, 126.

141 *La Altísima,* publicada en 1906, citamos de la edición, Madrid, 1920, 37.

a desnudar completamente su alma, confesándole sus más escondidos secretos. Gabriela le da su diario como prueba de esa entrega espiritual, Darío entonces posee tan completamente a Gabriela que «habría querido que otros brazos te abrazasen (...) que te hiciesen conocer el desengaño (...) tan cierto estoy de tu dicha en mí insuperable, escultura insuperada».[142] Por ello, en este punto, Gabriela para demostrar su libertad debe pasar por el adulterio, estableciendo Trigo que este paso no se da por el placer de franquear lo prohibido, sino como motivo inesperado de mayor desarrollo individual y social.

Otro experimento de este tipo es *La altísima,* sin duda la novela más discutida de Trigo. Víctor, autor de libros modernos sobre el amor, ha terminado uno llamado Salvata, cuando en el cementerio de Versala encuentra a una bellísima prostituta joven, Adria, a quien sueña en transformar en la mujer soñada: en la Altísima. Este libro, bastante más oscuro que el otro, muestra tal transformación por medio de un aprendizaje a ratos sádico. Adria es una figura más apropiada que Gabriela para el experimento. Es prostituta y posee una curiosidad y una franqueza corporal que le sirven de mucho para el papel que se le destina, pero que provocan la desconfianza de su amante. Por ello Adria se vuelve loca y el experimento fracasa.

3. El nuevo concepto del amor

Se ha visto anteriormente que la utopía de Trigo se basa en un nuevo concepto del amor. Insiste en que el actual está deformado y ni escritores ni filósofos han sabido abordarlo. Tolstoi niega el amor, Ibsen lo intelectualiza, Mirbeau lo desprecia, Lamartine lo sueña intangible como los decadentes, Louÿs lo imagina desnudo o en trajes griegos, Zola lo animaliza hasta no verle más finalidad que la fecundación. D'Annunzio lo rebaja ante el genio. Trigo se coloca frente a ellos como «sentimental, intelectual, animal a un tiempo, tengo el honor, querido cerebral, de ser un hombre desde la frente a los pies pasando por el ombligo. Mi universo es grande, es el de Dios, y lo pongo igual y lo medito y lo beso en unos labios de mujer que en una rosa».[143] Dos de las deformaciones del amor son la pasión y la lujuria; «La misma diferencia que va del hambre

---

142 *Alma en los labios,* 105.
143 *Socialismo individualista,* 91-4.

fisiológica (aviso trófico de la necesidad de comer, cuya satisfacción engendra un placer sano y sereno) a la repugnante voracidad pasional del extenuado por un lado, y por el otro a la nauseante saciedad del harto que se obstina en la glotonería, va desde el amor (propensión de necesidades nerviosas, emotivas e intelectuales) a la pasión de los famélicos de amores y a la lujuria indiferente y fría de los saciados».[144]

El amor debe reunir dos impulsos humanos vitales: el amor animal proveniente del paganismo, y el espiritual enraizado en el cristianismo. La sociedad ha obstaculizado el amor, creando pasiones falsas, como las debidas a un falso concepto de la fidelidad. La preferencia amororosa es acto voluntario, el concepto de infidelidad es artificial y falso y desaparecería cuando sus consecuencias, los hijos adulterinos, como los otros, estuviesen a cargo del Estado.

Los celos, otro obstáculo, son también producto social,[145] y el donjuanismo, rasgo detestable, es producto de una sociedad ridícula. Don Juan tenorio es un botarate que «se va asfixiando en el mismo ridículo que efluvia de su estúpida arrogancia de bandido injerto de bravo espadachín (...) Es preciso que acabe de morir». Trigo cita a Spencer que define al amor de esta manera:

> Así como alrededor del sentimiento físico que forma el núcleo de todo, se unen los sentimientos producidos por la belleza personal, los que constituyen la simple atracción, el respeto al amor de la aprobación, al amor de la libertad, la simpatía; todos estos sentimientos excitados cada uno en el más alto grado, y tendiendo cada uno, en particular, a reflejar su excitación sobre cada uno de los otros, forman el estado psíquico compuesto que llamamos nosotros amor. Y como cada uno de estos sentimientos es en sí mismo muy complejo, pues como se ha visto, reúne una gran cantidad de estados de conciencia, podemos decir que esta pasión funde en un agregado inmenso casi todas las excitaciones elementales de que somos capaces, y de aquí resulta su poder irresistible.[146]

Nuestro escritor está de acuerdo tan sólo en parte con esta definición, pues cree que Spencer confunde el verdadero amor con la clásica forma pasional. En esas palabras hay para Trigo claros in-

144 *El amor en la vida y en los libros*, 170.
145 Para apoyar su tesis, Trigo menciona a Garon, antiguo jefe de la policía de París que escribió libros traducidos al castellano. Hemos encontrado *Las industrias del amor*, México, 1900, y *Amor criminal*, México, 1899.
146 *El amor en la vida y en los libros*, 158-9.

dicios de corrupción, dominio y vanidad. Él acuña un concepto propio reivindicando la sensualidad que es «el fuego mismo del sol». Así como la primavera es el celo del campo, el cuerpo humano es la creación más hermosa pues está hecho todo para abrazar, es todo sensible, y ni un sentido suyo se excluye del abrazo:

> los corazones se escuchan, los ojos se clavan en la conciencia del placer, los brazos se ciñen como lianas, los labios dejan desbordarse el alma a tejerle guirnaldas de besos y de ideas a la belleza. Es tan privativo el beso de la humanidad, como la fantasía poética que guarda para el invierno el sol del beso y toda la poesía de los románticos poetas se volvería ridícula con una simple nota de mayor justificación purificante consignada al principio del poema.[147]

Su definición desemboca en una metafísica. El amor será el sentimiento que reúna las aspiraciones espirituales y el placer de la materia, pues erotismo y fervor religioso derivan de un mismo impulso vital. Así pues, uno de los problemas fundamentales es la rehabilitación de la materia. «El único fin de cuanto existe es realizar su existencia. Dentro de ésta cabe todo cuanto no sea sobrenatural. Así, con igual nobleza realiza su existencia un escarabajo que un hombre. Nada hay perfecto ni imperfecto si cumple su fin; y nada puede eludirse de cumplirlo, puesto que todo existe y realiza de uno u otro modo su existencia.»[148]

Los grandes castos o los grandes «despreciadores» del amor sensual han sido también grandes egoístas y antisociales, escépticos, místicos o soñadores de un intelectualismo insensato. En cambio, todos los grandes sensuales son como «focos esplendorosos de generosidad y vida» tal como si el instinto sexual fuese el centro de todas las virtudes. «Por ello no hay que decretar la supremacía del cerebro sobre el vientre, por ejemplo, o sobre el bazo o los testículos.» La naturaleza ha dotado al hombre de un cuerpo y un alma y el ser humano debe entenderse en función de esa integridad.

La materia es eterna, lleva en sí su propio destino y fin. No vamos a ninguna parte, sino que *estamos* desde lo infinito. La cuestión por lo tanto no es *ir* sino *estar*. Aquí en el buen mundo de las flores con brazos y con besos y con más o menos cerebro».[149] Creencias materialistas expuestas en *El médico rural:*

---

147 *Ibíd.*, 44.
148 *Ibíd.*
149 *Ibíd.*, 45.

Parecíales cuerdo admitir la vida como una variante de la existencia universal, y conceptuar eterno al universo. Las teorías cosmogónicas de Laplace y el transformismo darwiniano eran hipótesis sin pruebas concluyentes y no menos inaptas e inútiles para explicar la aparición de los mundos, primero, y la de la vida después, que la inútil teología. Los mundos existirían desde el infinito, cual hoy existen, con su orden inmutable, y la Tierra entre ellos, con sus árboles, con sus piedras, con sus hombres. ¿Por qué no? costaba igual imaginarse la nebulosa o el Dios increado que el universo increado... cuyo eterno fin no sería otro que realizar la existencia de la materia, dentro de una impávida y perfecta perfección que vendría desde el infinito infinitamente proyectado al infinito.[150]

En la obra de Trigo son característicos los pasajes donde funde el amor carnal y el espiritual. Poseen una simbología fácilmente reconocible; enamorados que se encuentran en templos y en una atmósfera de profundo misticismo. El hombre-dios que Trigo trata de crear. La total entrega que éste exige a la «Altísima». La exaltación del acto amoroso, y la sublimación de sus protagonistas representada por ascensiones a una torre o en un globo.

También piensa en la muerte, pero dentro de una especie de panteísmo: «Pedazo de Dios, seré parte de Dios... Una parte del infinito es infinita, y una parte infinita de algo es todo, matemáticamente. Dios serás tú, matemáticamente».[151] En *Alma en los labios*, dice: «Neciamente nos aterra la eternidad de morir cuando venimos sin espanto de la eternidad de antes de haber nacido».[152]

Este ideario resulta en una glorificación de los instintos y del placer. Los instintos, desde los menos complicados hasta los más elevados, no tienen otra finalidad que el placer. El vivir es «llenar grata y sabiamente la vida de placeres. Toda la misión de la inteligencia está en eso, en saber crearlos, en saber volar con inocencia sobre los colmos o tormentas de placer de los sentidos».[153] El mal nace de algún frustrado deseo, de pasiones deformadas y convertidas en actos aberrantes; el bien es la realización normal de los deseos.

Tales conceptos son la base de la convivencia en la sociedad. El acuerdo con el prójimo es totalmente espontáneo, ya no está fundado en el deber, que a menudo es contrario a las tendencias reales

150 *El médico rural*, 150.
151 *La altísima*, 127.
152 *Alma en los labios*, 61.
153 *El amor en la vida y en los libros*, 47.

y está ligado a una autoridad represiva. Su utopía se construye a partir del amor erótico, liberado de vanidades y prejuicios, entre hombres y mujeres intelectualizados, supersensibilizados. No habrá en su utopía ni celos, ni desengaños, ni odios. El amor vendrá a ser «una gran amistad serena ampliada en la sexualidad e incapaz de encenderse ni apagarse sino en los dos seres a un tiempo».[154]

154 *Socialismo individualista*, 103.

VI

El desnudo

Hemos iniciado el estudio sobre Felipe Trigo con la mujer vestida a la última moda. Nos parece apropiado el concluirlo ahora analizando el significado que para él tiene la mujer desnuda. Si bien en su obra las descripciones de ropa son innumerables, asimismo lo son las de desnudos. Un párrafo de *La Altísima* donde el protagonista despoja de su ropa a la heroína, prenda por prenda, nos parece transición apropiada. Adria dice a Víctor: «En todas tus novelas te gusta desnudar a las mujeres», y éste responde:

> Sí, y en la vida. Es un honor casi divino que tributo al amor y a las mujeres. Es que yo habría querido convencer a las que no pude adorar, porque nunca convencerse de que Dios, que si es Dios lo hace todo bien y todo bello, no ha podido querer poner en la belleza humana nada impuro ni malvado que luego no podamos contemplar sin impureza ni vosotras mismas ni los hombres, bien más impuros que Dios. Cuando yo imagino, Adria, que Dios le habla a una mujer, no sé por qué me figuro que la ve desnuda, como la verdad; no sé por qué me figuro que sería ridículo, si Dios llegara a hablaros en el baño, que le hicieseis salir a la antesala mientras os poníais las medias, las ligas, los zapatos, la camisa y un vestido. Lo que me place quitaros para veros como Dios, para no jugar a la lujuria entre pudores de trapo.[155]

El desnudo tiene para Trigo gran importancia estética, psicológica y sobre todo moral. Implica la conquista de una inhibición, producto de prejuicios sociales y religiosos. Su confianza en el cuerpo sólo se comprende tomando en cuenta toda su filosofía, y por ello el desnudo expresa un sentido de totalidad humana. No se explican esos desnudos sólo como una vena de paganismo, ni debemos considerarlos tan sólo en términos materiales. Trigo, en ellos, quiere unir el espíritu abstracto a la forma sensual y tangible del cuerpo humano.

«Tú eres todas las mujeres», dice Darío a Gabriela al verla des-

155 *La Altísima*, 64-5.

nuda. «Tú eres más que todas las mujeres (...) eres todo, mi mundo, mi universo (...) Tú eres todo. El Arte, la Belleza (...) lo grande y lo pequeño de lo noble de la creación. Tienes el mar en los ojos, en la boca el néctar, en la frente resplandores. Eres la música y la brisa, y las flores y las fieras.»[156] No es aquí el desnudo un puro deleite estético, el cuerpo humano se exalta hasta la deificación y es reverenciado en su belleza como símbolo de vida.

En una escena de *Alma en los labios*, Gabriela llega al lado de Darío y él le exige que se desvista frente a él. Ella, virgen aún e inhibida por el pudor, no se siente capaz de hacerlo. Él la rechaza violentamente y ella, arrepentida, regresa y logra hacer lo que él le pide:

> En su garganta, en sus hombros, en sus senos prodigiosos, en el moldeado fugitivo de su talle y sus caderas, en sus rodillas dulces, en el breve musgo fugitivo que apenas simulaba en las axilas y el regazo unas más ricas penumbras de la ondulante armonía..., en toda ella, la gracia henchíase y poseíala como un triunfo inmortal... Era gruesa, era delgada, era altísima y pequeña y podía serlo todo a un tiempo contradictoriamente en la rara justeza inconcebible que llevaba sus líneas y matices por el límite preciso del milagro. De pronto, sin deshacer la corona de sus brazos, arrastrando detrás la clámide vibrátil, con una trémula y terrible gallardía de mariposa que va a la llama, se acercó hasta el borde mismo del lecho amplio y bajo como un diván, se dobló y entregó la boca... Esta vez fue el estupor lo que estuvo a punto de impedir a Darío el aceptarla. Pero aquellos ojos fijos y brillantes de alma sensualizada, le fascinaron quitándole hasta el deslumbramiento de la blanca desnudez y bebió en ellos, aun antes que en la boca, por vez primera en su vida, vida pura.[157]

Podemos ver en estos párrafos las connotaciones espirituales del desnudo, manifestadas claramente en el vocabulario. Los senos son «prodigiosos», ella está posesa «de un triunfo inmortal», sus ojos son «alma sensualizada», él bebe de su boca «vida pura». Pero, además de esta espiritualización, Trigo no abandona la sensación de la solidez de la carne, confirmada por múltiples impresiones táctiles, referencias a materiales como la seda de la vestidura que medio cubre a Gabriela, la musgosa alusión al vello, y además y tal vez

---

156 *Alma en los labios*, 173-4.
157 *Ibíd.*, 95.

sobre todo, el detallado seguimiento de las sinuosidades del cuerpo. Trigo es definitivamente antiacadémico en sus desnudos. Revela una preocupación por la carne y la textura de la piel en una época en que el desnudo académico presuponía una exaltación de la estructura interna. Le había parecido ridículo además el admirar la belleza escultórica y no la de carne y hueso: «Hablar mal de los muslos blancos cuando son de carne y obra de Dios, y hablar bien cuando son de piedra y obra de Fidias, sin prejuicio de preferir aquéllos en secretas horas, me parece una blasfemia, una majadería y una ingratitud. Hablar mal de los muslos blancos sin acordarse que al mundo salisteis a saludar la luz con cerebro y todo, entre unos muslos blancos»[158] es abominar de la vida misma.

Vemos también que lo que la sensualidad de Trigo interpreta no es una pasión gratuita por la forma, sino su necesidad de exteriorizar ciertos valores en formas tangibles. La descripción del cuerpo logra un crescendo de excitación sensual o mejor diría sexual. Empieza con las líneas del cuerpo: la garganta, los hombros, los senos, el talle, las caderas, y llega a su culminación en el regazo.

Hay en esta descripción ciertos detalles realistas, como la mención al vello púbico y axilar, que estaba vedada en la pintura y literatura académica. Pero, de hecho, el interés de este desnudo no está en su realismo sino en su estilización. El autor estiliza el cuerpo para hacerle expresar ciertos valores espirituales. La cara desempeña un papel importante. Los ojos son fijos y brillantes, de «alma sensualizada». La había descrito quieta; «Su frente pálida, altiva... parecía una bandera de audacia... Sonrió de un modo imponente». Hay en el rostro una fuerte sugestión de vida interior, de orgullo, de erotismo y pudor contenidos, de osadía y timidez. El cuerpo también llega a estilizarse tan completamente que pierde todas las proporciones físicas originales: «La gracia henchíala y poseíala como un triunfo inmortal. Era gruesa, era esbelta, era delgada, era altísima y pequeña y podía serlo todo a un tiempo contradictoriamente, en la rara justeza inconcebible que llevaba sus límites y matices por el límite preciso del milagro». Se provoca tensión por la mención del erótico cuerpo y la idealización de la forma; el cuerpo se alarga y se empequeñece, se estira y se acorta como una llama proyectada hacia lo alto. Resulta de ello un desnudo en el cual la presión de la vida erótica le da su fuerza y lo sublima reuniendo dos polos opuestos; la sensualidad y la espiritualización.

158   *El amor en la vida y en los libros*, 23.

Nos viene a la mente el *Study of Dionysius* de Walter Pater,[159] donde se describen sátiros, ménades y ninfas, representantes, en la imaginación griega, de impulsos animales irreductibles en la naturaleza humana. Estas fuerzas, nos dice Kenneth Clark, aparecen en el mundo del arte en poses y movimientos que expresan algo más que abandono físico y que son, de hecho, imágenes de liberación espiritual o de ascención.[160] Este desnudo «llameante» de Trigo, tenso, vibrante, expresa esos elementos tal cual son, y por ello, sublimados. Por eso parece oscilar, estirarse, empequeñecerse, tocar la tierra y ponerse de puntillas para dejarla.

Pero el valor revolucionario de este desnudo se verá más claramente si lo vemos en el contexto de su época. En los acontecimientos de la plástica que anualmente se ofrecían en París, Londres, Barcelona o Madrid, el desnudo era un tema frecuente. Gran cantidad de desnudos mitológicos escapaban a la censura cuando estaban en realidad dirigidos al público de la pornografía. Por ello abundan los desnudos de antiguos maestros en frontispicios de revistas pornográficas. Sin embargo, aun ese tipo de desnudo era académico y escultórico. Era popular entonces el inglés Frederick Lord Leighton, que murió soltero en 1896. Su inagotable tema era la perfección del cuerpo femenino. Sus modelos estaban situados en una tierra imaginaria considerada como fondo *de rigueur* para que se desvistieran las mujeres. Era la tierra de *Venus disrobing for the Bath, Adriadne abandoned by Theseus, Phryne,* y no faltaban las escenas, aparentemente respetables, como *Andromeda,* que permitía contemplar una mujer desnuda y atada a unas rocas.[161]

El desnudo en la pintura de los salones establecidos estaba censado por la moral de la clase media. Hubo muchos intentos para impedir el estudio del desnudo en las escuelas de pintura. En Barcelona, Joan Brull protesta en 1900 por las críticas que se hacen al desnudo artístico;[162] L. de Gorostiza comenta en *La España Moderna*[163] que se impida tener desnudos vivos como modelos en las academias. En muchas escuelas de pintura fue prohibido. Es extraño que el estudio de la escultura griega nunca sufriera reveses.

159   Londres, 1919.
160   *The Nude: a Study in Ideal Form,* Nueva York, 1956, 359.
161   Expuesto en Londres en 1891.
162   Joan Brull, «Qüestions mesquines. El nu en l'obra d'art», *Joventut,* 1900, 788. Del mismo autor, «El nu», *ibíd.,* 1901, 22-3.
163   «El desnudo académico y el desnudo vivo», *La España Moderna,* 1904, 176-9. Véase también «Desnudos de mármol», en *La Vida Galante,* 281, 1904.

Por otra parte, la influencia de Ruskin y los prerrafaelitas orientaba a la vanguardia artística hacia el modelo de la adolescente desnuda. Era considerada menos «obscena» que la mujer ya formada, seguramente por la ausencia de curvas acentuadas y por la falta de vello púbico. El vello era una constante causa de oprobio para la respetable clase media. Había incontables leyendas. Se decía que las mujeres que se masturbaban lo tenían más largo. Un médico afirmaba que una mujer se lo trenzaba y lo llevaba escondido a lo largo de la espalda. El pelo púbico era el estigma recordatorio de la ascendencia animal del hombre; la bestia peluda con que Darwin había escandalizado a la clase media.[164] Ruskin, condicionado como crítico de arte por el terso y lampiño cuerpo femenino que había visto en innumerables pinturas, fue incapaz de consumar su matrimonio con Effie Gray, debido al trauma que recibió en su noche de bodas. El único sexo que Ruskin podía soportar era el de una jovencita que lo fascinó: «medio desnuda hasta las rodillas... de pequeñísimos senos que apenas despuntan, y blancos como el mármol...».[165]

El desnudo realista no fue aceptado durante mucho tiempo. Aun en París, tras el escándalo suscitado por *L'Olympia* de Manet en 1863, tan sólo se aceptaría en la plástica nimbado de irrealidad. Nada de vello, y sólo en escenarios apropiadamente alegóricos o mitológicos. El desnudo en el teatro aparece relativamente tarde. En París con el *Faust* de Marlowe, representado en 1891 en el Théâtre des Arts. «El desnudo ha entrado en nuestras costumbres» anuncia Ersky en 1909. «Después de haber penetrado en el Salón, forzosamente debía conquistar los honores del teatro.»[166]

Todo, en los desnudos de Trigo, muestra su rebeldía ante el academicismo. Son a veces cuerpos en posiciones naturales y aun de abandono. Formas opulentas, confortablemente sentadas o acostadas. Gabriela, tendida en la *chaise longue* hablando naturalmente con su compañero, con un abandono que le viene de una avanzada comprensión del valor de la carne: «toda de nácar y doblada hacia

---

164 Véase Alex Comfort, *Darwin and the Naked Lady*, Nueva York, 1962.
165 R. Pearsall, *The Worm in the Bud*, 106. Se aceptaban también los idealizados desnudos de Puvis de Chavannes. Véase *La Revista Blanca*, 15 octubre, 1904, 258-64. R. Balsa de la Vega, en «De arte. Nuevos puntos de vista», *La Ilustración Española y Americana*, XLV, 8 diciembre, 1900, comenta la desaparición casi completa del arte del desnudo, debido a la necesidad de que «la obra de arte responda al hombre moral».
166 Véase G. J. Witkowsky et L. Nass, *Le Nu au Théâtre*, Paris, 1909.

un lado del ancho sillón sobre el brazo de ébano, con la frente entre
los brazos». Gabriela sonreía:

> La había ido irguiendo el orgullo placentero, escuchaba aten-
> ta, recto el busto, paralelo al gótico respaldo e inclinada, un
> poco más el corazón en la frente. Un pie, en el travesaño del
> sillón, le alzaba de la otra la rodilla, juntas ambas. En los negros
> brazos de ébano tocaba sus codos blancos, colgante fuera la
> mano diestra y colgando dentro la izquierda casi a alcanzarle
> un seno con el dorso ... Y la tabla de nácar del pecho subía y
> bajaba al alentar de gozos nuevos, y los dos senos gloriosos y
> suaves se abrían y se acercaban subiendo y bajando también.[167]

En algunas partes de la obra de Trigo, esos desnudos, como
muchos del *Art Nouveau*, dependen de los efectos de alguna tela
suave y transparente que flota o se adhiere al cuerpo acentuando
los movimientos. Otras veces adorna al desnudo con alguna prenda.
Túnicas cuyos pliegues son alicientes sensuales, gasas sueltas o ropa
que resbalan invitadoramente para revelar los más íntimos encantos: los opulentos senos, el cuello, el pelo anudado u orgiásticamente
suelto.
Varias veces el cuerpo irradia una apasionada energía:

> La contempló. El cuerpo de marfil no descomponía, en la
> posición doblada, el ritmo de artística armonía que antes co-
> piaron recta los espejos. Mostrábasele de costado, y la morena
> y limpia suavidad, desde el cuello donde descansaba el negro
> nudo de pelo, desde el brazo ágil y desde el hombro redondo
> y dulce, corría por el flanco placentera, virginal, y llena de firme
> y fugitiva hermosura en el ánfora del muslo, en la pierna, en
> el pie.
> Se estremecía, y a cada temblor cambiaban por la seda de
> su espalda los mismos relieves de sus huesos y sus músculos,
> finos y fuertes como ya sabía él por los abrazos de hermana, por
> los abrazos de novia; finos y fuertes sin duda como los de una
> esbelta Venus acróbata. No era, sin embargo, la helénica per-
> fección estatuaria; era, acaso más, la carnal belleza completa-
> mente exaltadora de todas las calidades y como inocentes gra-
> cias de la vida. Era en fin, la *gitana del camino*, desnuda aquí,
> fina, maciza, delicadamente vigorosa.[168]

---

167 *Alma en los labios*, 173-4.
168 *La Altísima*, 62-3.

Lo que nunca es el desnudo para Trigo es simplemente decoración. Sus figuras nunca se convierten en clichés o en efectos excitantes. En Trigo, como en muchos desnudos de su época — en *El beso* de Rodin por ejemplo — [169] la perfección física alude a un mundo superior. El cuerpo humano, con toda su belleza sensual, ha rehabilitado sus raíces terrenales.

Los desnudos de Trigo nos revelan su filosofía erótica y metafísica a la vez. Volvamos un momento al *Jardín de las delicias*, del cual partimos para iniciar este estudio del erotismo fin de siglo. Veamos nuevamente el cuadro del Bosco. Allí, el hombre y la mujer desnudos se ven pálidos e indefensos. En la parte del cuadro que representa el infierno, la desnudez, que tomó tintes diabólicos con el cristianismo, cesa de ser el espejo de la perfección divina, para convertirse en objeto de humillación y vergüenza. El fin de siglo, representado por Felipe Trigo, intenta hacer una revalorización del cuerpo, que no es un simple retorno al paganismo de los griegos, sino que reincorpora los siglos de cristianismo. Por ello, paralelamente a los desnudos triunfantes, hay, en la época que estudiamos algunos como el siguiente, también de Trigo: «Un cadáver entero, de mujer, flaco, como la mayor parte de los que bajaban de las clínicas, extenuado por el mal y la miseria, tenía rapada la cabeza, los senos como dos piltrafas, las caderas puntiagudas, y los órganos pubianos, igualmente afeitados a cortaduras y raspones, cardenos, saniosos ... con una horrenda y repugnante tirantez amoratada de larga ostra medio seca ....[170] Este párrafo nos recuerda *La Belle Heaulmière* de Rodin o las horripilantes prostitutas desnudas de Rouault, ejecutadas entre 1903 y 1904, y son todos un *memento mori*. Pero un tipo de desnudo no niega a otro, sino, por el contrario, lo complementa. Como dice Trigo: «Carne podrida que nada tenía que ver con la carne viva de Margot ... pensó en la sandez que

169   *El beso* fue exhibido en París en 1886 y en 1898. Esta escultura causó escándalo durante muchos años. Varias veces se retiró de las exposiciones por «indecente». En 1893, cuando el gobierno francés prestó algunas esculturas de Rodin para la World Columbian Exposition en Chicago, *El beso* fue colocado en un cuarto especial al que sólo se podía entrar con autorización especial. En Inglaterra, una de las tres copias existentes fue regresada a su dueño que trató de donarla al museo. Sólo se aceptó en 1936, bajo condición de que un guardia estuviese junto a ella permanentemente. Muchos manuales de educación sexual ponían una reproducción de esta escultura en sus portadas. Véase Robert Des Harnes y Jean François Chabrum, *Auguste Rodin*, Lausanne, 1967, 132-3. Se reproduce en *Pèl & Ploma*, 68, 15 enero, 1901.

170   *En la carrera*, 48-9.

fuese comparar una rosa seca encontrada en la basura, con una rosa viva, abierta en el rosal».[171]

El desnudo, nos recuerda Clark, aparece desde tiempos inmemoriales en los sarcófagos, y precisamente en su forma más extática, como ménades y ninfas, símbolos que celebran el brote de fuerzas vitales a través de la corteza de la tierra.[172] El desnudo como símbolo de renacimiento a lo largo de su historia ha sido asociado con la resurrección, como en los sarcófagos de las antiguas religiones donde muestra las solemnizaciones de la fertilidad o el pasaje del espíritu a nuevas ábodes. El desnudo fin de siglo tiene a veces el mismo significado: la *Náyade* de Rodin, con su divina falta de modestia, los primeros desnudos de Matisse, en los que influyeron los sofisticados movimientos de Isadora Duncan, o el siguiente desnudo de Trigo, con las mismas connotaciones vitales y morales:

> Desnuda y recogida allí, espiándole y mirándose la brava desnudez selvática bajo los flotantes abanicos de una palma que alargaba sus tallos por el lado del Discóbolo, se hacía a sí misma la impresión de la fiera pronta a saltar... de la diosa digna de las desnudeces de la carne y de la piedra. Estaba completa... divinamente desnuda, divinamente inmortal.[173]

Este cuerpo, en su primitiva ferocidad, se muestra como una instintiva rebeldía contra las inhibiciones y restricciones impuestas a nuestro cuerpo. Irradia una sensación de libertad incontrolable. Está al lado de una enorme planta, con lo que se asocia a una fuerza vital orgánica y natural; del otro lado está el Discóbolo que la relaciona a significados paganos de una armónica pero incontenible energía. La estatua de carne se eterniza al lado de la de piedra y la mujer se convierte en diosa al estar «divinamente» desnuda.

Entre los diversos horizontes eróticos del fin de siglo, también estaba el de la resurrección de la carne, como bien lo ha mostrado Trigo. Y en aquél, por momentos, el hombre se acerca a la divinidad, cuando, a través de su cuerpo, intuye el orden y el sentido del universo.

---

171 *Ibíd.*, 61.
172 Kenneth Clark, *The Nude*, 459.
173 *Alma en los labios*, 178.

Conclusiones

Hemos analizado en este estudio el erotismo perceptible en algunas obras literarias españolas de fines del siglo XIX y principios del XX. Se ha pretendido con ello estudiar un aspecto decisivo de aquella época. En ella confluyen sistemáticamente los mismos temas, símbolos y motivos que expresan una idéntica problemática: el impulso idealista del erotismo fin de siglo. De Juan Ramón y su eros blanco, pasamos al eros negro de Valle Inclán y, más tarde, al humanismo erótico de Trigo. Y así vemos la revalorización del hombre en éste; en aquéllos, el satanismo o las más altas exigencias espirituales. Sin embargo, por muy dispares que parezcan, tales actitudes revelan unas comunes aspiraciones: el rechazo del mundo positivista, de las realidades aparentes, de las convenciones morales burguesas.

Esos tres escritores ilustran de manera singular el problema erótico finisecular en sus propios planteamientos. El eros juanramoniano aparece marcado por una ambivalencia: todo amor físico representa una nostalgia religiosa, aunque la abstinencia le sumerja en un mundo estéril donde siempre reaparece el recuerdo tentador de la carne. De ahí que este poeta nocturno sea también adorador de la luz, del sol, de la vitalidad y del erotismo.

Valle Inclán busca la sombra mediante la fusión de dualidades; placer-dolor, creación-destrucción, bien-mal. La luz de su eros negro entreteje tales conceptos y destruye toda clase de jerarquías vitales y morales tradicionales. Trigo alcanza el panteísmo exaltado y la conquista de la plena felicidad humana. Venera al cuerpo en cuanto imagen del alma, y de la armonía erótica y espiritual, brota la idea del retorno a una edad de oro, de paz, de amor, de fraternidad, de igualdad, de respeto, de abundancia...

Después de recorrer con esos tres escritores jardines modernistas o laberintos de perversidad, se llega, por fin, al hombre y a la tierra, a su ambiente cotidiano, si bien transfigurado por un eros de rostro a la vez trivial y secreto. Juan Ramón y Valle Inclán procuran huir de la condición humana; Trigo la acepta en su desnudez, y, a través de ella, se compromete en la doble misión de revelar los males de la sociedad y de plantear una posible realidad «ideal» que no sea de un solo país ni de una sola época, sino eterna, perfecta o perfectible; justa, armónica, natural y feliz.

El impulso metafísico de los dos primeros desemboca en el fracaso. En Trigo, por el contrario, quizá por su simplicidad, conduce a la armonía fundamental del hombre en sus relaciones con la tierra y el cielo. Y es tal vez este autor quien nos lleva más directamente a la paradoja idealista del erotismo fin de siglo, en lo que éste tiene de búsqueda de lo absoluto, iniciada y resuelta en el hombre mismo y no en una divinidad externa.

«La novia de nieve», de los «Jardines místicos» de Juan Ramón, anula toda referencia carnal. Con los ojos perdidos en el más allá, mensajera del *ethos* cristiano, escapa siempre— intocada — a su secreto santuario. La mujer serpiente o mujer fatal de Valle Inclán, seductora, equívoca y perversa, simboliza en cambio el erotismo. Cierto es que también ha sido representada como una esfinge. Así presidió una revista creada en Holanda y otra en Alemania; así la pintaron Khnopff, en Bélgica y Toorop en Holanda; y así escribieron acerca de ella D'Annunzio en Italia, Wilde en Inglaterra, y Eugeni D'Ors en España. En este sentido representa el enigma de la vida y el misterio del destino humano. De acuerdo con el mito clásico, plantea el siguiente enigma: ¿qué es lo que camina primero en cuatro patas, después en dos, y por último en tres? Sólo Edipo supo dar la respuesta: el hombre, que gatea en la infancia, se yergue cuando crece y se apoya en un bastón al envejecer. El eros de fin de siglo se plantea una vez más la pregunta de la esfinge, y la respuesta es la misma: el hombre.

En su libro *The Great Chain of Being*, Lovejoy señala que a finales del siglo xviii se produce la ruptura de la ordenada estructura metafísica que domina el pensamiento europeo desde Platón y Aristóteles. Hasta entonces, la creación se consideraba como un acto único, en el cual todo lo posible o necesario se hallaba presente o implícito desde el principio. La existencia entera se encontraba estructurada de acuerdo con esa jerarquía, estratificada desde la divinidad hasta el no ser. Tal principio, de esencia estática y mecanicista, era simbolizado por los metafísicos del siglo xviii, mediante un reloj de funcionamiento perfecto, en el que cada parte contribuye a la armonía del conjunto. Las imperfecciones aparentes no son más que ilusiones; producto de la limitación del entendimiento humano. Pero este concepto centrado en Dios, como indica Lovejoy, había empezado ya a desintegrarse a finales del siglo xviii, para deshacerse por completo en los últimos años del xix.[1]

1 Arthur O. Lovejoy, *The Great Chain of Being*, Cambridge, Mass., 1936, 242.

Son varias las presiones sociales y filosóficas que determinan la total desintegración de aquel concepto mecanicista y su orientación moral y cósmica. Por de pronto, el marco ordenado alrededor de la divinidad, resultaba inadecuado para encuadrar los valores del mundo moderno, centrado en el hombre y básicamente aprehensible a través de los sentidos. De ahí que se construya otro marco metafísico donde las cosas no narran la gloria divina, sino que son medios a través de los cuales Dios — si es que existe —, puede ser comprensible. Y si antes el milagro fue que Dios se convirtiese en carne, ahora podría ser que la carne revelara a Dios.

La problemática de Juan Ramón surge del conflicto entre los sentidos y el afán de absoluto, aunque no deje de comprender que las fuerzas sexuales del hombre son lo único que puede reafirmar la vida. A su vez, Valle Inclán pretende destruir todas las categorías establecidas; pero el desorden creado por su eros negro parece divino, por su pretensión de elevar al hombre por encima de la condición a que está condenado. Trigo, por su parte, deifica el amor erótico. Sólo a través de él, puede el hombre hacer efectivas sus reservas de divinidad.

Al finalizar este trabajo, podemos lanzar una rápida ojeada al panorama erótico actual. Hoy día, una industria que domina y explota económicamente la pornografía, ha invadido nuestras ciudades con salas de masajes, cines y revistas pornográficas. Se configuran así zonas de tentación y humillación, agriamente iluminadas por anuncios luminosos que gritan sus mensajes. Las tiendas especializadas venden nuevos objetos mecánicos y siempre variados manuales de técnicas sexuales. Cada día nuevas revistas que exploran públicamente las profundidades — antes privadas — del sexo, exhiben en supermercados y puestos callejeros sus portadas con explícitas fotografías. Los nuevos filmes muestran escenas de copulaciones en masa y en posturas inverosímiles, teñidas de sadomasoquismo. Se buscan límites insospechados; *Sweet Movie* muestra secuencias de pornografía infantil, exhumaciones de cadáveres y grupos de adultos que vomitan, defecan y se orinan unos en otros, a los acordes de la Novena sinfonía de Beethoven. Su director, Dusan Makavejev, insiste en que el filme es socialmente benéfico.

La pornografía ha surgido a la superficie de la vida cotidiana, triunfando sobre el puritanismo con un insolente desprecio por la moral social, con una obsesiva fijación del placer personal y, sobre todo, con un corrosivo aburrimiento. Uno de los aspectos más sorprendentes de la pornografía es su aceptabilidad y hasta diríamos su «respetabilidad» en la vida moderna. La mayoría de las barreras tradicionales han sido destruidas, las leyes contra la pornografía se han hecho inciertas y elásticas. Linda Lovelace *(Deep Throat)* es tema habitual de conversación en cualquier hogar de la clase media. La antigua prostituta Xaviera Hollander ha vendido nueve millones de ejemplares de sus libros. El sadomasoquismo se ha filtrado hasta las publicaciones más inocuas. *Vogue* llegó a presentar doce páginas de modas, en las que un hombre ata y azota a la modelo.

El común denominador de todas esas obras modernas es la brutalización progresiva y su creciente deshumanización. Los sociólogos consideran que la ola pornográfica de nuestros días es sólo una manera de fantasear, una válvula de escape de impulsos peligrosos y, sobre todo, una reacción frente a las actitudes hipócritas antes imperantes. Es indudable que muchas de las manifestaciones de la actual pornografía tienen su equivalente en el erotismo de fin de siglo, ya que éste reaccionaba también, a su manera, contra la hipocresía de una sociedad que secretamente cultivaba las aberraciones sexuales más perversas y que tras una fachada de respetabilidad, mantenía un ejército de prostitutas. Pero, a pesar de todo lo falso, hipócrita y angustiado de aquel eros, no podemos dudar que allí había efectivamente erotismo, no sólo pornografía, y que la problemática central de ese erotismo era su preocupación por las relaciones del yo con los ritmos universales; de la conciencia individual con la sed de absoluto.

Y es que el fin de siglo fue el fin de una época aun romántica, llena de paradojas; desengañada, pero idealista, decadente, pero esperanzada; triste, pero bella ... De ella, como escribiera Apollinaire, nuestros tres escritores pudieron también haberse despedido:

.... *nous étions trois*
Nous dîmes adieu à toute une époque.

Bibliografía

ALAIN. Véase Chartier, Emile Auguste.

ALBERT, Caterina (Víctor Català): «Les crisantemes», *Joventut*, 1901, 786-7.

ALBRIGHT, W. F.: «The Goddess of Life and Wisdom», *American Journal of Languages and Literatures*, 1920-21, 258-94.

ALBUTT, H. A.: *El consejero de la mujer*, Barcelona, 1903.

Aficiones peligrosas (anónimo), Madrid, s.f.

AGUIRRE, J. M., *Antonio Machado, poeta simbolista*, Madrid, 1973.

ALFONSO, Emanuel: «La enamorada del cel», *Joventut*, 65, 7 mayo, 1901.

— «María Emanuel de Castell-Vila», *ibíd.*, 73, 4 julio, 1901.

— «Alfonso Mucha», *La Ilustración Artística*, 954, 5 febrero, 1900, 91-103.

ALONSO, Amado: *Materia y forma en la poesía*, Madrid, 1960.

ALTOLAGUIRRE, Manuel: «La hembra», *Vida Nueva*, 36, 12 febrero, 1899.

AMADOU, Robert: «Introduction à 'Le sacrifice provictimal de Marie'», *Tour St. Jacques*, mayo-junio, 1957, 68-87.

APOLLONI, Adolfo: *Mater Purissima*, *La Ilustración Artística*, 25 septiembre, 1905 (portada).

ARAÚJO, Fernando: «Revista de revistas», *La España Moderna*, octubre, 1899, 179-90.

— «El ocultismo y la magia», *ibíd.*, abril, 1901, 195-7.

— «El hombre y sus reencarnaciones», *ibíd.*, agosto, 1901, 214-17.

— «Revista de revistas», *ibíd.*, 1 septiembre, 1901, 243-4.

— «El krach del divorcio», *ibíd.*, 1902, 157-8.

— «Paula Lombroso», *ibíd.*, 1902, 163.

— «L'Année sociologique», *ibíd.*, 1902, 148.

ARENAL, Concepción: *Obras Completas*, XV, XVI, Madrid, 1894-7.

ASCENSIO, Eugenio: *Poética y realidad en el cancionero peninsular de la Edad Media*, Madrid, 1970.

AZORÍN. Véase Martínez Ruiz, José.

BADOUIN, Charles: *L'âme enfantine et la psychoanalyse*, Neuchâtel, 1950.

BACHELARD, Gaston: *La poétique de la rêverie*, Paris, 1961.

BAIXAULI, Dr.: «Del amor en la sociedad del porvenir», *La Revista Blanca*, 15 abril, 1899, 569-70.

BALSA DE LA VEGA, R.: «De arte. Nuevos puntos de vista», *La Ilustración Española y Americana*, XLV, 8 diciembre, 1900.

BARBEAU, R.: *Un prophète luciférien; Léon Bloy*, Paris, 1957.

BARBEY D'AUREVILLY, Jules Amédée: *Les Diaboliques*, Paris, 1874.

BARI BRACONS: «Les dues verges», *Joventut*, 315, 22 febrero, 1906, 116.

BARJA, César: *Libros y autores contemporáneos*, Madrid, 1935.

BAROJA, Pío: «Patología del golfo», *Revista Nueva*, I, 1899, 145-6.

— *Camino de perfección*, Madrid, 1901.

— «Adulterio y divorcio», *Alma Española*, 10, 10 enero, 1904, 2.

— *La lucha por la vida*, Obras Completas, I, Madrid, 1946.

BARRANTES, Pedro: «Allá», *La Vida Galante*, 232, 1902.

BARRÈS, Maurice: *Un homme libre*, Paris, 1890.

— *Du sang, de la volupté et de la mort*, Paris, 1894.

BASTU, S. L.: «Flores todo el año», *La Ilustración Artística*, 25 julio, 1904, 502-3.

BATAILLE, Georges: *L'Erotisme*, Paris, 1957.

BAUDELAIRE, Charles: *Les Fleurs du mal*, Paris, 1961.

BAYONA, Enrique: «Reina», *La Vida Galante*, 15, 13 febrero, 1899.

BÉGUIN, Albert: *Léon Bloy; mystique de la douleur*, Paris, 1948.

BENAVENTE, Jacinto: *La sonrisa de la Gioconda*, Madrid, 1907.

BENAZET, Antón: «Nit de plata», *Joventut*, 213, 10 marzo, 1904, 157.

BLACKEL, T.: *The Human Element in Sex*, Londres, 1899.

BLANCO FOMBONA, Rufino: «Las modernas danzas viejas», *Helios*, 1900, 230-4.

BLASCO IBÁÑEZ, Vicente: «La primavera y la guerra», *Vida Nueva*, 12 junio, 1898.

BLAVATSKY, Mme. Helena Patrovna: *La doctrina secreta. Síntesis de la ciencia, religión y sabiduría*, Madrid, 1895, 2 vols.

— *La clave de la teosofía*, Madrid, 1903.

BLECUA, J. M.: *Los pájaros en la poesía española*, Madrid, 1943.

BOFARULL, Francisco de: «El laberinto», *Pèl & Ploma*, 1903, 213-19.

BOIS, Jules: *Les Petites religions de Paris*, Paris, 1894.

BOUDIN, Dr.: «Ciencia y arte, ciencia y socialismo», *La Revista Blanca*, 31, 1 septiembre, 1898, 198-200.

BOURGET, Paul: «Psychologie contemporaine», *La Nouvelle Revue*, XIII, 1884.

— *Cosmopolis*, Paris, 1902.

BOYER, J., y C. TERRER: «La esencia de las flores en las redomas del perfumista», *Hojas Selectas*, 1906, 25-31.

BRITTAIN, Vera: *Lady into Woman. A History of Women from Victoria to Elizabeth II*, Nueva York, 1953.

BROOKS, Iris and James Laver: *English Costumes of the 19th Century*, Londres, 1958.

BROSSA, Jaume: «La festa modernista de Sitges», *L'Avenç*, 1893, 252.

BRULL, Joan: «Qüestions mesquines. El nu en l'obra d'art», *Joventut*, 1900, 788-91.

— «El nu», *ibíd.*, 1901, 22-3.

BRUNETIÈRE, Ferdinand: *Nouveaux essais sur la littérature contemporaine*, Paris, 1895.

BUSH, William: *Souffrance et expiation dans la pensée de Bernanos*, Paris, 1962.

CAILLOIS, R.: *Les Jeux et les hommes*, Paris, 1958.

CALVET, J.: *Le Renouveau catolique dans la littérature contemporaine*, Paris, 1927.

CAMPBELL, Harry: *Differences in the Nervous Organization of Man and Woman*, Londres, 1891.

CAMPBELL, J.: *The Masks of God*, III, Nueva York, 1959-1964.

CAMPO ALANGE, Condesa de: *La mujer española. 100 años de su historia*, Madrid, 1964.

CAMPOOSORIO: «El licenciado», *Blanco y Negro*, 1904, 2.

CAPLIN, Mme. Roxy: *Health and Beauty*, Londres, 1887.

— «Capullos de mujer», *La Vida Galante*, 2, 13 noviembre, 1898.

CARASSUS, Emilien: *Le Snobisme et les lettres françaises*, Paris, 1966.

CARLOS, Alberto J.: «Divagación: la geografía erótica de Rubén Darío», *Revista Iberoamericana, Homenaje a Rubén Darío*, 64, julio-diciembre, 1967, 293-313.

— «Carmen Rojo Herraiz», *Blanco y Negro*, 726, 1 abril, 1905.

CARRASCO, Alberto: «Alma virgen», *La Vida Galante*, 63, 14 enero, 1900.

CARRERE, Emilio: *Nocturnos de otoño*, Madrid, s.f.

CASARES, Julio: *Crítica profana*, Madrid, 1916.

CASAS, Ramon: *Grabado, La Ilustración Artística*, 1 febrero, 1904, 97.

CASELLAS, Raimon: «Salomé en els retaules de Catalunya», *La Veu de Catalunya*, 10 febrero, 1910, 3.

— «Pàgina artística», *ibíd.*, 23 diciembre, 1909, 3.

— *Ibíd.*, 11 agosto, 1910, 4.

— *Ibíd.*, 8 septiembre, 1910, 3.

— *Etapes estètiques*, Barcelona, 1916, 2 vols.

CASTAGNETTE (pseud.): «Chronique», *Monsieur et Madame*, 19 octubre, 1905, 37.

CATALÀ, Víctor. Véase Albert, Caterina.

CIRICI PELLICER, Alejandro: *El arte modernista catalán*, Barcelona, 1951.

CLARK, Kenneth: *The Nude; a Study in Ideal Form*, Nueva York, 1956.

«Cléo de Mérode», *Hojas Selectas*, 1905, 271.

COCTEAU, Jean: *Portraits et souvenirs*, Paris, 1935.

COMFORT, Alex: *Darwin and the Naked Lady*, Nueva York, 1962.

«Cómo se acuestan nuestras actrices», *La Vida Galante*, 42, 20 agosto, 1899.

COPPENS, J.: «La Connaissance du bien et du mal et le péché du Paradis», *Analecta Lovaniensia Biblica et Orientalia*, 1948, App, I, 92-117.

COX FLYNN, Gerard: «The Adversary Bradomín», *Hispanic Review*, XXIX, 1961, 120-33.

— «Casanova and Bradomín», *ibíd.*, XXX, 1962, 133-41.

— «The 'Bagatela' of Ramón del Valle Inclán», *ibíd.*, XXXII, 1964, 135-41.

CHANDOS, J.: *To Deprave and to Corrupt*, Nueva York, 1962.
CHARBONNEL, Victor: *Les Mystiques dans la littérature présente*, Paris, 1897.
CHARTIER, Emile Auguste (Alain): *Charmes commentées par Alain*, Paris, 1958.
CHIORINO, Eugenio: *Dibujo, Blanco y Negro*, 23 enero, 1897.
— *Ibíd.*, 29 mayo, 1897.
— *Ibíd.*, 11 septiembre 1897.
— *Ibíd.*, 25 diciembre, 1897.
— *Ibíd.*, 12 febrero, 1898.
DAMMAN, Juan: *Portada, La Ilustración Artística*, 15 agosto, 1904.
D'ANNUNZIO, Gabriele: *L'enfant de volupté*, Paris, 1888.
— *La Gioconda*, Milán, 1898.
— *Il Fuoco*, Milán, 1900.
DARÍO, Rubén: *Obras Completas*, Madrid, 1953.
DAVERVAI, Henri: «Bijoux d'aujourd'hui», *Je Sais Tout*, 15 mayo, 1905, 15-7.
DAVIS, Lisa: «Oscar Wilde in Spain», *Comparative Literature*, XXV, Spring, 1973, 136-53.
DELEUZE, Giles: *Présentation de Sacher-Masoch*, Paris, 1967.
DENISART RIVAIL, Léon Hippolyte (Allan-Kardek): *Síntesis del espiritismo y caracteres de la revelación espiritista*, Barcelona, 1868.
— *El cielo y el infierno o la justicia divina según el espiritismo*, Barcelona, 1871 y 1874.
— *El Evangelio según el espiritismo*, Barcelona, 1869.
— *El Génesis, los milagros y las predicciones según el espiritismo*, Barcelona, 1871, Madrid, 1873, 74, 88.
— *Espiritismo experimental o el libro de los mediums*, Madrid, 1883.
— *Filosofía espiritista o el libro de los espíritus*, Barcelona, 1874.
— *Obras póstumas*, Madrid, 1874.
— *La moral espiritista o el evangelio según el espiritismo*, Madrid, 1884.
— *El espiritismo en su más simple expresión*, 6.ª ed., Barcelona, 1887.
DES HARNES, Robert, y JEAN FRANÇOIS CHABRUM: *Auguste Rodin*, Lausanne, 1967.
DESJARDINS, Paul: «Retour à Fiésole», *Le Figaro*, 3 abril, 1890.
«Desnudos de mármol», *La Vida Galante*, 281, 1904.
DÍAZ PÉREZ, Viriato: «Supernaturalismo práctico», *Helios*, XI, 1904, 253-5.
— «Teosofía y ocultismo», *ibíd.*, XIV, 1904, 69-74.
DÍAZ PLAJA, Guillermo: *La vida española en el siglo XIX*, Madrid, 1952.
— *Las estéticas de Valle Inclán*, Madrid, 1965.
DÍAZ Y IONSO, F.: «Flores de almendro», *La Vida Galante*, 326, 1905.
DIXON HUNT, John: *The Pre-Raphaelite Imagination, 1848-1900*, Londres, 1968.
DOMÈNECH: «La evolución del arte moderno», *Pèl & Ploma*, 88, mayo, 1902.

D'Ors, Eugeni: «A Madona Blanca Maria», *ibíd.*, 1901, 79.

Dühren, E.: *Neue Forshhungen über den Marquis de Sade und seine Zeit*, Berlín, 1904.

Durand, G.: *Les Structures anthropologiques de l'imaginaire*, Paris, 1963.

Durán, Manuel: «Del Marqués de Sade a Valle Inclán», *Asomante*, 2, 1954, 40-7.

E. H. del V. y J. G. B.: «La exposición en Madrid y el Salón de París», *Hojas Selectas*, 1905, 771-81.

Eaubonne, Françoise: *Eros Noir*, Paris, 1962.

Echena, Manuel: *La bayadera*, *La Ilustración Artística*, 946, 12 febrero, 1900, 120.

«Editorial», *La Vida Galante*, 11, 15 enero, 1899.

«El figurín del día», *Blanco y Negro*, 700, 1 octubre, 1904.

Ibíd., 701, 8 octubre, 1904.

Ibíd., 703, 15 octubre, 1904.

Ibíd., 704, 29 octubre, 1904.

Ibíd., 705, 5 noviembre, 1904.

Ibíd., 708, 26 noviembre, 1904.

«El Levita Ephraim ante el cadáver de su esposa», *La Ilustración Artística*, 946, 12 febrero, 1900, 135.

El Neomaltusiano, 1, 1901.

Eliade, Mircea: *Shamanism. Archaic Techniques of Ecstasy*, Nueva York, 1964.

— *Traité d'histoire des religions*, Paris, 1964.

Ellis, Havelock: *Man and Woman*, Londres, 1894.

— *The Psychology of Sex*, Londres, 1901-10.

— *Sexual Impulse in Women*, Londres, 1902.

— *Amor y dolor*, Madrid, 1906.

Ellis, Ida: *Essentials of Conception*, Londres, 1891.

Emboden, William, A.: *Bizarre Plants, Magical, Monstruous, Mythical*, Nueva York, 1974.

Enciclopedia Universal Ilustrada Europeo-Americana, Barcelona, 1922, XIV, 1101; XLVIII, 284-8.

Engels, F.: *Origen de la familia, de la propiedad privada y del Estado*, Madrid, 1894.

Fabres, Antonio: *La pitonisa*, *La Ilustración Artística*, 942, 1 enero, 1900, 44.

Fagel, A. (Nozière): «La Mode d'aujourd'hui», *L'Illustration*, 10 febrero, 1906.

Falcón, Lidia: *Mujer y sociedad. Análisis de un fenómeno reaccionario*, Barcelona, 1969.

Faurie, Marie Josèphe: *Le Modernisme hispanoaméricain et ses sources françaises*, Paris, 1966.

Fehling, Herman: *Lehrbuch des Frauenkrankheiten*, Stuttgart, 1893.

Feré, C. S.: *The Sexual Instinct*, Londres, 1904.

FERRERES, Rafael: «La mujer y la melancolía en los modernistas», *Cuadernos Hispanoamericanos*, LIII, 1963, 456-67.

FLAMMARION, Camille: *Los habitantes de otro mundo*, Madrid, 1904.

— *El mundo de los sueños*, Paris, 1902.

— *Lo desconocido y los problemas psíquicos*, París, México, 1901.

— *El mundo antes de la creación del hombre*, tr. E. D. García, Madrid, 1900-2, 6 vols.

— *La pluralidad de los mundos habitados y el dogma cristiano*, tr. Lucas de Aldana, Barcelona, 1906.

FOEMINA (pseud.): «La Mode», *Le Gaulois*, 1 enero, 1900.

FOLCH I TORRES, Josep Maria: «Tot blanch», *Joventut*, 56, 7 marzo, 1901, 174.

FOUILLÉ, Alfred: *Le Mouvement idéaliste et la réaction contre la science positive*, Paris, 1895.

FORTUNE, R. F.: «The Symbolic of the Serpent», *International Journal of Psychoanalysis*, 1926, 237-43.

FOWLER, Albert: «Sensibility since Sade», *Southwest Review*, XLV, 1960, 240-50.

FRAENGER, Wilhelm: *Hieronymus Bosch. Das Tausend jährige Reich*, Amsterdam, 1969.

FREEMAN, Thomas: «The Lotus and the Tigress», *Genre*, VII, 1 marzo, 1974, 91-111.

FREUD, Sigmund: *Die Treumdeutung*, Viena, 1899.

— *Zur Psychopatologie des Alltagslebens*, Viena, 1901.

— *Drei Abhandlungen zur Sexualtheorie*, Leipzig, 1905.

Fruta verde (anónimo), Madrid, s.f.

FUCHS, Georg: «Herman Obrist», *Pan*, I, 5, 1896, 324.

GABALDÓN, Luis: «Loie Füller», *Blanco y Negro*, 208, 27 abril, 1895.

«Gaceta de la mujer», *Hojas Selectas*, 1904, 17-23; 579, 84.

«Gaceta de la mujer. Un primoroso equipo de novia», *ibíd.*, 1904, 316-20.

GALCERÁN, Celeste: «La Gioconda de D'Annunzio», *Joventut*, 38, noviembre, 1900, 595-601.

GALL, F. J.: *Anatomie et physiologie du système nerveux*, Paris, 1819.

CALLÉ, Emile: *Ecrits pour l'art*, Paris, 1908.

GARASA, Delfín Leocadio: «Seducción poética del sacrilegio en Valle Inclán», *Ramón María del Valle Inclán, 1866-1966. Estudios reunidos en conmemoración del centenario*, La Plata, 1967, 411-32.

GARCÍA DEL BUSTO, Alfonso: «Alma doble», *La Vida Galante*, 286, 1904.

GARON: *Las industrias del amor*, México, 1900.

— *Amor criminal*, México, 1899.

GAUNT, W. M.: *The Aesthetic Adventure*, Londres, 1945.

GENER, Pompeu: «Santiago Rusiñol», *Pèl & Ploma*, 13, 1 diciembre, 1900, 7.

GIBBS-SMITH, Charles: *The Fashionable Lady in the 19th Century*, Londres, 1960.

GIL, Ildefonso Manuel: «Las víctimas inocentes en Valle Inclán», *Cuader-*

nos Hispanoamericanos. Homenaje a Ramón del Valle Inclán, julio-agosto, 1966, 303-15.

GÓMEZ CARRILLO, Enrique: *Cultos profanos*, Paris, s.f.

— *La mujer y la moda, Obras Completas*, XX, Madrid, s.f.

— *En el reino de la frivolidad*, Madrid, 1923.

GÓMEZ DE BAQUERO, E.: «Crónica literaria», *La España Moderna*, octubre, 1895, 176-83.

— *Ibíd.*, enero, 1896, 150.

— *Ibíd.*, enero, 1902, 174-87.

GONZÁLEZ BLANCO, Pedro: «Alberto Samain», *Helios*, VIII, 1903, 64-9.

GOROSTIZA, L. de: «El desnudo académico y el desnudo vivo», *La España Moderna*, 1904, 176-9.

GOURMONT, Rémy: *Deuxième livre des masques*, Paris, 1898.

— «Revue littéraire», *Mercure de France*, enero-marzo, 1902, 242-4.

GREGUERSEN, H.: *Ibsen and Spain. A Study in Comparative Drama*, Cambridge, Mass., 1936.

GRIFFITHS, Richard: *The Reactionary Revolution*, Londres, 1966.

GUASCH, Joan Maria: «Les flors del Gerro Blau», *Joventut*, 1900, 365.

GUEDEY, Pedro: «La hora azul», *La Vida Galante*, 156, 25 octubre, 1901.

GUIRAUD, Pierre: *Index du vocabulaire du Symbolisme*, III, Paris, 1953.

GULLÓN, Ricardo: *Estudios sobre Juan Ramón Jiménez*, Buenos Aires, 1960.

— *Direcciones del modernismo*, Madrid, 1971.

GUSTAVO, Soledad: «De la moral», *La Revista Blanca*, 1, 1 julio, 1898, 5-6.

GUYERT, A.: *Bréviaire de l'amour expérimental*, Paris, 1899.

HAMMEL, R.: «Busto en barro», *La Ilustración Artística*, 25 enero, 1904, 87.

HAMMOND, W. A., *Sexual Impotence, Londres*, 1887.

HILL, Margot: *The Evolution of Fashion*, Nueva York, 1968.

HOBSTÄTTER, Hans: *Geschichte des europäischen Jugendstilmalereri*, Colonia, 1963.

HOLDSWORTH, Carole: «White Symbolism in Selected Revista Moderna Authors», *Revista de Estudios Hispánicos*, II, noviembre, 1968, 1-12.

HOLTBY, Winifred: *Women and a Changing Civilization*, Londres, 1934.

HORNEY, Karen: *La personalidad neurótica de nuestro tiempo*, Buenos Aires, 1956.

HUYSMANS, Joris-Karl: *Certains*, Paris, 1889.

IBSEN, Henrik: *Casa de muñecas*, Madrid, 1890.

ILIE, Paul: «Nietzsche in Spain: 1890-1910», *PMLA*, marzo, 1964, 80-96.

«Jacob Linton», *La Ilustración Artística*, 22 agosto, 1904, 620.

JANET, Pierre: *Etat mental des hystériques. Les stigmates mentaux*, Paris, 1893.

JARDÍ, E.: *Història dels 4 gats*, Barcelona, 1972.

«Jardines de árboles de formas caprichosas», *La Ilustración Artística*, 2 octubre, 1905, 646-7.

JIMÉNEZ, Juan Ramón: *Primeros libros de poesía*, Madrid, 1968.

JIMÉNEZ, Juan Ramón: *Libros de prosa, I. Primeras prosas*, Madrid, 1969.
— *Jardines lejanos*, Madrid, 1904.
«Joyas y atavíos», *Hojas Selectas*, 1905, 977-86.
JUARROS, César: «Le Spiritisme de J. Grasset», *Nuestro Tiempo*, 2, 1904, 321-3.
JULLIAN, Philippe: *Dreamers of Decadence*, Londres, 1971.
— *The Symbolists*, Londres, 1973.
— *The Triumph of Art Nouveau. Paris Exhibition, 1900*, Nueva York, 1974.
JUNG, C.: *L'Homme à la découverte de son âme*, Mont Blanc-Genève, 1948.
— *Man and his Symbols, Garden City*, New York, 1964.
KARDEK, Allan: Véase Denisart Rivail, Léon Hippolyte.
KEIRO, Juan del: «La gardenia», *La Vida Galante*, 246, 1903.
KISCH, E.: *Die Fettleibigkeit der Frauen in ihrem Zusammenhange mit den Krankenheit des Sexualorgane*, Praga, 1873.
— *La vida sexual de la mujer*, Madrid, 1910.
KLOSSOWSKY, Pierre: *Sade mon prochain*, Paris, 1964.
KNOWLTON, Charles: *The Fruits of Philosophy*, Londres, 1836.
KRAFFT-EBING, Richard von: *Psychopatia sexualis*, Viena, 1882.
La Ilustración Artística, 2 octubre, 1905, 638.
La noche de mi boda (anónimo), Madrid, s.f.
«La sensualidad de Loti», *La España Moderna*, 1904, 181-5.
LANOUX, Armand: *Le Dessous élégant*, octubre, 1901.
LARRUBIETA, Alejandro: *La virgencita*, Barcelona, 1899.
«Las cuatro clases de mujeres», Madrid, s.f.
LAWSON TAIT, Robert: *Diseases of Women*, Edimburgo, 1877.
LEMENDOUX, Félix: «El peinado de última hora», *La Vida Galante*.
LEVI-STRAUSS: *Structural Anthropology*, Nueva York, Londres, 1963.
LEYDA, Rafael: «Modernista», *La Vida Galante*, 227, 1902.
LEVY, Ludwig: «Sexuale Symbolik in der Paradiesgeschichte», *Imago*, 1917-19, 16-30.
LIDA, María Rosa: «Transmisión y recreación de temas grecolatinos en la poesía lírica española», *Revista de Filología Hispánica*, I, 1939.
LIEVEN, Jacques de: *Nôtre Dame des mers mortes*, Paris, 1902.
LILLEY, E. V., y W. MEDGLEY: *Book of Studies in Plant Forms*, Londres, 1896.
LINFERT, Carl: *Hieronymus Bosch*, Londres, 1972.
LITVAK, Lily: «Alomar and Marinetti; Catalan and Italian Futurism», *Revue des Langues Vivantes*, 6, 1972, 585-603.
— «Maeterlinck en Cataluña», *ibíd.*, XXXIV, 1968, 184-98.
— Ed., *El Modernismo*, Madrid, 1975.
— *A Dream of Arcadia*, Austin, 1977.
— «Latinos y anglosajones. Una polémica de la España de fin de siglo», *Revista Internacional de Sociología*, Segunda época, 15-16, julio-diciembre, 1975, 29-62.

Litvak, Lily: «La idea de la decadencia en la crítica antimodernista en España (1888-1910)», *Hispanic Review*, 45, 4, Autumn, 1977, 397-412.

Loos, Adolf: *Sämtliche Schriftem*, Viena, 1962.

Lombroso, César: *La donna delinquente, la prostituta e la donna normale*, Turín, 1893.

Lorrain, Jean: «Poussières de Paris», *Le Figaro*, 18 abril, 1899.

— *Femmes de 1900*, Paris, 1895.

— *Histoires des masques*, Paris, 1900.

— *M. de Phocas*, Paris, 1901.

— Tr. Carlos de Batalle, *ibíd.*, Madrid, 1902.

Louÿs, Pierre: *Poésies*, Paris, 1930.

Lovejoy, Arthur O.: *The Great Chain of Being*, Cambridge, Mass., 1936.

Lowenfeld, L.: *Sexuelleben und Nerveusleide*, Wiesbaden, 1899.

Lugones, Leopoldo: *Las fuerzas extrañas*, Buenos Aires, 1906.

Luna, Adolfo: «Lentejuelas», *Vida Nueva*, 66, 10 septiembre, 1899.

M. L. B.: «La pornografía de la muerte», *Avenir*, 1 abril, 1905, 2.

Machado, Antonio: *Obras. Poesía y prosa*, Buenos Aires, 1964.

Machado, Manuel: *Alma*, Paris, s.f.

Maeterlinck, Maurice: *Serres chaudes*, Bruselas, 1890.

— Tr. Azorín, *La intrusa*, Valencia, 1896.

— «Crisantemos», *Helios*, X, 1904, 126.

Maeztu, Ramiro de: «Desdoblamiento (cuento sin asunto para don Miguel Unamuno)», *Vida Nueva*, 8, 9 octubre, 1898.

Maische, Herbert: *Incest*, Nueva York, 1972.

Mallarmé, Stéphane: *Noces d'Hérodiade*, Paris, 1959.

— *Oeuvres Complètes*, Paris, 1959.

Malato, C.: *Philosophie de l'anarchie*, Paris, 1897.

Malthus, Thomas: *Essay on the Principle of Population*, Londres, 1798.

Mañara, Juan de: «El amor, la muerte», *La Vida Galante*, 6 noviembre, 1898.

María Fernanda (pseud): «Gaceta de la mujer», *Hojas Selectas*, 1906, 67-71.

Martínez Olmedilla: «La trata de blancas», *La España Moderna*, 1904, 76-110.

Martínez Ruiz, José (Azorín): *Diario de un enfermo*, Madrid, 1901.

— «La farándula», *Alma Española*, 7, 20 diciembre, 1903, 4-5.

Martínez y Seriña, Arnau: «La coupletista», *Joventut*, 55, 29 diciembre, 1904, 854.

Marqués, José María: *Estudio*, *La Ilustración Artística*, 28 marzo, 1904, 230.

Marquina, E.: «L'epigrama de las flors», *Pèl & Ploma*, 55, 1 julio, 1900.

Marrast, Robert: «Religiosidad y satanismo, sadismo y masoquismo en la Sonata de otoño», *Cuadernos Hispanoamericanos. Homenaje a Ramón del Valle Inclán*, 199-200, julio-agosto, 1966, 482-92.

MARX, Roger: *La Décoration et les industries d'art à l'Exposition de 1901*, Paris, 1902.

MAS I FOURET, Claudi: «L'enamorat i l'esposa morta», *Joventut*, 193, 22 octubre, 1903, 710.

— «Somni de una nit de tardor», *ibíd.*, 196, 12 noviembre, 1903, 742-4.

MASERA, A.: «La nit en els jardins», *ibíd.*, 322, 12 abril, 1906.

MATA, Pedro: *Ganarás el pan*, Barcelona, 1904.

MAUCLAIR, Camille: «Le snobisme et le néomysticisme», *Nouvelle Revue*, 1 julio, 1895.

— *Servitude et grandeur littéraires*, Paris, 1903.

MAUPASSANT, Guy de: «La muerta», *Vida Nueva*, 25, 4 diciembre, 1898.

MEDARD BOSS: *Sinn und gehalt der sexuellen Perversionen*, Berna, 1952.

MEJÍA SÁNCHEZ, Ernesto: «Hércules y Infalia, motivo modernista», en *El modernismo*, ed. Lily Litvak, Madrid, 1977.

MENÉNDEZ, Agustín: «Diabólicas», *La Vida Galante*, 347, 30 junio, 1905.

MÉNDEZ BRINGA, Narciso: *Grabado, Almanaque de Blanco y Negro*, 1897.

MERCEREAU, Alexandre: *La Littérature et les idées nouvelles*, Paris, 1912.

MERGALLI, Franco: «D'Annunzio en España», *Filología Moderna*, abril-agosto, 1968, 264-89.

MIER, Sebastián B. de: *México en la Exposición Universal Internacional de París, 1900*, Paris, 1901.

MIRBEAU, Octave: *Le Jardin des suplices*, Paris, 1899.

MIRECOUR, M. de: «La mode d'aujourd'hui», *La Vie Parisienne*, 14 enero, 1899, 128.

Misterios de la alcoba (Higiene del matrimonio) (anónimo), Madrid, 1899.

MONTESQUIOU, Robert de: *Le Parcours du rêve au souvenir*, Paris, 1895.

MONTOLIU, Manuel de: «Cançó de les roses», *Pèl & Ploma*, 1903, 137.

MURGA, Fernando: «Gabriele D'Annunzio e il mondo di lingua espagnola», *Gabriele D'Annunzio nel primo centenario della nascita*, Roma, 1963, 141-60.

NAU, Jean Antoine: *Hiers bleus*, Paris, 1904.

NAVARRO FERNÁNDEZ: *La prostitución en la villa de Madrid*, Madrid, 1884.

NORDAU, Max: *Entartung*, Berlín, 1892.

— Tr., Nicolás Salmerón y García, *Degeneración*, Madrid, 1902.

NOVICOW, Jacques: *L'Affranchissement de la femme*, Paris, 1903.

NOZIÈRE, Véase Fagel, A.

OLIVA BRIDGMAN, Joan: «El clam de las verges», *Joventut*, 1900, 345.

— «Oda a Frine», *ibíd.*, 26 abril, 1900, 169.

«Páginas femeninas», *Blanco y Negro*, 715, 14 enero, 1905; 716, 21 enero, 1905; 717, 28 enero, 1905; 718, 4 febrero, 1905; 719, 11 febrero, 1905; 721, 25 febrero, 1905; 722, 4 marzo, 1905; 726, 1 abril, 1905; 727, 8 abril, 1905; 730, 29 abril, 1905; 732, 13 mayo, 1905; 733, 20 mayo, 1905; 734, 27 mayo, 1905; 735, 9 junio, 1905; 738, 24 junio, 1905.

PAHISA, «A unes mans blanques», *Pèl & Ploma*, 1901, 92.

PALAU DE NEMEU, Graciela: «La importancia de Maeterlinck en un momento crítico de las letras hispanas», *Revue Belge de Philologie et d'Histoire*, 1962, 714-28.

PARDO BAZÁN, Emilia: «La leyenda del loto», *Almanaque Blanco y Negro para 1900*.

— «La nueva generación de novelistas y cuentistas en España», *Helios*, XII, marzo, 1904.

PASO, Manuel: «En el interim», *La Vida Galante*, 2, 13 noviembre, 1898.

— «La media noche», *ibíd.*, 23, 18 junio, 1899.

PATER, Walter: *Study of Dionysius*, Londres, 1919.

PATTISON, W. T.: *El naturalismo español*, Madrid, 1965.

PAUGE, Comtesse de: *Comment j'ai vu 1900*, Paris, 1963.

PAZ, Octavio: *Los signos en rotación y otros ensayos*, Madrid, 1971.

PEARSALL, Ronald: *The Worm in the Bud.*, Londres, 1969.

PÉLADAN: *Le Vice suprème*, Paris, 1884.

PELLISIER, G.: «Le pessimisme dans la littérature contemporaine», *Essais de littérature contemporaine*, Paris, 1895, 1-68.

PENA, Joaquim: «Tristan e Isolda», *Joventut*, 1900, XIX-XXIII, 24-7, 44-7.

PÉREZ, Dionisio: «Jesús (Memorias de un novicio)», *Vida Nueva*, 9 octubre, 1898.

— *La Dolorosa*, serializada en *Vida Nueva* desde 26 marzo, 1899.

PÉREZ DE AYALA, Ramón: «La dama negra», *Helios*, VIII, 1903, 14-20.

— «Nieves», *Alma Española*, V, 1903, 140.

— «Blanca», *Helios*, V, 1903, 141.

— *Artemisa*, El cuento semanal, 28, 12 julio, 1907.

PÉREZ GALDÓS, Benito: *Fortunata y Jacinta (Dos historias de casadas)*, Madrid, 1887.

PÉREZ JORBA, J.: «Crónica de arte», *La Revista Blanca*, 15 octubre, 1904, 258-64.

PFISTER, A.: *Die Wirkungen des Castration auf den Weiblichen Organismus*, Zurich, 1898.

PLACE, Francis: *The Principles of Population*, Londres, 1822.

PORTNOFF, G.: *La literatura rusa en España*, Nueva York, 1932.

PRAT JABALLI, Pere: «Lluyta ideal», *Joventut*, 126, 10 julio, 1902.

PRAZ, Mario: *The Romantic Agony*, Londres, 1970.

PRÉVOST, Marcel: *Les Demi-vièrges*, Paris, 1894.

PRÉVOST, M.: «La Mode de la maigreur», *Le Figaro*, 14 noviembre, 1909.

PROAL, M.: «El crimen y el suicidio pasionales», *La España Moderna*, 1902.

PROUDHON, Pierre Joseph: *Contradictions politiques; théorie du mouvement constitutionnel au 19ème siècle*, Paris, 1870.

PROUST, Marcel: *A la recherche du temps perdu*, Paris, 1959, 3 vols.

PUIG SAMPER, Frederic: «El jardí abandonat», *Pèl & Ploma*, 3, 1 julio, 1900, 8-9.

QUIRÓS, Bernaldo C.: «Sacher-Masoch y el masoquismo», *Archivos de Psiquiatría y Criminología*, noviembre-diciembre, 1907.

RACHILDE: *Les Hors-nature*, Paris, 1903.

RATTNER, Josef: *Psicología y psicopatología de la vida amorosa*, México, 1975.

RAWSON, Philip: *Erotic Art of the East*, Nueva York, 1947.

«Revista de revistas», *La España Moderna*, 1902, 205.

RIBOT, Théodule: *Psychologie des sentiments*, Paris, 1896.

RICOEUR, Paul: *The Symbolism of Evil*, Nueva York, Londres, 1967.

RISCO, Antonio: *La Estética de Valle Inclán*, Madrid, 1966.

RITTWANGER: «Babilonias que fueron», *Hojas Selectas*, 1905, 1137-41.

RIVERA, Leandro: «La danza», *La Vida Galante*, 343, 3 marzo, 1905.

RODRÍGUEZ, Manuel: «Virginidad», *ibíd.*, 236, 1903.

ROUSSEAU, Jean Jacques: *Du contrat social*, Paris, 1887.

RUEDA, Salvador: «Poema», *Blanco y Negro*, 478, 1 julio, 1900.

RUKSER, Udo: *Nietzsche in der Hispania*, Berna, 1962.

RUSIÑOL, Santiago: *El jardí abandonat*, Barcelona, 1900.

— «Jardines de España», *Pèl & Ploma*, 1903.

— *El pati blau*, Barcelona, 1903.

RUSKIN, John: *Of Queen's Gardens*, Londres, 1902.

RYAN, Michael: *Philosophy of Marriage*, Londres, 1837.

— *La filosofía del matrimonio*, Barcelona, 1888.

SACHER-MASOCH, Leopold von: *La Venus en pieles*, tr. C. Bernaldo de Quirós, Madrid, 1907.

«Sacher Masoch y el masoquismo», *Nuestro Tiempo*, 110, febrero, 1908, 248-50.

SADE, Donatien, Marqués de: *Justine ou les malheurs de la vertu*, Pref, G. Bataille, Paris, 1950.

SAGERET, Jules: *Les Grands convertis*, Paris, 1921.

SAJÓN DE CUELLO, Raquel: «Para una interpretación del tema del donjuanismo en don Ramón María del Valle Inclán», *Estudios reunidos en conmemoración del centenariro, 1866-1966*, La Plata, 1967, 394-413.

SALAS, Emilio: *Flor de estufa, Almanaque de la Ilustración*, 1897, 49.

SALINAS, Pedro: «El cisne y el búho», *Revista Iberoamericana*, II, 1940.

— *La poesía de Rubén Darío*, Buenos Aires, 1957.

SANS I ROSSELL, Alfons: «Vetllant un cadavre», *Joventut*, 1900, 26.

— «El pati dels malats», *ibíd.*, 1900, 4.

SAWA, Alejandro: «Ante el misterio», *Alma Española*, 18, 13 marzo, 1904, 13-14.

SAWA, Miguel: *Amor*, Madrid, 1897.

SCHMUTZLER, Robert: *Art Nouveau*, Nueva York, 1962.

SCHOPENHAUER, Arthur: *Parerga y paralipomena. Aforismos sobre la sabiduría de la vida*, tr. Zozaya, Madrid, 1889, 2 vols.

— *Los dolores del mundo*, Madrid, 1893.

Schopenhauer, Arthur: *Eudemonología. Tratado de mundonología o arte de bien vivir*, tr. E. González Blanco, Madrid, s.f.
— *Los dolores del mundo*, Madrid, 1905.
— *El mundo como voluntad y representación*, tr. A. Zozoya y E. González Blanco, Madrid, 1896-1902, 3 vols.
— *El fundamento de la moral*, Madrid, 1896.
— *Sobre la voluntad de la naturaleza*, tr. M. de Unamuno, Madrid, 1900.
— *Metafísica de lo bello y estético*, tr. Luis Jiménez García, Madrid, Barcelona, 1901.
— *La vida, el amor y la muerte*, tr. Tomás Orts Ramos, Barcelona, 1901.
— *El amor, las mujeres y la muerte*, tr. A. López White, Valencia, 1902.
— *La mujer, el amor y el matrimonio*, Madrid, 1905.
— *Apuntes para la historia de la filosofía*, tr. Luis Jiménez García de Luna, Madrid, 1903.
— *La libertad*, tr. Roberto Robert, Valencia, 1903.
Schulmann, Ivan: «Función y sentido del color en la poesía de Manuel Gutiérrez Nájera», *Revista Hispánica Moderna*, XXIII, 1951.
Schuré, Edouard: *Les Grands initiés*, Paris, 1889.
— Tr. Julio Garrido Ramos, *Los grandes iniciados*, Barcelona, 1918.
— *Los hijos de Lucifer*, tr. Julio Garrido, Barcelona, 1911.
— *Historia del drama musical*, Madrid, 1911.
— *Ricardo Wagner. Sus obras y sus ideas*, Madrid, 1912.
Schwob, Marcel: *La Porte des rêves*, Paris, 1899.
Selles, Eugenio: «La cantarilla de barro», *La Vida Galante*, 23, 18 junio, 1899, 455-7.
Sempás, Ramón: *Esclavas del oro*, Madrid, 1902.
Sepúlveda, Enrique: «Las rosas», *Blanco y Negro*, 322, 1897.
Serra i Moret, Manuel: «Idili», *Joventut*, 1901, 641.
Sherif, Leonardo: «Un músico español», *Revista Latina*, 1, septiembre, 1907, 41.
Sobejano, Gonzalo: *Nietzsche en España*, Madrid, 1967.
Spaanstrak-Polak, Bettina: *Symbolism*, Amterdam, 1967.
Spencer, Herbert: *Obras filosóficas. Los primeros principios*, Madrid, 1897.
— *La beneficencia*, tr. M. de Unamuno, Madrid, 1893.
— *Instituciones políticas*, tr. M. de Unamuno, Madrid, 1894.
— *De las leyes en general*, tr. M. de Unamuno, Madrid, 1895.
— *Exceso de legislación*, tr. M. de Unamuno, Madrid, 1895.
— *Ética de las pasiones*, tr. M. de Unamuno, Madrid, 1895.
Starkenburg: *Miseria sexual de nuestro tiempo*, Barcelona, 1904.
Stekel, W.: *Der Fetischismus*, Berlin, 1923.
Svelt (pseud.): «La mode», *La Vie Parisienne*, 14 enero, 1899, 179-81.
Symons, J. A., ed.: *An Anthology of Nineties Verses*, Londres, 1928.
Taboada, L.: «Mascaritas», *Blanco y Negro*, 250, 1891.
Tarbouriech, Ernest: *La Cité future. Essai d'une utopie cientifique*, Paris, 1902.

Terán, Luis de: «Taisi», *Helios*, IX, 1903, 199.

Terry, Barbara Q.: «The Influence of Casanova and Barbey D'Aurevilly on the Sonatas of Valle Inclán», *Revista de Estudios Hispánicos*, I, 1, mayo, 1967, 61-88.

The Maiden Tribute of Modern Babylon, Londres, 1898.

The Mysteries of Verbena House or Miss Bellasis Birched for Thieving (anónimo), Londres, 1882.

The Secret Life of Linda Brent (anónimo), Londres, 1892.

Thrilling, L.: «The Last Lover», *Encounter*, XI, octubre, 1958, 9-19.

Thorsley, Peter: «Incest as a Romantic Symbol», *Comparative Literature Studies*, II, 1, 1965, 41-58.

Tintorer, Emili: «Tentació», *Joventut*, 12 abril, 1900, 131-4.

Toro-Garland, Fernando de: «La última derrota de Bradomín», *Cuadernos Hispanoamericanos, Homenaje a Ramón del Valle Inclán*, julio-agosto, 1966, 537-44.

Tournier, Jeanne: «La mode», *Le Gaulois du Dimanche*, 14, 15 mayo, 1910.

Trigo, Felipe: *Socialismo individualista*, Madrid, 1904.

— *Alma en los labios*, Madrid, 1905.

— *La altísima*, Madrid, 1906.

— *Las reveladoras*, Madrid, 1906.

— *El amor en la vida y en los libros*, Madrid, 1907.

— *Sor Demonio*, Madrid, 1908.

— *La bruta*, Madrid, 1908.

— *Las reveladoras. La de los ojos color de uva*, Madrid, 1909.

— *En la carrera*, Madrid, 1909, 2.ª ed.

— *Las Evas del paraíso*, Madrid, 1910.

— *Así paga el diablo*, Madrid, 1911.

— *Sí sé por qué*, Madrid, 1911.

— *Jarrapellejos*, Buenos Aires, 1912.

— *El médico rural*, Madrid, 1920.

— *La clave*, Madrid, 1920.

— *Las ingenuas*, Madrid, 1920.

— *La sed de amar*, Madrid, 1920.

Turner Wilcox, R.: *The Mode in Costume*, Nueva York, 1944.

Unamuno, Miguel de: «La educación», *La España Moderna*, 1902, 53-5.

Ussher, R.: *Neo-Malthusianism*, Londres, 1897.

Utrillo, Miquel: «Kate Greenaway», *Pèl & Ploma*, 1901, 184.

Uzanne, Octave: *Les Ornements de la femme*, Paris, 1892.

Vacaresco, Hélène: «De Venice à Byzance», *Le Figaro*, 5 octubre, 1909.

Valle Inclán, Ramón del: *Femeninas*, Pontevedra, 1895.

— *Epitalamio*, Madrid, 1897.

— *Corte de amor: Florilegio de honestas y nobles damas*, Madrid, 1903.

— *Obras Completas*, Madrid, 1952.

— *Obras Escogidas*, Madrid, 1967.

Valle Inclán, Ramón del: *La cara de Dios*, Madrid, 1973.

Verdaguer, Jacint: «Mort de l'escolà», *Pèl & Ploma*, 1901, 185.

Villaespesa, Francisco: «Histérica», *La Vida Galante*, 129, 19 abril, 1901.

Villier de l'Isle Adam, Jean Marie: *Oeuvres Complètes*, Paris, 1956.

Viura, Xavier: «Desvari», *Joventut*, 1900, 103.

— «Profanació», *ibíd.*, 31, 13 septiembre, 1900.

— «Hivern», *ibíd.*, 1901, 253-5.

— «Esfiorament», *ibíd.*, 308, 4 enero, 1906.

— «Infantina», *ibíd.*, 113, 10 abril, 1906.

Waldberger, E.: *Eros fin de siècle*, Paris, 1956.

Watkins, Alma Taylor: *Polemics on the Erotic Spanish Novel*, Nueva York, 1954.

Wedekind, Frank, *Frülungserwachen*, Zurich, 1891.

Weir Mitchell: *Fat and Blood*, Londres, 1887.

Wilde, Oscar: *The Sphinx*, Londres, 1894.

— *The Works of Oscar Wilde*, Nueva York, 1909, 8 vols.

Witkowsky, G. J., y L. Nass: *Le Nu au théâtre*, Paris, 1909.

Zamacois, Eduardo: *La enferma*, Barcelona, 1896.

— «La nochebuena de don Juan», *La Vida Galante*, 8, 25 diciembre, 1898, 87-9.

— «El ideal», *ibíd.*, 9, 1 enero, 1899, 99-101.

— *Idilio sáfico*, Barcelona, 1900.

— *Incesto*, Barcelona, 1900.

— *Tik-Nay*, Barcelona, 1900.

— *Desde el arroyo*, Madrid, 1903.

— *Memorias de una cortesana*, Barcelona, 1903, 2 vols.

— *Sobre el abismo*, Barcelona, 1905.

Zamora Vicente, Alfonso: *Las sonatas de Valle Inclán*, Madrid, 1966.

Zanné, Jeroni: «Efectes de nit», *Joventut*, 47, 3 enero, 1901.

— «Les dues flors», *ibíd.*, 273, 4 mayo, 1905, 286-9; 274, 11 mayo, 1905, 299-301.

— «El sultà fidel», *ibíd.*, 286, 3 agosto, 1905, 494.

Zulueta, Luis de: «Amor y dolor», *Pèl & Ploma*, 85, febrero, 1902, 240.

Índice alfabético

ENSAYO

W. C. Booth, **La retórica de la ficción.** Traducción de *Santiago Gubern Garriga-Nogués,* 1974. 444 págs., 750 pesetas. ISBN: 84-7162-631-4.

Alicia Borinsky, **Ver/Ser visto (Notas para la poética),** 1978. 104 págs., 240 pta. ISBN: 84-7162-720-5.

José María Díez Borque, **Teatro y sociedad en tiempos de Lope de Vega,** 1978. 318 págs., 650 pta. ISBN: 84-7162-727-X.

Pere Gimferrer, **Radicalidades,** 1978. 168 págs., 300 pta. ISBN: 84-7162-729-9.

Paul Hernadi, **Teoría de los géneros literarios.** Traducción de *Carlos Agustín,* 1979. 192 págs., 475 pta. ISBN: 84-7162-748-5.

C. S. Lewis, **Imagen del mundo: Introducción a la literatura de la Edad Media y del Renacimiento.** Prefacio de *Francisco Rico.* Traducción de *Carlos Manzano,* 1978. 186 págs., 440 pta. ISBN: 84-7162-740-X.

Lily Litvak, **Erotismo fin de siglo,** 1979. 257 págs., 575 pta. ISBN: 84-7162-754-4

En prensa

C. M. Bowra, **Poesía y canto primitivo.** Traducción de *Carlos Agustín.*

Herman Parret, **Problemas y tendencias de la lingüística contemporánea.** Traducción de *Ricardo Pochtar.*

ESTE LIBRO SE COMPUSO TIPOGRÁFICAMENTE CON
TIPOS CALEDONIA, CUERPO 10, IMPRIMIÉNDOSE
SOBRE PAPEL 60 × 90 CM DE 21,600 KG
LITOS SIGNUM, DE SARRIÓ, S. A., Y
ESTAMPÁNDOSE LA CUBIERTA
SOBRE CARTULINA BRISTOL
DE 50 G DE OLIVA
BOADA